Ny International

TIDSKRIFT FÖR MARXISTISK POLITIK OCH TEORI

NUMMER 4 2006

Innehåll

Första tryckningen 2006

ISSN 1104-1331
ISBN-10: 91-87860-08-2
ISBN-13: 978-91-87860-08-9
Tryckt i Sverige

Ny International distribueras internationellt av Pathfinder Press:
www.pathfinderpress.com

Omslag: Eva Braiman

Omslagsfoto: Saudiska kommandosoldater landar på boningshus för anställda vid utländska oljebolag, i Khobar i maj 2004. Fyra islamistiska jihadister hade tagit hundratals som gisslan och dödat tjugotvå. Fotot från TV-stationen Al Arabiya.

I DETTA NUMMER

av Jack Barnes

DETTA NUMMER AV *Ny International* inleds med "Deras omvandling och vår", en resolution skriven de senaste månaderna av en kommission inom Socialist Workers Partys nationella kommitté. Den utgår från politiska rapporter och sammanfattningar som jag höll i november 2004 och diskuterades och antogs av ett utvidgat möte för Socialist Workers Partys nationella kommitté där ledare för kommunistiska förbund i ett antal länder deltog, som Australien, Kanada, Island, Nya Zeeland, Sverige och Storbritannien.

Resolutionen har lagts fram för partiets medlemmar för diskussioner och kommer att utmynna i en omröstning på en kongress som planeras till juni 2005. Den fokuseras på flera avgörande punkter i världspolitiken och har skrivits för att läsas och diskuteras tillsammans med – som en integrerad del av – "Kapitalismens långa heta vinter har börjat", den politiska rapport som antogs av partiets kongress 2002 och är den centrala artikeln i detta nummer av *Ny International.*

"Deras omvandling och vår" analyserar de skärpta interimperialistiska konflikterna som får sin näring både av de inledande faserna i en världsdepression och av den mest omfattande förändringen av Washingtons militärpolitik och militära organisering sedan förberedelserna i slutet av 1930-talet för att omvandla det nära tio år långa kriget i Asien och det europeiska kriget 1939–41 till ett världskrig. Klasskampsinriktade arbetare och bönder måste inse – till fullo – att detta är en historisk vändpunkt för imperialismen (och en katastrofliknande kris för ”västvärlden” och ”kristenheten”). Och känna tillfredsställelse och glädje över att vara ”i ansiktet” på dem medan vi lägger ut en revolutionär kurs för att ta itu med krisen.

Resolutionen väger in betydelsen av att militanta arbetare börjar omvandlas politiskt under påverkan av dessa omvälvande förändringar och tar ledningen i att försöka sträcka sig efter, organisera och använda *fackföreningsmakt.* Samtidigt som de sociala konsekvenserna av den kapitalistiska krisen växer, samtidigt som de oundvikliga politiska konflikterna skärps mellan och inom klasserna och samtidigt som försöken ökar att inskränka politiska och demokratiska rättigheter som arbetande människor använder, så kommer dessa militanter i de främsta leden att förena sig med andra arbetare för att göra motstånd mot allt värre attacker från arbetsgivarna i fabrikerna och på den politiska scenen, på hemmaplan och utomlands.

❖

Som ett appendix till ”Kapitalismens långa heta vinter har börjat” publicerar vi två rapporter som diskuterades och antogs på Kommunistiska internationalens tredje kongress i Moskva 1921, som jag hänvisade till flera gånger i rapporten till kongressen 2002. Vi har tagit med ”En mycket instabil jämvikt: rapport om det Ryska kommunistpartiets taktik" av Lenin, och "Den ekonomiska världskrisen och kommunisters uppgifter" av Leo Trotskij. De förtjänar några inledande kommentarer.

När SWP:s nationella kommitté förberedde partiets kongress 2002, insåg vi att vi tog oss an en särskild utmaning: Vi skulle inte bara ge partiet vägledning i att handla inför den "långa heta vintern" som världskapitalismen nu har trätt in i, utan också leda det att handla ansvarsfullt och med självförtroende. När tillräckligt många indikationer har ackumulerats som tyder på att inriktningen på den kapitalistiska utvecklingen och därmed klasskampen har förändrats, så måste kommunistiska arbetare handla utifrån den kunskapen och handla nu. Vi gör det även när de konkreta yttringarna av den politiska logiken som utvecklas – accelererande finansiella och ekonomiska kriser, ökande militarisering, krig som breder ut sig, skärpta interimperialistiska konflikter och ökande socialt och ekonomiskt tryck på en växande majoritet av arbetarklassen – även när de bara kan skönjas på ett ofullständigt, utspritt och delvis fördolt sätt.

När vi väl förstått algebran måste vi handla innan det är möjligt att göra all aritmetik. Om vi väntar med att handla tills vi kan ersätta de flesta politiska variabler med konstanter, kommer det att vara för sent. Mitt i dessa förändrade omständigheter kommer vi då att ha missat möjligheter att handla som en del av ett litet men skönjbart framväxande arbetarmotstånd, att tillsammans med andra påverka utgången av striderna och politisera militanterna som är med, samt att lära av erfarenheterna och under kampens gång omvandla den revolutionära arbetarrörelsen.

Vilka redskap har arbetarbolsjevikerna tillgång till som gör att de bättre kan förstå och handla utifrån dagens skiftande långsiktiga tendenser i förändring och dess konsekvenser för kommunistisk strategi och partibygge? Det var med den frågan i tankarna som vi vid kongressen 2002 fäste delegaternas uppmärksamhet på Lenins och Trotskijs rapporter till Kominterns kongress 1921. Dessa rapporter utlöste en hel del intresse både under och efter SWP:s kongress, och redaktörerna beslutade att det skulle vara användbart att inkludera dem här.

Bolsjevikledarnas analyser utvecklades i hettan från revolutionär aktivitet där de tillämpade vad de hade internaliserat utifrån studier av liknande ansträngningar tidigare, då Karl Marx och Friedrich Engels, grundarna av den moderna kommunistiska rörelsen, tillämpat den materialistiska dialektiken på historiska vändpunkter. Det är nödvändigt att behärska den historiskt materialistiska metoden om vi ska kunna orientera oss politiskt vid sådana vändningar.

ETT REVOLUTIONÄRT PROLETÄRT parti organiserar inte bara sina egna medlemmar och supportrar att handla utifrån tecknen på sådana förändringar och deras logik. Det tar också ansvar för att uppmuntra andra klasskampsinriktade kämpande arbetare och bönder att göra likadant. Militanter som vunnits till detta perspektiv försöker ibland uppnå mer än vad styrkeförhållandena mellan klasserna tillåter. Sådana misstag kommer att inträffa. Men 150 år av revolutionär arbetarklasshistoria har övertygat oss om att priset för politisk obeslutsamhet och tvekan är mycket farligare och svårare att rätta till.

Att dra lärdomar från Lenins och Trotskijs analyser i rapporterna som återges här, blir mer komplicerat av att den vändpunkt som avancerade arbetare handlar utifrån idag, inte har mycket gemensamt med den konkreta historiska period för mer än åttio år sedan, när bolsjevikerna inspirerade, skolade och ledde miljoner i klasstrider. Kommunistiska internationalen som organiserades 1919 var en produkt av den mest inspirerande händelsen under 1900-talet: arbetarnas och böndernas framgångsrika erövring av makten under bolsjevikernas ledning i Ryssland i oktober 1917, och utvidgningen av dess makt till stora delar av tsarens imperium i Europa och Asien, det som blev den första unionen av socialistiska sovjetrepubliker.

Arbetande människor runt om i världen attraherades till möjligheten att lära sig från och försöka efterlikna en levande proletär revolution och dess ledning, som för första gången hade visat hur arbetare, bönder, soldater och matroser kan skolas och organiseras för att erövra – och försvara – arbetarnas makt.

I mars 1918, bara fyra månader efter erövringen av makten, tog bolsjevikerna stolt namnet *kommunist.* I och med det visade de sitt otvetydiga brott med alla delar i den socialistiska världsrörelsen som i och med skotten i augusti 1914 antingen hade gått över till imperialismen politiskt eller vacklade inför Andra internationalens kapitulationskurs. De fördubblade sin oförsonliga opposition mot dessa ”socialister” som hade upphört att underordna sitt arbete och liv under att främja den proletära kampen. De betonade det faktum att de arbetande i den allt större unionen av socialistiska sovjetrepubliker återknöt sin kontinuitet till den revolutionära proletära världsrörelsen som Marx, Engels och deras kamrater – inte bara från Tyskland utan också från Frankrike, Belgien, Schweiz och Storbritannien – hade börjat bygga på den Londonkongress, som 1847 hade röstat för att publicera det Kommunistiska partiets manifest.

Bolsjevikerna tog ett namn som var synonymt med att vara i proletariatets främsta stridslinje – bland dess ”mest avancerade och resoluta del", som manifestet uttryckte det – i dess marsch mot makten, mot proletariatets diktatur. De proklamerade ett nytt slags rörelse, "som inte på något sätt vilar på idéer eller principer som uttänkts eller upptäckts av den ena eller andra världsförbättraren", utan på "en klar förståelse för marschriktningen, förutsättningarna för och de slutgiltiga allmänna målen för den proletära rörelsen". Kommunismen uttrycker bara "i allmänna termer faktiska förhållanden, som kommer ur en existerande klasskamp, en inför våra ögon pågående historisk rörelse".

"I den mån den är en teori", hade Engels förklarat ett år tidigare, så är kommunismen "det teoretiska uttrycket för arbetarklassens ställning i [klass]kampen och den teoretiska sammanfattningen av förutsättningarna för arbetarklassens befrielse".

Mellan 1918 och 1920 exploderade revolutionära och förrevolutionära situationer i Tyskland, Ungern och Italien. Och väldiga strider utkämpades av arbetare och bönder i Storbritannien, Frankrike, Japan, USA och på andra ställen. När Kominterns tredje kongress inleddes i juni 1921, firade arbetarna och bönderna i Sovjetunionen och världen över fortfarande att Röda armén nyligen hade krossat de kontrarevolutionära godsägarnas arméer som hade fört ett brutalt tre år långt inbördeskrig för att försöka rulla tillbaka revolutionen. Invaderande styrkor från 14 länder, inklusive Frankrike, Storbritannien, USA och andra imperialistiska länder, hade också slagits tillbaka.

När första världskriget slutade trädde kapitalismen in i en period av "utdragen och djup depression", sa Trotskij inför den Kommunistiska internationalens kongress 1921. Rötterna till detta krampanfall, tillade han, kunde spåras "så långt tillbaka som 1913", vid inledningen av det interimperialistiska blodbadet där 8,5 miljoner soldater dog, ytterligare 21,2 miljoner sårades och fabriker, boskap och järnvägar över hela Europa slogs ut.

Som det nu blev, trots upp- och nedgångar, så kom varken den sociala och ekonomiska krisen eller den våg av revolutionära möjligheter som drivits fram av den bolsjevikiska segern att fortsätta i ytterligare 20 år: en period som utmärktes av fascismens triumf i Italien, 30-talsdepressionen, en blodig politisk kontrarevolution i Sovjetunionen, segern och den blodiga konsolideringen av nationalsocialismen i Tyskland och sist men inte minst förnyade möjligheter för den socialistiska revolutionen i Europa och Asien – som inte uttömdes förrän med nederlaget för den spanska revolutionen 1939, vilket gjorde det gryende imperialistiska världskriget oundvikligt.

Den konkreta karaktären på den historiska vändpunkten idag, som analyseras i "Kapitalismen långa heta vinter har börjat", skiljer sig mycket från 1921. Det gör också styrkeförhållandena mellan klasskrafterna i världsskala. En skillnad är kommunismens internationella politiska anseende bland arbetare, bönder, ungdomar och andra. Under åren efter oktoberrevolutionen blev den politiska respekt som det bolsjevikiska ledarskapet hade erövrat och det förtroende som det hade hos miljoner arbetare runt om i världen, en mäktig objektiv faktor i den internationella klasskampen.

Idag, mer än trekvarts sekel senare, har kommunismens breda politiska attraktionskraft bland militanta arbetande människor och ungdomar upphört – för tillfället. I bästa fall ses kommunismen som en rörelse som kanske är heroisk och historiskt intressant, men passé. Då och då läggs den fram av akademiska "marxister" i urvattnad form, med dess revolutionära arbetarklasshjärta – den oundvikliga marschen mot att ta statsmakten – utskuret. I värsta fall identifieras den med den stalinistiska förfalskningen av marxismen och alla de kontrarevolutionära brotten och förräderierna mot arbetarklassen och bönderna – och kommunisterna – som begåtts i dess namn runt om i världen.

Den politiska kurs och den kommunisteriska kontinuitet som smiddes fram av Komintern under Lenins tid, är emellertid revolutionär och proletär in i märgen. De rapporter av Lenin och Trotskij som publiceras här är bland de finaste exemplen på hur den materialistiska dialektiken kan användas som vägledning till revolutionär handling av ledare för arbetarklassen. Vår uppgift är att lära oss av och tillämpa Lenins och Trotskijs levande praktiska exempel på hur marxister tar sig an de ömsesidigt beroende förhållandena mellan de djupgående ekonomiska och finansiella trenderna i den internationella kapitalismen, förändringar i det långsiktiga mönstret för imperialistisk politik och klasskampen i världsskala samt havsförändringar i arbetarklassens motstånd. Vår skyldighet – och möjlighet – är att handla i enlighet med detta som ett svar på dagens utvecklingstendenser och bygga revolutionära proletära partier som en del av en kommunistisk världsrörelse.

Det var genom att använda dessa verktyg som vi förmådde skriva ”Deras omvandling och vår” som ett komplement till ”Kapitalismens långa heta vinter har börjat”, för att bekräfta den centrala politiska slutsatsen i båda resolutionerna och börja förverkliga den i de proletära revolutionärernas aktivitet och organisering idag:

> Vi befinner oss alldeles i början av vad
> som kommer att bli årtionden av ekonomiska,

> finansiella och sociala konvulsioner och klasstrider.... Precis som de flesta andra arbetare, måste kommunisterna som deltar i den här kongressen internalisera det faktum att den här världen – vars like ingen av oss har känt till i våra politiska liv – inte bara är den värld som vi står inför idag, utan den vi kommer att leva i och kämpa i under en tid framöver. Genom att *handla* utifrån denna verklighet idag, kommer vi inte att tas på sängen politiskt när krigen bryter ut, när djupare sociala kriser exploderar, pogromer organiseras och prövas samt fackliga konflikter blir strider på liv och död. Det proletära parti som kommer att existera imorgon kan bara växa fram ur det proletära parti som vi sätter samman *idag*.

❖

Under de slutgiltiga förberedelserna för detta nummer har redaktören för *New International* Mary-Alice Waters varit på Kuba – i Havanna, Matanzas och Cienfuegos – för att skriva om den årliga internationella bokmässan där, förbereda kommande bokutgivningar och delta i bokpresentationer i var och en av dessa städer.

I Havanna talade Waters vid ett arrangemang som firade den nyutkomna boken *Somos herederos de las revoluciones del mundo*, Pathfinderförlagets spanska översättning av *We Are Heirs of the World's Revolutions* av Thomas Sankara, den centrala ledaren för revolutionen i Burkina Faso i Västafrika mellan 1983 och 1987. Vid detta möte presenterades också *Nueva International* nummer 7, som innehåller rapporten ”Vår politik startar med världen”.

Mötena i Matanzas och Cienfuegos arrangerades av Föreningen för den kubanska revolutionens kämpar – ”Combatienterna" – en organisation som spänner över flera generationer kubaner som har kämpat var och hur de än har behövts för att genomföra och försvara den första socialistiska revolutionen i Amerika. Mötena presenterade nära ett dussin Pathfindertitlar, som alla hade framställts i samarbete med ledare från "Combatienterna". Dessa titlar omfattade bland annat *Episodes of the Cuban Revolutionary War* av Ernesto Che Guevara, *Pombo: a Man of Che's 'guerilla'* av Harry Villegas, *Playa Girón/Bay of Pigs: Washington's First Military Defeat in the Americas* av Fidel Castro och José Ramón Fernández, *From the Escambray to the Congo* av Víctor Dreke samt *Aldabonazo* av Armando Hart och många andra.

Steve Clark, biträdande redaktör, hade, förutom att ta ansvar för mycket av det slutliga arbetet med tidskriften, rest till Tampa, Atlanta, Newark och San Fransisco. Där arbetade han med ledningen för de närmare 200 frivilliga revolutionärer runt om i världen som organiserar formatering, korrekturläsning och många andra steg som är nödvändiga för att producera och trycka inte bara *New International, Nueva Internacional och Nouvelle Internationale* utan också böcker och pamfletter som publiceras av Pathfinder, så väl som distribution och expediering av order och arbetet med att placera dessa titlar på hyllorna i bokhandlar och bibliotek runt om i världen. I Newark och Tampa talade Clark vid regionala socialistiska konferenser för att förbereda ett internationellt möte i New York i slutet av mars, för att politiskt lansera kampanjen att sprida dessa två nya nummer, på engelska och spanska, till arbetande människor och ungdomar runt om i världen.

Det var anledningen till att jag fick ansvaret för att skriva utkastet till "I detta nummer", som är sista spiken i kistan för varje nummer av tidskriften. Under granskningen och redigeringen av flera av de formaterade artiklarna blev jag mer och mer övertygad om att sidorna var irriterande svåra att läsa. Bokstäverna var för små. Det var för litet avstånd mellan raderna. De var inte tillräckligt inbjudande och man fick anstränga sig för mycket. Jag fick försäkringar om att sidorna skulle se bättre ut, att bokstäverna skulle bli mer läsliga i den tryckta tidskriften. Så blev dock inte fallet. Därför använde jag mig av min oavsiktliga och tillfälliga makt som redaktör och beslutade att textens storlek skulle ökas – att läsbarheten skulle ökas – i båda de nya numren av tidskriften på båda språken. Redaktören hade redan insisterat på att annonserna skulle omarbetas för att bättre komplettera texten och inte konkurrera med texten, fotografierna och det politiska innehållet.

FÖR MIG ÄR DETTA POLITISKA FRÅGOR, klassfrågor, inte bara en fråga om stil och utseende, för att inte tala om smak. Varje nummer av *Ny International* innehåller politiska och teoretiska artiklar som är en utmaning att läsa och absorbera oavsett ålder eller syn. De flesta av oss är inte vana vid denna sorts läsning. Det är inte lätt. Det kräver hårt koncentrerat arbete. Vi är inte tränade för det. Under merparten av vår vakna tid varken ombeds eller förväntas vi göra det. Sanningen är, att under kapitalismen så är det inte meningen att vi ska göra det.

Vi förväntas gå till arbetet, göra vårt jobb, producera profit för en kapitalist och inte störa friden i fosterlandet. Det är kontentan av det hela. Utbildning är en klassinstitution som syftar till att lära oss lydnad, på jobbet och på fritiden, inte ”utbilda” oss för livet, lära oss att läsa och skriva – eller att tänka som de skapare av historia vi kan bli. Även om vi vid något tillfälle i livet lärde oss läsa på det sättet, tappar vi förmågan med tiden om vi inte fortsätter att använda den. Vanlig trötthet eller tillfällig sjukdom ökar svårigheterna. Men behovet för var och en av oss att göra det, minskar inte under dessa omständigheter.

Lättheten att läsa hänger ihop med det effektiva politiska urvalet och presentationen av fotografierna. De senaste tio eller femton månaderna har den kommunistiska rörelsen gjort avsevärda framsteg i att göra fotobilagor som visuellt ledsagar läsaren genom böckerna vi producerar: ”Vi har blivit bättre på att använda det 'universella språket'”, som det står i ”Kapitalismens långa heta vinter har börjat”. Läsbarheten är en helhet tillsammans med den omsorg vi lägger ner på att göra annonserna. Det är anledningen till att vi aldrig ser mellan fingrarna med dåligt tryck (den första begränsade digitala tryckningen av *New International* nummer 13 var förskräcklig). Om vi skulle acceptera detta, skulle den rigorösa redigeringen, korrekturläsningen och andra hantverk som vi är stolta över, också börja slira. Allt som var och en av oss försöker göra *väl*, individuellt och kollektivt, i varje bok som vi producerar har samma syfte: att ta bort hinder för kämpande arbetare och bönder, och unga människor som attraheras till deras kamp, att läsa och tänka över *politiken* och tillsammans använda dessa böcker för att göra det lättare att förändra oss själva samtidigt som vi förändrar världen.

JAMES P. CANNON som under lång tid var central ledare för den kommunistiska rörelsen i USA ända sedan dess grundande 1919, lärde mig en del om att läsbarhet är en klassfråga för nästan 40 år sedan, när jag nyligen hade utexaminerats som ung socialist och valts in i ledningen för SWP. Jag var i Los Angeles på en talar- och organiseringsturné och Jim bjöd hem mig för att prata politik.

Strax innan hade redaktören för en av våra publikationer minskat textstorleken för att kunna pressa in lite mer text och en av de saker Jim tog upp var att han tyckte att texten nu hade blivit för liten – alldeles för liten. Och därmed var tidskriften inte heller tilldragande.

Precis som alla självlärda pionjärer bland arbetarbolsjevikerna som grundade den kommunistiska rörelsen i Nordamerika så var Jim en omättlig bokläsare under hela sitt liv. Han frågade mig om jag hade någon aning om hur många människor bara i USA som hade dålig syn som gjorde det extra ansträngande att läsa – utöver den stora majoriteten som behövde glasögonen när man blivit medelålders. Det gjorde jag inte och jag blev förvånad när Jim rabblade upp siffrorna som hans sekreterarstab hade samlat in och kontrollerat. Till och med för fyra årtionden sedan handlade det om många, många miljoner.

Bara detta enda faktum borde avgöra saken för varje klassmedveten arbetare. Men det är ännu viktigare att många i vår klass inte har engelska som första språk – inte bara under de senaste årtiondena, utan vid den tid som Jim Cannon gick med i den socialistiska rörelsen i början av 1900-talet. Att läsa och studera teoretiskt material på ditt andra eller tredje språk är alltid en ännu större utmaning.

Så av alla dessa orsaker kommer texten att vara avsevärt större från och med *New International* 12 och 13 och *Nueva Internacional* 6 och 7, som ges ut i början av 2005. När det är dags för äldre nummer att tryckas om, kommer vart och ett av dem att formateras om med den större textstorleken. Jag har fullt förtroende för att Pathfinders redaktörer kommer att se över de böcker och pamfletter de ger ut och i fortsättningen organisera sig för att nå upp till samma standard i varje bok och pamflett, ny eller omtryckt, som lämnar tryckpressarna. Och chanserna är stora att om läsarna tycker att det ligger något i dessa överväganden och för fram dem till de arbetarbolsjeviker som redigerar andra revolutionära publikationer, så kommer liknande framsteg att kunna göras på dessa fronter också.

25 februari, 2005

DERAS OMVANDLING OCH VÅR

DERAS OMVANDLING OCH VÅR

Utkast till resolution av Socialist Workers Party

Februari 2005

"Världskapitalismens underliggande motsättningar som driver på mot depression och krig började inte den 11 september 2001. Några påskyndades av de händelserna, men alla har sina rötter i att den kapitalistiska utvecklingskurvan vände neråt för ett kvarts århundrade sedan, följt av den därmed sammanhängande försvagningen och senare kollapsen för den stalinistiska apparaten i Sovjetunionen och hela Öst- och Centraleuropa i början av 1990-talet. ... En av kapitalismens sällsynta långa vintrar har börjat. Med den åtföljande upptrappningen av imperialismens krigskampanj, kommer det att bli en lång, het vinter."

– **Kapitalismens långa heta vinter har börjat**
Jack Barnes, juli 2002

SAMMANFATTANDE INLEDNING

NÄR VI NU GÅR in i år 2005 fortsätter och intensifieras arbetsgivarnas offensiv, som inleddes i början på 1980-talet. Genom att pressa mot fabrik efter fabrik, industri efter industri, har de drivit ner arbetarnas löner, ökat differentieringen bland löntagarna och urvattnat turordningsreglerna vid uppsägningar. Arbetsgivarna har intensifierat arbetstakten, förlängt arbetstiden och gjort pensioner och sjukvård dyrare, mindre säkra och mindre omfattande. På det sättet fortsätter de att försvaga fackföreningsrörelsen.

Å andra sidan har dessa "erövringar" inte varit tillräckliga för att göra det möjligt för arbetsgivarklassen

- att tvinga bort arbetarrörelsen från centrum av politiken i USA
- att knäcka de arbetare som gått i spetsen på slakterier, textilindustrier, gruvor och andra arbetsplatser där kapitalisterna kommit längst i sin offensiv och pressat på under längst tid; eller
- att vrida tillbaka havsförändringen i arbetarklasspolitiken som kännetecknas av förnyat motstånd mot arbetarfientliga attacker från medlemsleden i fackföreningarna.

Men framsteg som inte går längre än enskilda företag och arbetsplatser har inte varit och kommer inte att vara tillräckliga för att arbetsgivarna ska kunna upprätta ett nytt ekonomiskt, socialt och politiskt styrkeförhållande mellan kapitalistklassen och arbetarklassen. Kapitalets ägare måste åstadkomma en mycket större förändring i relationerna mellan klasserna om de framgångsrikt ska kunna dominera rivaliserande imperialistmakter, organisera sig för att bemöta och stå emot finanskriser och depressionsförhållanden, betala för växande krigsutgifter samt stabilisera de statliga finanserna. USA:s härskare har inte förmått pressa tillbaka arbetarna tillräckligt långt, varken när det gäller den levnadsstandard som arbetare och bönder har kommit att förvänta sig eller socialförsäkringssystemets ersättningar som de anser vara en *rättighet*. Dessa klassförväntningar fortsätter att vara oprövad social och politisk stridsterräng. De är ett hinder som arbetsgivarna inte kan komma runt. Om detta hinder inte övervinns, kommer de garanterat att fortsätta att misslyckas i sina ansträngningar att öppna upp en ny period av långvarig expansion för världskapitalismen.

För att försöka uppnå sådana mål måste kapitalisterna drastiskt skära ner den sociala lönen, som arbetande människor tillkämpat sig från dem under loppet av de klasstrider som började i mitten av 1930-talet. Dessa landvinningar kulminerade i de stora framstegen under slutet på 60-talet och början på 70-talet: utvidgningen av socialförsäkringsförmånerna, inrättandet av bidrag till sjukvård för äldre och personer med funktionshinder (Medicare) och de med låg inkomst (Medicaid) och upprättandet av indexreglerade inflationsskydd för pensioner och sjuk- och invaliditetsersättningar. Men att inleda en strid om reformer som tiotals miljoner arbetare, bönder och breda skikt ur medelklasserna inte bara betraktar som sin rätt, utan också känner att de allt mindre än någon gång tidigare kan undvara, är en nödvändighet som härskarna fortfarande ryggar tillbaka inför. De inser att en sådan fight, just på grund av dess karaktär, måste utkämpas inte bara i fabriker, gruvor och bruk utan också som en landsomfattande politisk kamp.

Efter ett årtionde av hundratusentals individuella arbetsgivares brutala offensiv, har havsförändringen i arbetarklasspolitiken fått inslag av spridda fickor av arbetare som försöker organisera fackföreningar, med tillräcklig slagkraft för att arbetarna ska kunna försvara sig. Dessa militanter ur medlemsleden försöker använda *fackföreningens styrka och makt.* Omvandlingen av detta atomiserade men fortgående motstånd till ett bredare kämpande avantgarde inom arbetarrörelsen kommer inte bara att börja med att arbetarmilitanter lär av varandras strider, försöker efterlikna varandra och nå ut till varandra med solidaritet. Omvandlingen kommer att ta steg framåt när militanter börjar inse att vad de uppnår i en strejk eller organiseringskampanj, bara kan försvaras och konsolideras genom att de aktivt *utvidgar* fackföreningens styrka till andra arbetsplatser i den industri och region där de verkar. Genom att klasskampserfarenheter med en sådan bredd och omfattning sprids, kommer dessutom ett växande antal arbetare, liksom ungdomar som attraheras till vad stärkta fackföreningar skulle kunna uträtta, att också attraheras till den disciplinerade aktivitet och det program som kommunisterna, som de kämpar sida vid sida med i frontlinjerna i sådana strider, bidrar med.

Inför härskarnas växande finansiella och ekonomiska sårbarhet, de politiska och militära utmaningarna de ställs inför i hela världen och den oundvikliga skärpningen av klasskonflikterna som dessa förhållanden för med sig, har USA:s ägarfamiljer och deras representanter i både de demokratiska och republikanska partierna, blivit mer medvetna om behovet av att *använda* både USA-imperialismens ekonomiska *och* militära makt. Borta är illusionen om att utgången av kalla kriget i sig självt var en seger, som skulle föra med sig stabilitet under dominansen av ett Pax Americana, liksom en dämpande kudde i statsfinanserna skapad av en permanent utdelning på ”fredsaktien”. Härskarna känner – även om de inte ser det klart eller förstår det – de okontrollerbara krafter som bär dem fram mot en framtid av skärpta kriser, krig och fler våldsamma klasstrider där mer och mer står på spel.

Frustrationen som kommer ur en vag men växande föraning om denna sårbarhet, tillsammans med oförmågan att hitta en kurs där de med självförtroende och på ett avgörande sätt kan övervinna denna svaghet (det *finns* ingen), är den enskilt största källan till den fördjupade fraktionalismen, demagogin och den allt lägre nivån på den politiska debatten – vad som helt riktigt kan kallas dess ”pornografiering” – något som karaktäriserar all borgerlig politik i USA, inte bara mellan utan allt mer inom de dominerande härskande partierna och kretsarna runt dem.

För att förbereda försvaret av sin allt mer krishärjade världsordning, genomför USA:s härskare, ledda av Bush, Cheney och Rumsfeld och med bred uppbackning av de båda partierna, den mest djupgående förändringen i Washingtons militära politik, organisering och initiativ på mer än ett halvt århundrade. Eftersom man inte längre står ansikte mot ansikte mot Warzawapaktens massiva infanteri- och stridsvagnsdivisioner genom norra Europa, har USA-imperialismen börjat genomföra en grundläggande förändring av sina väpnade styrkors strategi, globala utplacering, strukturering och ledarskap.

Denna militära "omvandling", som de kallar den och som bara precis hade inletts under Clinton-administrationen och kongressen under de sista åren av det förra århundradet, kan härskarna i USA endast påskynda och befästa med hjälp av krig. 1900-talets historia visar dessutom, att endast under djupa ekonomiska kriser och krig som sprider sig, med patriotiska vädjanden om "nationell enighet", "mobilisering", och "jämlika uppoffringar", kan kapitalisterna övertyga betydande skikt bland arbetande människor och den osäkra medelklassen, åtminstone för en tid, om behovet av "tillfälliga" men svepande "ömsesidiga" ekonomiska eftergifter. Detta omfattar också en radikal sänkning av den sociala lönen, samtidigt som ansvaret för vården av unga, sjuka och äldre läggs över på den enskilda familjen, med stöd från kyrkan och välgörenhetsinstitutionerna.

Det är just under de strider som föds ur försöken att tvinga igenom sådana förhållanden som ett växande avantgarde av arbetarklassen kommer att prövas, härdas och få politiska erfarenheter av klasskamp. Denna långa, heta vinter med ekonomiska och sociala kriser och krig, vars första stadier vi redan befinner oss i, flätar oskiljaktigt samman deras omvandling och vår.

DERAS OMVANDLING

1. En historisk förändring i den globala grupperingen av USA-imperialismens väpnande styrkor, dess militära strategi och slagordning påskyndas snabbt. Denna omvandling som Vita huset kämpar för och försvarsdepartementet driver fram, syftar till att förbereda krig av den karaktär som de imperialistiska härskarna vet att de måste utkämpa – hemma likaväl som borta. Ingen betydande flygel av vare sig de demokratiska eller republikanska partierna har något strategiskt alternativ till den här inriktningen. Och den har redan kommit för långt för att kunna vridas tillbaka.

"Detta är den mest betydelsefulla förändringen av er armé sedan 1939", sa General Richard Cody, ställföreträdande för arméstabschefen general Peter Schoomaker, till representanthusets Kommitté för de väpnade styrkorna i februari 2005.

Mellan början av 1939 och december 1941, när Rooseveltadministrationen förklarade krig mot Tokyo samtidigt som Tyskland förklarade krig mot USA, växte USA:s armé från 125 000 till 1 640 000 (och slutligen till 8 300 000 under själva kriget). USA:s flotta utökade fartygsbyggandet och inledde den första patrulleringen av Atlanten samtidigt som flottan växte från 300 000 till 3 miljoner matroser och officerare vid krigsslutet. Och arméns flygkår (det som sen blev flygvapnet) inledde sin massiva expansion.

För att understryka den förändrade karaktären, det geografiska omfånget och det faktum att USA-imperia-

Andel av militärutgifterna i världen

TOTALT: $950 MILJARDER (2004)

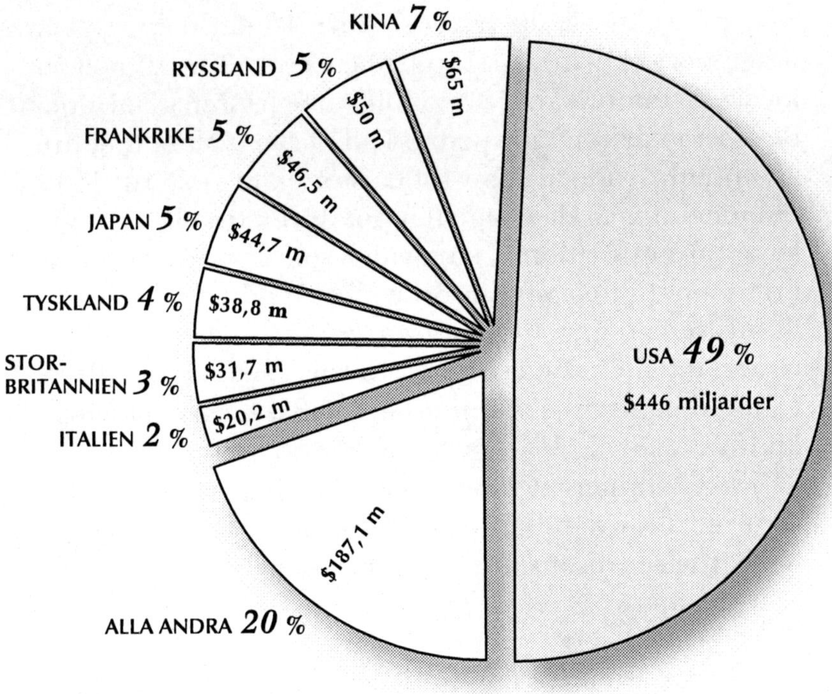

KÄLLA: GLOBALSECURITY.ORG

lismens militära operationer blir allt fler allt snabbare, påpekade Cody: ”Från 1950 till 1989 växlade hela arméns storlek från 64 divisioner under Koreakriget, till 40 divisioner under Vietnamkriget, till 28 divisioner (18 divisioner aktiva trupper och 10 divisioner inom Nationalgardet), när kalla kriget slutade. Under denna 39 år långa period deltog armén i 10 enskilda operationer inklusive i Dominikanska Republiken och Grenada. Under de fjorton år som gått sedan kalla krigets slut (1989 till 2003), minskade arméns totala storlek från 28 till 18 divisioner, men ändå ökade tempot dramatiskt när det gäller antalet operationer, när armén som svar på nationens krav på handling genomförde 57 enskilda operationer... inklusive Panama, Operation Ökenstorm, Somalia, Haiti, Makedonien, Bosnien och Kosovo, samt åtaganden i Irak, Afghanistan, Filippinerna, Afrikas horn och många andra ställen.”

”Fred kommer att vara undantag och krig kommer att vara regel för den här armén”, förklarade Cody uttryckligen för representanterna för vapenindustrin några veckor senare.

2. USA:s härskare kommer aldrig mer att utkämpa sådana krig som kännetecknat 1900-talet: massiva, omfattande landkrig i Europa och Asien, befolkning mot befolkning. De kommer inte att utkämpa sådana krig för de kan inte vinna dem. Washington kommer att använda alla vapen de anser nödvändiga, offensiva eller defensiva, för att undvika sådana krig.

3. I sina försök att skynda på omvandlingen, arbetar USA:s härskare aggressivt för att bryta igenom de konservativa fördomarna hos den imperialistiska officerskasten som formades under kalla kriget och som särskilt märkts av sin politiska erfarenhet under Vietnamkriget. Denna beslutsamma framstöt har utlöst den bittraste fraktionalismen inom de väpnade styrkornas officerskår – och hos underrättelsetjänsten – sedan de första åren av inbördeskriget i USA i mitten av 1800-talet. Många inom arméns, flygvapnets, flottans, marinens och CIA:s byråkrati riskerar att förlora (eller vinna) inte bara befordringar utan även kontroll över stora resurser. Aldrig tidigare har så många generaler och underrättelseföreträdare lyckats publicera så många partiska, politiska böcker "som berättar sanningen" under så kort period, ofta bara några månader efter att de avgått eller pensionerats från aktiv tjänst. De ansluter sig till den ena eller andra sidan i dessa revirkrig och går öppet med i fraktionsstriderna och valkampen om vem som ska kontrollera de verkställande och lagstiftande delarna i regeringen.

4. Det kan inte och kommer inte att bli någon upprepning av ett krig som förs på samma sätt som 1990–91 års angrepp på Irak, som utkämpades av en stor USA-organiserad koalition under FN:s "fredsbevarande" fana. Inte heller kommer det att bli en repris på den strategi som Washington använde för att halvhjärtat utkämpa det första europeiska kriget sedan andra världskrigets slut – i Bosnien 1994–95 och i Kosova 1999, med brutalt avfyrade kryssningsrobotar och organiserade luftangrepp från långt avstånd mot arbetande människor på Balkan. Följderna av dessa krig på Balkan blev ännu mer explosiva av det faktum att de politiska frågorna som orsakade dem förblir olösta och leder till ytterligare konflikter.

Dessa krig som utkämpades under 1990-talet, registrerade det angelägna behovet av att omvandla de kommandostrukturer och den slagordning som hade skapats ungefär femtio år tidigare av USA-imperialismen för att ta till vara dess intressen i den ”fria världens” namn.

5. Den andra Bush-administrationen har skyndat på förändringen genom att använda krigen i Afghanistan och Irak för att mobilisera patriotiskt stöd för sin inriktning. De konkreta utmaningarna som de härskande ställdes inför under dessa krig, och de första erfarenheterna de fick under krigens lopp, förstärkte deras beslutsamhet att strukturera om och driva igenom denna fundamentala förändring.

Den roll som USA:s specialtrupper spelar har graderats upp på ett kvalitativt sätt. Army Rangers och Delta Force-trupper, flottans SEALs, marinens expeditionsenheter och flygvapnets eskadrar för särskilda operationer samlade alla information ”på plats”, de genomförde gemensamma stridsmanövrer med allierade inhemska styrkor (Norra Alliansen i Afghanistan och kurdiska Peshmerga-milisen i Irak), de valde ut bombmål i realtid och beordrade USA:s bombattacker och eldgivning från flottan.

Pentagon testade nya vapensystem i fält under krigsförhållanden, inklusive obemannade spaningsplan, radiostyrda attackplan och lättbepansrade Strykerfordon. Till en grad de aldrig ens drömt om i tidigare krig, genomdrev USA:s härskare ett gemensamt kommando och gemensamma operationer mellan armén, marinen, flottan, flygvapnet och deras specialstyrkor ända ner till kompaninivå.

6. De trettiotre nuvarande armébrigaderna i USA håller på att omstruktureras till mellan 43 och 48 snabbare, mer rörliga, mer dödliga, lätt utrustade brigader som kallas Stridsbrigadenheter (Insatsenheter). Det tillkännagivna målet är att år 2010 kunna sätta in en stridsberedd brigad varsomhelst i världen inom 96 timmar, en hel division inom 120 timmar och 5 divisioner (ungefär 75 000 trupper) inom 30 dagar. Betydande kommando-befogenheter håller på att överlåtas från divisions- till brigadnivå, inklusive gemensamt kommando, när behov uppstår, för alla de fyra vapenslagen (inklusive, med all sannolikhet, för CIA:s hemliga operationer i fält).

Som ytterligare en större förändring jämfört med efterkrigstidens strukturering av USA:s väpnade styrkor, lägger Pentagons topptjänstemän fram förslag om behovet av en ny "strategisk triad", där armén, marinkåren och specialtrupper prioriteras framför triaden bestående av armén, flygvapnet och flottan. Flygvapnets stridsplan och bombplan, precis som flottans hangarfartyg och andra krigsfartyg, kommer att förbli avgörande, men som en del av, och underordnade, gemensamma operationer med alla vapenslagen under ett centraliserat kommando. Den nya triaden bygger på och konsoliderar två förändringar i kommandostrukturen som USA:s regering införde 1986 (Goldwater-Nicholas-lagen) under de sista åren av kalla kriget: (1) att stridande befälhavare rapporterar direkt till försvarsministern, inte till högste officeren i respektive vapenslag på Generalstaben (2) att ingen officer befordras till general eller annan högre officersgrad utan tidigare erfarenhet i att kommendera gemensamma styrkor.

Pentagons pressrelease om sina budgetplaner för år 2006 och "omstruktureringen av USA:s styrkor" påpekar hur centralt det är att "antalet stridande enheter i armén och marinkåren ökar", liksom de initiativ som tas för att stärka specialstyrkorna, som "har varit avgörande i kampen mot terrorismen". Samtidigt föreslår budgetförslaget åtgärder så "att flottan kan skicka ut flera hangarfartyg och understödjande skepp snabbare", tillsammans med ytterligare neddragningar i flottans personal, liksom en omstrukturering av flygvapnets expeditionsstyrkor så att de ”snabbt kan förse USA:s stridande befälhavare världen runt ... med den rätta blandningen av operativ kapacitet”.

7. För att uppnå dessa mål, omformar Pentagon USA:s väpnade styrkors ”globala fotavtryck”.

I och med slutet på kalla kriget behöver USA-imperialismen inte längre konfrontera Warszawapaktens tanks och trupper längs Fuldagapet i centrala Tyskland. Ytterligare 70 000 trupper och 100 000 familjemedlemmar som är stationerade i massiva, vräkiga ”mini-Amerika” i Europa och Asien, särskilt i Tyskland och Sydkorea, kommer att kallas hem till USA. Detta innefattar också att man kallar hem alla de fyra tunga stridsbrigaderna i Tyskland (merparten av två divisioner) för att ersätta dem med en lättare brigad. Washington har redan tillkännagivit att man ska dra tillbaka 12 500 av sina 37 000 trupper i Sydkorea, eftersom de inser att försvaret av USA-imperialismens intressen på den koreanska halvön inte länge kan förlita sig på massivt infanteri och artilleri som en ”snubbeltråd” längs gränsen mot Nordkorea. De stora nedskärningarna i USA:s trupputplaceringar utomlands, särskilt i västra Europa, som genomfördes under den förste Bushs och Clintons administrationer, kommer att fortsätta i enlighet med Washingtons ”globala ställningsöversikt” av sina styrkor.

När det gäller de 35 procenten av USA:s baser och installationer utomlands som är schemalagda att stängas under de kommande årtiondena, har Washington för avsikt att dra tillbaka dem som ligger i länder och på orter där USA:s trupper är måltavlor för särskilt starkt folkligt hat och förbittring – med början från flygbasen Prince Sultan Air Base nära Riyadh i Saudiarabien (varifrån de redan har dragit sig tillbaka), från Seouls centrum och

Vieques i USA:s koloni Puerto Rico.

Istället för att stationera ett stort antal av USA:s trupper och deras familjer på baser utomlands, förhandlar Pentagon med olika regeringar om att upprätta mindre "Framskjutna operationsplatser", som ofta kallas "näckrosblad" (*lily pads*), och andra såkallade "Gemensamma säkerhetsplatser". Tillsammans med "havsbaserade" avskjutningsramper och reservförråd kommer dessa installationer vara placerade närmare de delar av världen där Washington anar att de kommer att behöva använda sin militära makt – först och främst i Mellanöstern, Afrika, Centralasien, de tidigare Sovjetrepublikerna och Öst- och Centraleuropa, där närheten till oljereserver är ett av de uttalande kriterierna.

De flesta "näckrosblad" kommer att försörja ett litet antal ständigt roterande trupper som inte belastas av familjer samt hålla utrustningsförråd som kan ge understöd till stridande enheter som skickats ut från Nordamerika eller andra ställen med kort varsel. Sådana installationer fungerar redan i Oman, Honduras, Kirgizistan och på andra håll och Washington för samtal med olika regeringar för att skapa anläggningar i Bulgarien, Rumänien och São Tomé och Príncipe (i Guineabukten) bland ett dussintal eller så ytterligare platser. "Gemensamma säkerhetsplatser", som de man nu förhandlar med Senegal och Uganda om, kommer enligt Pentagon att hållas i skick av "entreprenörer" eller "personal från värdnationerna" och inte involvera någon permanent, betydande militär närvaro från USA.

Genom sådana förhandlingar är Washington på väg att etablera sin militära närvaro i det oljerika Västafrika på bekostnad av sina imperialistiska konkurrenter i Paris och London (och dess aspirerande rivaler i Moskva och Beijing).

Omkring 70 000 USA-soldater i Tyskland vid stora, utspridda baser som är som ett "Amerika i miniatyr" kommer att förflyttas till USA. Under tiden förhandlar Pentagon med olika regeringar om att upprätta små "Forward Operating Sites" [Framskjutna operationsplatser], ibland kallade "lily pads" [näckrosblad]. De kommer att ligga närmare de delar av världen där Washington förutser större behov av att använda sin militära makt – i Mellanöstern, Afrika, Centralasien, de tidigare sovjetrepublikerna och Öst- och Centraleuropa.

NEDERST: USA-basen i Wiesbaden, Tyskland. **ÖVERST TILL VÄNSTER:** Officer i USA-arméns Special Forces [specialtrupper] undervisar en enhet i den colombianska armén i antigerillateknik; allt fler USA-soldater har skickats dit sedan år 2000. **ÖVERST TILL HÖGER:** USA trupper i Uzbekistan (2004) där Washington först upprättade en bas för att förbereda kriget mot Afghanistan 2001.

GARRY LEECH

U.S. AIR FORCE / TIM VININC

LANDOV

Platser där USA-imperialismen har militära baser eller anläggningar, 2004

EUROPA	OSTASIEN OCH STILLA HAVET	NORDAFRIKA MELLANÖSTERN, SYDASIEN*	AFRIKA SÖDER OM SAHARA, SYDATLANTEN
Belgien	*Australien*	*Afghanistan*	*Djibouti*
Bosnien	*Guam*	*Bahrain*	*Kenya*
Danmark	*Hawaii*	*Diego Garcia*	*St. Helena*
Frankrike	*Hong Kong*	*Egypten*	**VÄSTRA HALVKLOTET**
Grekland	*Indonesien*	*Förenade arabemiraten*	*Alaska*
Grönland	*Japan*	*Georgien*	*Antigua*
Island	*Johnstonatollen*	*Irak*	*Aruba och Curaçao*
Italien	*Kwajaleinatollen*	*Jordanien*	*Bahamas*
Kosova	*Nya Zeeland*	*Kuwait*	*Colombia*
Luxemburg	*Samoa*	*Kirgizistan*	*Ecuador*
Nederländerna	*Singapore*	*Oman*	*El Salvador*
Norge	*Sydkorea*	*Pakistan*	*Honduras*
Portugal	*Wake-ön*	*Qatar*	*Jungfruöarna*
Spanien		*Turkiet*	*Kanada*
Storbritannien		*Uzbekistan*	*Kuba (Guantanamobukten)*
Tyskland			*Peru*
			Puerto Rico
			USA (kontinentala)

* *Många av USA:s militära anläggningar i dessa områden – som byggts upp efter 2001 för att föra USA:s krig i Afghanistan och Irak – är bland de första "näckrosblads"-baser av det slag som Washington planerar att upprätta överallt. Detsamma gäller baserna i Djibouti i Afrika, liksom i Colombia, El Salvador och på andra håll i Latinamerika.*

KÄLLOR: AP, CENTER FOR DEFENSE INFORMATION, AIR FORCE ASSOCIATION, LOS ANGELES TIMES, UPI, PRAVDA

USA:s "globala ställningsöversikt"

Ytterligare länder där Washington överväger att förlägga Forward Operating Sites [Framskjutna operationsplatser] ("näckrosblad") eller Cooperative Security Locations [Gemensamma säkerhetsplatser]

EUROPA	OSTASIEN & STILLA HAVET	NORDAFRIKA, MELLANÖSTERN, SYDASIEN	AFRIKA SÖDER OM SAHARA
Bulgarien	*Malaysia*	*Algeriet*	*Ghana*
Polen	*Filipinerna*	*Azerbajdzjan*	*Nigeria*
Rumänien	*Thailand*	*Indien*	*Mali*
Ungern		*Marocko*	*São Tomé och Príncipe (Guineabukten)*
		Tunisien	*Senegal*
			Sierra Leone
			Uganda

KÄLLOR: FY2004 DEFENSE DEPARTMENT BASE STRUCTURE REPORT; US STATE DEPARTMENT; PBS; AP; GLOBALSECURITY.ORG

SE KARTAN PÅ NÄSTA SIDA ▶

USA:s militärbaser i världen

SE FÖRTECKNING PÅ FÖREGÅENDE SIDA

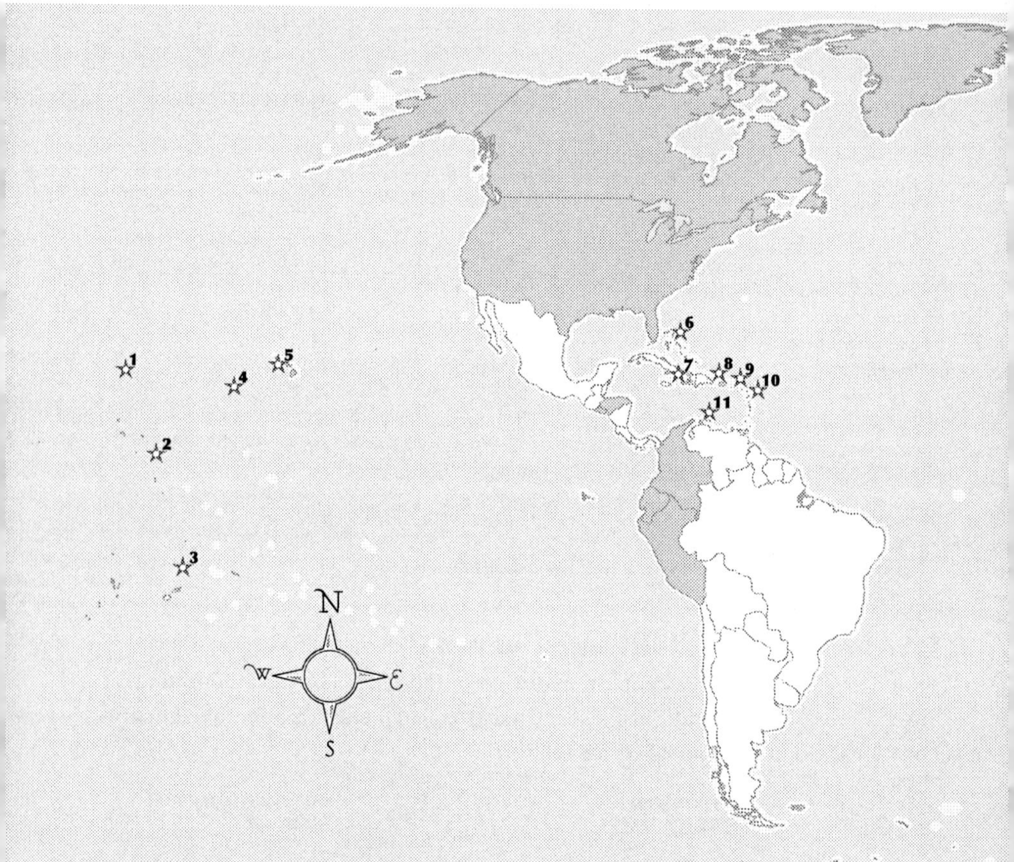

LÄNDER MED EN USA-BAS 2004

USA-baser i **1.** *Wake-ön* **2.** *Kwajaleinatollen* **3.** *Samoa* **4.** *Johnstonatollen* **5.** *Hawaii* **6.** *Bahamas* **7.** *Kuba (Guantanamobukten)* **8.** *Puerto Rico* **9.** *Jungfruöarna* **10.** *Antigua* **11.** *Aruba och Curaçao* **12.** *St Helena* **13.** *Diego Garcia* **14.** *Singapore* **15.** *Hong Kong* **16.** *Guam*

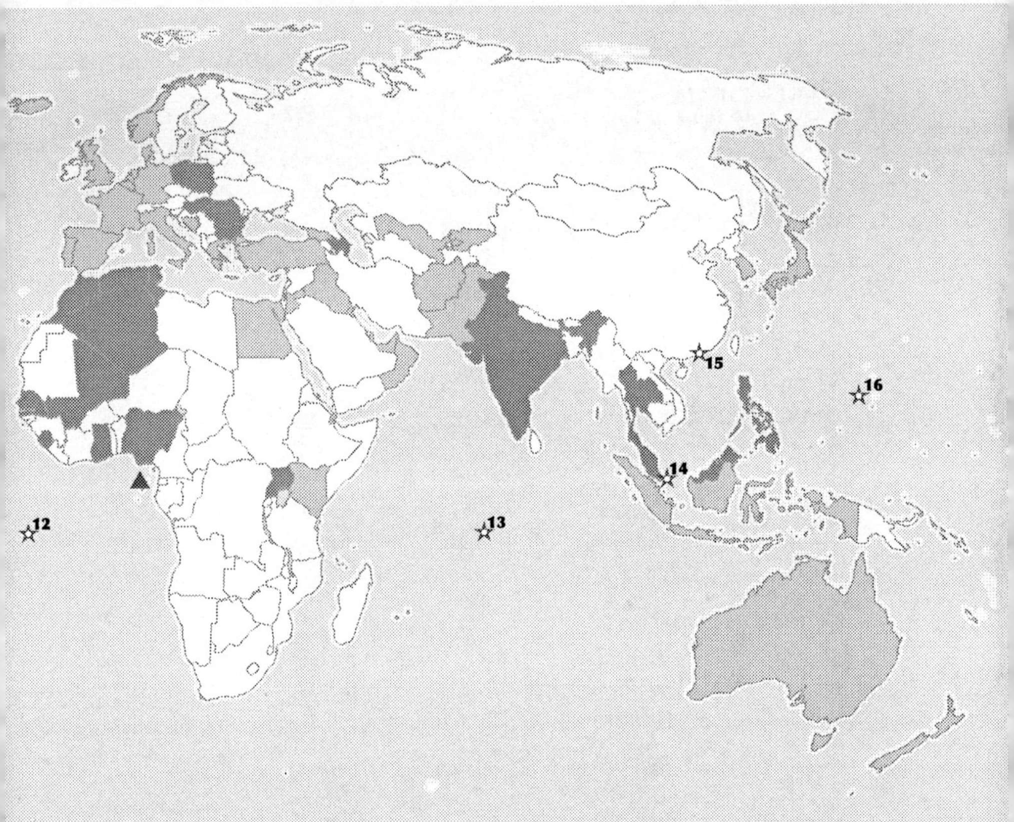

YTTERLIGARE LÄNDER UNDER ÖVERVÄGANDE FÖR "NÄCKROSBLADS"-BASER ELLER "COOPERATIVE SECURITY LOCATIONS" [GEMENSAMMA SÄKERHETSPLATSER]

São Tomé & Príncipe

USA-imperialismens militära "globala ställningsöversikt"

USA-TRUPPER I AKTIV TJÄNST

Totalt, regioner och utvalda länder

	1989	2004	FÖRSVARSDEPARTEMENTETS STÄLLNINGSÖVERSIKT, BERÄKNINGAR[1]
TOTALT I AKTIV TJÄNST (inklusive i/kring Irak)[2]	**2 130 229**	**1 425 887**	
TOTALT I AKTIV TJÄNST UTOMLANDS (förutom Irak)	**509 873**	**257 692**	**~190 000**
På land	*452 916*	*233 544*	
Till sjöss	*56 957*	*24 148*	
EUROPA	**336 416**	**~114 200**	**~45 000**
Bosnien	—	*250*	
Italien	*15 706*	*13 354*	
Kosova	—	*~2 000*	
Storbritannien	*27 639*	*11 801*	
Tyskland	*248 621*	*75 603*	
OSTASIEN OCH STILLA HAVET	**134 912**	**97 724**	**~85 000**
Australien	*717*	*205*	
Filipinerna	*14 745*	*144*	
Japan[3]	*49 861*	*40 045*	
Sydkorea	*44 461*	*40 258*	**~28 000**
NORDAMERIKA, MELLANÖSTERN, CENTRAL- OCH SYDASIEN	**8 070**	**~31 100**	
Afghanistan	—	*~20 000*	
Bahrain	*168*	*1 496*	
Diego García	*1 048*	*491*	
Egypten	*1 182*	*350*	
Kirigizistan	—	*1 000*	
Qatar	—	*3 432*	
Saudiarabien	*416*	*291*	
Turkiet	*4 862*	*1 863*	
Uzbekistan	—	*~1 300*	
AFRIKA SÖDER OM SAHARA	**333**	**~1 800**	
Djibouti	*7*	*~1 600*	
AMERIKA	**21 448**	**~2 495**	
Colombia	*42*	*~800*[4]	
Honduras	*1 158*	*413*	
Panama	*12 719*	*16*	
Kuba (Guantanamobukten)	*2 467*	*700*	

1. *Översiktliga beräkningar av ställningsöversikt enligt försvarsdepartementets plan för omkring tio år framåt; neddragningarna i Sydkorea vid slutet på 2008.*

2. *Med början tidigt under 2005 finns det enligt försvarsdepartementet cirka 150 000 USA-soldater i Irak. Dessutom finns det 40 000 soldater i Kuwait och på andra håll runt Irak.*

3. *Omkring 30 000 av USA:s soldater i Japan finns på ön Okinawa.*

4. *I oktober 2004 beslutade kongressen i USA att fördubbla USA:s trupper i Colombia från 400 till 800.*

USA-soldater i aktiv tjänst
(1989, 2004, i framtiden)

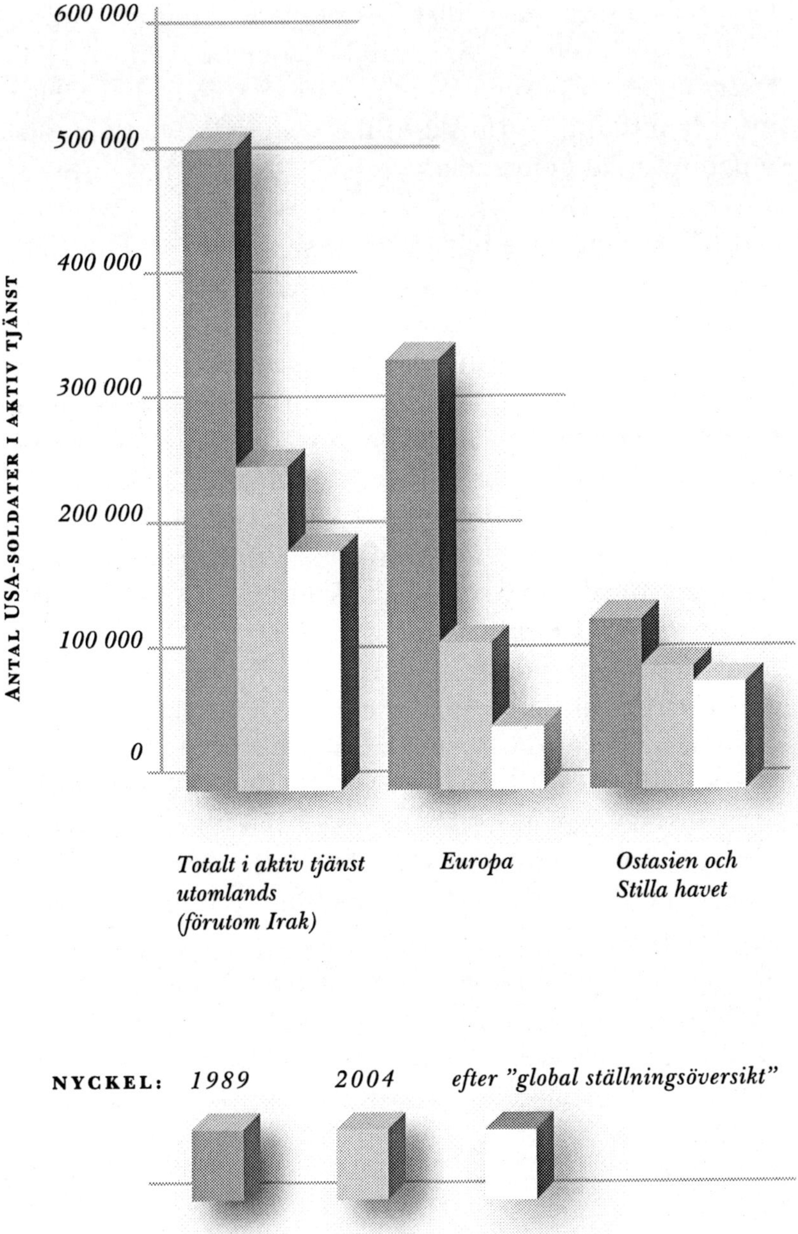

I namn av operationer mot knarksmuggling, stärker sig också de härskande i USA militärt i Latinamerika och de utökar sitt samarbete med Colombia i synnerhet (som redan är världens tredje största mottagare av militärt stöd från USA, endast överträffad av Israel och Egypten). I mitten av 2004 fördubblade kongressen den tillåtna storleken på USA:s militära personal där till 800. Dessa åtgärder påskyndas bland annat som förberedelse inför kommande "gränskonflikter" och dispyter om oljepipelines med Venezuela.

8. USA:s härskare har bestämt sig för att behålla väpnade styrkor som rekryteras helt på frivillig grund. Deras motvilja mot att återinföra värnplikten idag är inte ett opinionstrick. Det grundas på deras bedömning av vilket slags väpnade styrkor de behöver för att förbereda sig inför de krig de tänker utkämpa under kommande årtionden: utifrån lärdomarna från det brett spridda förfallet i den militära disciplinen och moralen i värnpliktsarmén under de sista åren av Vietnamkriget, utifrån försöken att höja genomsnittet på rekryternas intelligens- och kompetenstester som har blivit bättre med den frivilliga armén, samt på deras bedömning av hur de bäst kan mobilisera patriotiskt stöd för värnplikt när de oundvikligen behöver den inför framtida, mer storskaliga krig.

USA:s härskare inser att det blir svårare att fylla rekryteringskvoterna under krigstid, när antalet dödade och skadade skjuter i höjden. Följaktligen höjer USA:s regering lönerna för personalen i de väpnade styrkorna, de ökar bonus för rekrytering, förlängd tjänstgöring, utplacering i stridszoner och uppgradering av kompetensen. De ökar förmånerna för familjerna, fortsätter att utöka utbildningsprogrammen för reservofficerare på universiteten, förbättrar bidragen till utbildning och bostäder och höjer de ekonomiska incitamenten för Nationalgardet och arméns reservister. Att ta värvning i Nationalgardet eller reserven är inte längre någon garanti för träning en weekend per månad och två veckor per år i utbyte mot betalda collegestudier. I december 2004, när Pentagon tredubblade premien för fortsatt tjänst inom Nationalgardet till 15 000 dollar, hade en tredjedel av dess medlemmar tjänstgjort i Irak, nästan en tredjedel var i tjänst utomlands och 40 procent av USA:s trupper i Irak kom från Nationalgardet eller reserven. Dessa och andra växande militära utgifter kommer att förvärra kontroverserna inom USA:s härskande klass om statens finanser och höjer insatserna för att de måste vinna det amerikanska folket politiskt till att stödja "uppoffringarna" i deras levnadsstandard som snart måste följa i dessa utgifters spår.

9. Lärdomarna av de klass- och rasmässiga skillnader som undergrävde den militära disciplinen och underminerade moralen under Vietnamkriget har etsat sig fast i medvetandet hos den högsta militära ledningen. Det är bakgrunden till att Pentagon efter Gulfkriget minskat andelen svarta soldater i stridande förband. Sammansättningen på dem som dödats i strid i Irak visar på dessa förändringar. Försvarsdepartementet rapporterade att fram till i januari 2005 var 11 procent av dem som dödats i strid afro-amerikaner. I Gulfkriget 1991 var det 17 procent (svarta utgör ungefär 13 procent av USA:s befolkning idag.)

USA:s härskare har också gjort en medveten ansträngning under senare decennier att bygga upp en officerskår, vars rasmässiga och etniska sammansättning är mer lik de meniga soldaternas.

Mer än 8 procent av officerarna i aktiv tjänst i de väpnade styrkorna är idag svarta, jämfört med 2,4 procent 1973. I armén utgör svarta 12 procent av officerskåren, en ökning från 4 procent 1973. Tungt vägande stöd från de övre skikten i officerskåren för ett program för positiv särbehandling på den juridiska fakulteten på universitetet i Michigan, var en avgörande faktor för advokaterna i Bushs justitiedepartement när de beslutade att endast göra en begränsad attack på universitetets planer i Högsta domstolen, som 2003 i stort sett godkände programmen.

10. Under 2005 kommer Försvarsdepartementets "Kommission för omplacering och nedläggning av baser" att släppa en lista med vilka baser i USA som ska stängas, uppskattningsvis 25 procent av de nuvarande militära installationerna i landet. Utvalda armé-, flygvapen-, flott- och marinkårsbaser kommer att slås ihop för att underlätta gemensam träning och operationer.

Bush-administrationen planerar att dirigera om mycket av de beräknade besparingarna på 3–5 miljarder dollar till att öka utgifterna för militära löner och bonus, liksom att också utöka forskningen, utvecklingen och utplaceringen av vad Pentagon kallar sitt "nätverkscentrerade" Framtida stridssystem: avancerade kommunikationsanordningar och globala positionssystem, avsedda för kommando och kontroll för små enheter i realtid på slagfältet, obemannade spaningsplan, laserstyrda granater och bomber, lätta pansarfordon och attackhelikoptrar. Samtidigt skrotar eller minskar Washington vapenprogram som tagits över från kalla krigets stridsprioriteringar. Comanche-helikoptern och artillerisystemet Crusader har tagits bort och stora minskningar planeras för stridsplansprojektet F/A-22 "Raptor". Samma sak gäller marinens hangarfartygsflotta. I en period där USA dominerar luftrummet tillhör jakt- och attackflygplan framtiden och luftstrider det förflutna.

Stängning av baser och nedskärningar i vapensystem som produceras av USA:s krigsindustri är särskilt känsliga frågor om skattesubventioner till lokala politikers fromma (*pork-barrel issues*). De kommer att skapa ljudligare protester från både demokratiska och republikanska partipolitiker än stängningen av USA-baser utomlands.

11. Innan de försöker öka storleken på USA:s väpnade styrkor, ökar Försvarsdepartementet antalet stridsberedda trupper – de kallar dem "krigare för strid" – genom att flytta soldater från icke-stridande uppgifter och ersätta dem med civilt anställda under Pentagons överinseende. Det försvagade fackliga och medborgerliga skydd som anställda i Pentagon har, tvingas redan på dem som arbetar på Departementet för försvar av hemlandets säkerhet (Department of Homeland Security). Bush-administrationen presenterar det som en mall för att "reformera" löneskalor, anställningar, avskedanden och befordringsgång för ett okänt antal federalt anställda.

Försvarsdepartementet gör också en "ombalansering" av vilka yrkeskunskaper och ansvarigheter som behövs inom de väpnade styrkorna, bland annat genom att omplacera många militärpoliser, chaufförer och trupper avsedda för "civila uppgifter" från Nationalgardet och reservenheter till enheter i aktiv tjänst.

12. Ett av de mest centrala målen med omvandlingen av USA:s militär är att skapa de kommandostrukturer och den operativa förmåga som behövs – under parollen åtgärder mot terrorism – för att svara på det motstånd som kapitalisterna vet oundvikligen kommer att fördjupas inom USA, när konsekvenserna av deras ekonomiska inriktning drabbar arbetare, bönder och andra arbetande människor. Arbetsgivarklassens förberedelser visar att de är medvetna om de samlade sociala och politiska konsekvenserna av mer än tre decenniers stagnerande kapitalackumulation, ökande konkurrens inom världshandeln och växande attacker på levnadsstandard och arbetsvillkor.

I mitten av 60- och början av 70-talen när USA-imperialismen utkämpade Vietnamkriget kunde, i motsats till nu, den härskande klassen göra stora sociala och ekonomiska eftergifter, till exempel Medicare, Medicaid och indexreglerade sociala bidrag, som svar på proletära massrörelser på gatorna. Den genomsnittliga timlönen fortsatte att stiga. Arbetsgivarna, deras regering och deras tvillingpartier upplevde inget pressande behov av att rusta sig för skärpta konflikter med arbetare, bönder och fackföreningsrörelsen.

Men så är det inte i början av tjugohundratalet och de år vi har framför oss. Samtidigt som USA:s finanskapital för krig utomlands, flyttar den allt mer öppet fram sina positioner hemma. Att lägga grunden till en ökad militarisering av det civila livet som de behöver, är en avgörande del av deras omvandling.

Som ett steg i den riktningen skapades i oktober 2002 Northern Command [Norra kommandot], ett av nio "krigskommandon" i militärens globala Förenade stridskommandostruktur. För första gången i USA:s historia har ett militärt kommando ansvaret för det kontinentala USA och resten av Nordamerika. NORTHCOM, som det heter, delar anläggningar och befälhavare med NORAD (North American Aero Space Command, Nordamerikanska luftrumsförsvarskommandot), ett kommando gemensamt för USA och Kanada, som sedan slutet av 50-talet enligt avtal haft auktoritet att ställa Kanadas luftförsvar under USA:s befäl om det bedöms nödvändigt. NORAD är centrum för ”missilförsvaret” av Nordamerika.

Det Norra kommandot omfattar också Mexiko, som för första gången förts in under ett av USA-imperialismens globala stridskommandon (inklusive det Södra kommandot, som sedan länge haft ansvar för Karibien och Central- och Sydamerika).

Under förevändning att civil oordning är en fråga om nationell säkerhet, eftersom terrorister och deras anhängare och sympatisörer utnyttjar sådana situationer, har uppgiften att ta hand om civila oroligheter inom USA och längs dess gränser i lag – för första gången sedan efterdyningarna av inbördeskriget – nu blivit en *militär* fråga för den federala regeringen och inte enbart en *polisiär* fråga för stads-, delstats- och federala myndigheter.

13. Upprättandet av ett försvarskommando för kontinentala USA sker samtidigt med andra, mer omskrivna, förberedelser för att möta arbetar- och bondemotstånd hemma. Kapitalisterna klär medvetet dessa förberedelser i civil och inte militär mundering. Liksom NORTHCOM initierades en hel del sådana åtgärder av Clintonregeringen – de kallades efter 11 september ”hemlandsförsvaret” (*Homeland Defence*), och centraliserades i ett nytt civilt regeringsdepartement med samma namn. De härskande undviker den främlingsfientliga amerikanism som de oundvikligen kommer att ge näring åt bland skikt i befolkningen när en social kris och ett bredare krig kräver det. I stället förklarar de att de nödvändiga förberedande stegen de måste ta idag ska ses som en ”medborgerlig skyldighet” och att smärre ingrepp i privatlivet måste accepteras av ”oss alla” när ”terrorister” hotar hus och hem.

Dessa åtgärder sträcker sig från ökad federal centralisering av ”övervakning” av ”misstänkta terrorister”, både hemma och utomlands, till införandet av ett system av ett nationellt ID-kort i form av personnummer; från allestädes närvarande ”säkerhetskontroller” på flygplatser, i kontorsbyggnader och på andra ställen till uppmaningar att rapportera ”misstänkta” paket på offentliga platser eller beteenden som ”sticker ut” i ditt hyreshus, bostadsområde eller på gatorna; från inskränkningar i *habeas corpus*, det vill säga skydd mot godtycklig häktning, och till och med i åtalades grundlagsskyddade rättigheter; från att spionera på vilka böcker individer lånar på biblioteket, vilka böcker de köper och kartläggning av deras bankkonton till att hålla extra uppsikt över utlandsfödda invånare, både ”legala” och ”illegala”.

Man tar bort de begränsningar för militära spionoperationer inom USA som kom efter rapporterna från senator Churchs kommitté 1975–76. Den avslöjade i detalj vilka omfattande kränkningar av grundlagsskyddade rättigheter som militära och andra federala spionorganisationer gjort: operationer – ofta brutala – mot motståndare till Vietnamkriget, anhängare till de svartas rörelse och chicanorörelsen, kvinnorörelsen, arbetarrörelsen, kommunister och andra. FBI:s inhemska ”antiterroristarbete” utvidgas återigen i rask takt.

Dessa spionoperationer, som förr eller senare kommer att inbegripa försök att störa politisk verksamhet, kommer att centraliseras av ”Chefen för nationellt säkerhetsarbete” som är direkt ansvarig inför presidenten. Lika viktigt är att *undantagna* från denna centraliserings ansvarsområde är de massiva militära spionoperationer som organiseras av Pentagon och står under dess ansvar. Lagen om ”reformering” av underrättelsetjänsten, som antogs av kongressen i december 2004 efter en kampanj från demokraterna, anpassades innan den slutligen antogs för att möta kraven från Bush och Rumsfeld.

Den stora majoriteten arbetare och bönder i USA känner ännu inte direkt av och förstår inte heller politiskt att det som händer idag och som hänt under de senaste åren i Guantanamo, att det som händer med "förebyggande interneringar" av medborgare i USA och att det som händer med inskränkningar i rätten att överklaga utvisningar, framförallt är riktade mot *oss* och inte mot små grupper av misstänkta "utlänningar". Utom för en liten minoritet utlandsfödda arbetare och andra invandrare verkar hotet otroligt avlägset. Men som fallet varit under klasskampens hela historia i USA, från Palmerrazziorna över Smithlagens frameup-rättegångar till Cointelpro, kommer nya och allt mer militariserade sonderingar från härskarna att förstås för vad de är – och bekämpas – när arbetande människor och arbetarrörelsen tvingas in i strider för att försvara oss och våra arbetande allierade mot ökade attacker från arbetsgivarna och den stat, som representerar och försvarar deras klassintressen.

'Uppdraget definierar koalitionen'

14. Efter upplösningen av inte bara de stalinistiska regimerna i Östeuropa och Sovjetunionen, utan också av Comecon och Warszawapakten – som strukturerat handel och militära band mellan Sovjetunionen och de europeiska arbetarstaterna – hördes triumfatoriska rop om en ny era med "fred", "demokrati", "stabilitet" och till och med "slutet på historien". Den följdes av massiva minskningar i storleken på USA:s väpnade styrkor och nedskärningar av militärutgifterna. Denna "fredsutdelning", som användes av USA:s finansdepartement till förmån för alla som handlade med USA-obligationer, lade grunden till en överdriven uppgång för dollarn och eldade under den brasa som skulle bli det sena 90-talets och 2000-talets finansiella ballong.

Slutet för ”fredsutdelningen” och början på omvandlingen kom med den växande insikten hos de härskande som spred sig i slutet av Clinton-administrationen, att de själva skulle bli tvungna att kompensera för det faktum att det inte längre var möjligt för Stalins arvtagare att hålla de arbetande massorna i schack. Och för att Moskva inte längre har en sådan politisk ställning inom arbetarrörelsen att de kan vinna gehör för sina rationaliseringar för att hålla tillbaka klasskampen i stora delar av världen.

15. ”Befrielse” i motsats till ”stabilisering”, ”frihet” i motsats till ”maktbalans”, betecknar inte bara nya slagord, utan innebär en historisk förändring i världspolitisk strategi under den andra Bush-regeringen, jämfört med Clinton och hans föregångare.

Avgörande för denna omarbetning av USA:s utrikespolitik, som ofta kallas “Bush-doktrinen”, är regeringens konkretisering och accelererade tillämpning i strid av den omvandling av USA:s väpnade styrkor som inleddes efter 11 september. Förändringarna visar i sig själva att ett brett skikt inom USA:s härskande klass i de båda imperialistiska partierna nu är överens om att upphäva ett 25-årigt bristfälligt politiskt och militärt svar på ”terroristiska” attacker mot amerikanska måltavlor och försenade åtgärder mot stater som bedömdes kapabla att utveckla vapen och avfyrningssystem som hotar USA-imperiets intressen.

Störtandet av talibanerna och Saddam Husseins regim i Afghanistan och Irak av USA:s härskare och de kontinuerliga hoten och pressen mot Iran och Nordkorea, de två länder som tillsammans med Irak ingick i Bushs ”ondskans axelmakter”, är bland annat avsedda att fungera som åskådningsundervisning. Dessa uppvisningar i militär styrka syftar till att ”övertyga” borgerliga krafter i

Syrien, Libyen, Palestina och på andra ställen från Nordafrika till Centralasien och Latinamerika att det är emot deras klassintressen och på längre sikt hotar deras egen överlevnad om man trotsar Washington. Kriget i Irak och dess fortsatta återverkningar har fört bort konflikten Israel-Palestina från centrum av politiken i Mellanöstern och dess effekter sprids österut, norrut och till och med hela vägen till Västafrika.

16. Varken NATO, en allians född ur andra världskriget, eller de koalitioner Washington lappade ihop under 1990-talet bakom FN:s och NATO:s fikonlöv för att föra krig i Persiska viken och Jugoslavien, kan tjäna de syften som nu växer fram för USA-imperialismen. Så inte heller den koalition som sattes samman – eller snarare proklamerades – för att stödja det anglo-amerikanska kriget mot Saddam Hussein och hans Baathpartis apparat.

När nu USA:s regering förbereder sig för att gå ut i strid runt om i världen vilket den inte kommer att kunna undvika (och till sin stora majoritet inte längre vill undvika) kommer Washingtons väpnade styrkor att föra det centrala befälet i varje enskilt fall. ”Uppdraget kommer att definiera koalitionen”, inte vice versa, för att tala med Rumsfelds ord.

17. Spridningssäkerhetsinitiativet (*Proliferation Security Initiative*, PSI), som Utrikesdepartementet kallar ”en aktivitet, inte en organisation” belyser Rumsfelds devis på ett utmärkt sätt. Hittills har omkring 60 regeringar gått med i denna av Pentagon ledda och organiserade världsomspännande piratoperation. Dess syfte är att ”förbjuda” transporter till ”skurkstater” och ”fientliga regimer” med ett innehåll som de imperialistiska makterna hävdar möjligen kan användas för att producera eller leverera vapen för massförstörelse (eller "tillräckligt stor" förstörelse).

Sedan PSI proklamerades i maj 2003 har fartyg bordats på internationellt vatten och frakter konfiskerats i hamn. Regeringarna i USA, Storbritannien, Frankrike, Australien, Kanada, Japan, Mexiko, Singapore och många andra länder har deltagit i en eller flera av det dussin gemensamma övningar som hållits fram till början av 2005. De senaste var Team Samurai i oktober 2004 i Stilla Havet inte långt från Nordkoreas territorialvatten och Övning Strupgrepp –04, den första övningen av det slaget på västra halvklotet, som organiserades i november i Karibien mellan Key West och ön Hispaniola, som delas mellan Haiti och Dominikanska Republiken, precis öster om Kuba.

18. I Irak har ryggraden i den imperialist-dominerade koalitionen varit regeringarna i USA och Storbritannien plus de i Australien, Italien, Danmark, Polen och Nederländerna – mer än 30 sammanlagt, från Europa, Asien och Stilla Havet och Centralamerika.

På dessa regeringar ställer USA:s härskare kravet (med erbjudande om hjälp till dem som samarbetar) att de omvandlar sina väpnade styrkor. De ska passa in när det gäller logistik, träning och specialstyrkornas uppgifter, liksom det internationella exempel på ledarskap som de i ökad utsträckning kommer att utkrävas att bidra med till stöd för USA-ledda operationer.

Särskilt Tokyo använder sin insats på 600 soldater till Irak på ett "icke-stridande" uppdrag för att snabbare bryta ned de hinder som funnits sedan andra världskriget för den japanska imperialismen att utöva militär makt i Stillahavsområdet och på andra håll. I centrum för denna historiska förändring står en skarp uppgång av japansk nationalism hemma, större öppet stöd till Taiwan och en tätare militär allians med Washington för att möta Kinas militära uppbyggnad, särskilt dess expansion av sjöstridskrafter. Pentagon är ”oroat och följer noga” Beijings tillväxt som sjömakt, sade Rumsfeld, i ett klassiskt understatement, när han vittnade inför senatens Armed Services Committee [Kommittén för de väpnade styrkorna] i februari 2005. ”[V]i hoppas och ber att [Kina] stiger in i den civiliserade världen i god ordning”, tillade han. Men det är inte svar på böner, utan självuppfyllda farhågor som kommer att stå på dagordningen.

19. Washingtons förhållningssätt till de skiftande allianser och konflikter mellan olika stater som kallas den Europeiska unionen är att pressa fram en snabb utvidgning av denna politiska sammanslutning, från Turkiet över Ukraina till Svarta havet.

Med det siktar USA:s härskare på att få den största och mest heterogena pool som är möjlig av potentiella allierade, för att ytterligare minska Rysslands politiska tyngd och för att påskynda att EU:s långvariga fransk-tyska centrum trängs undan. Målet för USA:s finanskapital är att underminera eurons förmåga att konkurrera med dollarn både som den dominerande reservvalutan och som betalningsmedel i världshandeln och finansiella transaktioner. Dessutom vill man tvinga Washingtons rivaler att bära kostnaderna för att integrera länderna i Central- och Östeuropa, där de kapitalistiska sociala relationerna kullkastades efter andra världskriget, in i den kapitalistiska världsmarknaden och de imperialistiska militära allianserna. Det gäller i ökande utsträckning även de tidigare sovjetiska republikerna.

20. För USA-imperialismen flyttas världens geopolitiska centrum österut, både inom kontinentala Europa och på andra håll. Polen, Ukraina eller Slovakien är alla viktigare för USA:s härskare än Belgien; Pakistan eller Indien viktigare än Frankrike; Indonesien viktigare än Tyskland.

21. Oavsett vilka diplomatiska piruetter USA:s härskare gör i FN eller andra internationella forum, kommer de inte att acceptera några allianser, ens temporära, som bakbinder dem när det gäller att uppnå *sina* strategiska mål. De tror inte heller längre på möjligheterna till eller effektiviteten av FN-stödda koalitioner, som ”Operation Ökenstorm” under Gulfkriget 1990–91. Den koalitionen sträckte sig från London och Paris till Riyadh, Kairo, Damaskus och Moskva med underförstått stöd från Beijing. Det andra Irakkriget har skärpt konflikterna mellan de tidigare medlemmarna i Ökenstorms-alliansen. Det är ytterligare ett bevis på att det vi såg under det första Gulfkriget verkligen var de första skotten i tredje världskriget.

22. Försöken från ett block av imperialistiska regeringar med Paris och Berlin i spetsen att stoppa Washingtons invasion av Irak 2003 visade hur dessa relativt sett svagare imperialistiska makter försökte skydda sina ekonomiska, politiska och militära intressen i Mellanöstern.

Dessa försök från vissa imperialistiska makter blev i sin tur en attraktionspol för en del halvkoloniala länder som försöker stå emot USA:s dominans. Medelklassradikaler över hela världen – vars nationalistiska ”strategi” allt mer helt enkelt är ”Nej till Amerika!” – har lätt för att anpassa sig till detta imperialismens ”välvilliga” ansikte.

23. Washingtons första utplacering och fortsatta utveckling av ett vapensystem med anti-ballistiska missiler har en central plats i dess politiska offensiv för att förändra styrkeförhållandet både till sina imperialistiska rivaler och till Ryssland och Kina. ABM-system är inte längre förhandlingsobjekt, som under decennier av ”vapenförhandlingar” när de användes för att pressa Sovjetunionen att begränsa sin kärnvapenarsenal. Reagan-regeringens allt snabbare utveckling av programmet för ”Stjärnornas krig” under 1980-talet markerar inledningen på en grundläggande förändring. Bekräftelsen på att denna kurs stöddes av de båda partierna kom mer än ett decennium senare i och med Clinton-regeringens inriktning mot att upphäva 1972 års ABM-avtal med Moskva och beslutet att fortsätta att bygga upp systemet. Oavsett vilka teknologiska brister dessa anti-ballistiska system har idag, kommer Washington att fortsätta att göra dem effektivare och det i allt snabbare takt under tillstånd av krig.

Washingtons imperialistiska allierade får idag ett erbjudande de inte kan säga nej till och – när det gäller London, Tokyo och några till – inte vill säga nej till heller: ”Satsa mark, anläggningar och stöd för ABM-utplacering så får ni inflytande över besluten och skydd av skölden. Om inte, kommer vi att fatta besluten utan er när missilerna närmar sig ert suveräna territorium.”

Bushs erbjudande till Rysslands president Vladimir Putin går rakt på sak: ”Håll ögonen på Kina! Kryp in under skölden! Acceptera att du förlorat dina tidigare sovjetrepubliker! Och när du får verkliga problem med dina egna arbetare, bönder och förtryckta nationaliteter kommer USA:s väpnade styrkor att komma till din hjälp.” Men den svaga undertonen ”*tills vi kan ersätta dig*” gör att förhandlingarna med Moskva blir stormiga.

24. USA-imperialismens syfte med kalla kriget var att se till att samtidigt störta regimen i Sovjetunionen och besegra arbetarklassen och dess allierade inom jordbruket. De imperialistiska makterna förutsatte att när det var gjort skulle de snabbt kunna upprätta borgerliga klassrelationer, legala strukturer och andra förutsättningar för ett stabilt kapitalistiskt Ryssland.

Men de imperialistiska härskarna förlorade. Stalins arvtagare störtades, men kriget mot arbetarklassen ligger fortfarande framför dem. Washingtons militära omvandling syftar till att förbereda för det kriget. De ”gemensamma säkerhetsplatserna” från ena änden av Sidenvägen till den andra, de baser som kommer att förhandlas fram i Vitryssland efter de i Bulgarien och Rumänien, ”näckrosbladen” i Ukraina, till och med rätten till bränsledepåer i Ryssland – allt det ligger eller kommer att ligga på förhandlingsbordet. Detsamma gäller erbjudandet till Moskva att när civil oro hotar föra med sig ”terrorism”, ”knarkkrig” eller ”kärnvapenspridning”, kommer USA:s väpnade styrkor att finnas där för att stötta upp Moskvas förfallna, allt svagare väpnade styrkor mot arbetarna och bönderna, och – hoppas Putin förgäves – mot den borgerligt-demokratiska oppositionen både inne i Ryssland och längs dess allt mer tillbakapressade gränser. Men varken erfarenheterna från den tidigare sovjetrepubliken Georgien i början av 2004 eller Ukraina senare under året bådar gott för dessa illusioner.

Vad USA:s härskare har åstadkommit; Vad de inte kan uppnå

25. Det finns en skillnad mellan problem som de imperialistiska härskarna ställs inför på grund av misstag som de kan och kommer att korrigera (underskatta dem på egen risk!), och de som är en följd av dynamiken i klasskampen i världen som de kan påverka i högre eller mindre grad men inte undvika. Sammanbrottet för talibanregimen i Afghanistan 2001, liksom imperialismens förödande, tio år långa press på Irak som avslutades med invasionen 2003, var dåliga tecken för regeringar och andra borgerliga styrkor från Nordafrika till Sydostasien som var oense med USA-imperialismen.

a) Pervez Musharrafs regim i Pakistan – tidigare beskyddare av talibanerna och organisatör av en världsomspännande svart marknad för kärnteknologi – håller på att omvandlas till en instabil men pålitlig strategisk allierad till USA. Pakistanska armén genomför gemensamma operationer mot talibanerna tillsammans med USA:s särskilda insatsstyrkor på båda sidor om gränsen mellan Pakistan och Afghanistan, och den har nu begränsat det internationella kärnvapennätverket som organiserades av delar av Islamabads militära underrättelseorganisation och A.Q. Khan, "den pakistanska atombombens fader".

b) Ännu viktigare är att USA:s härskare för första gången har dragit in Indiens regering, inklusive landets två viktigaste rivaliserande borgerliga partier, i sin inflytelsesfär. Washingtons omsvängningar i relationerna med både Islamabad och New Delhi har påskyndat nertrappningen av den flera decennier långa konflikten om Kashmir mellan dessa två kärnvapenbeväpnade regimer.

c) Genom en gemensam operation från London och Washington, har ledarskapet runt Libyens Muammar Khadaffi blivit "övertygat" om sitt dåliga uppförande. De överger sina kärnvapen- och andra vapenutvecklingsprogram, betalar miljarder dollar i skadestånd till offer för tidigare terroristattacker som tillskrivs libyska regeringsagenter och öppnar sina väldiga naturresurser för imperialistisk exploatering, på ett sätt som är mer fogligt inför det internationella finanskapitalet.

d) Av egen självbevarelsedrift förenar den kungliga

familjen av Saud, som sitter på världens största kända oljereserv, sina styrkor med imperialismen för att hjälpa till att förstöra nätverk som Al Qaida, för vilka Wahabiledarna i Saudiarabien är otrogna som kontrollerar och profanerar islams heliga platser. Varje sådant steg fördjupar motsättningarna och skakar stabiliteten hos denna korrupta kupongklipparregim, samtidigt som följderna för prinsarna blir ännu värre om dessa steg inte tas.

e) Bevisen hopar sig också för att USA:s härskares upptrappade press på Syrien får effekt, med återverkningar som sprider sig till Libanon. Tillsammans med effekterna av det irakiska valet börjar pressen bli kännbar till och med i Kairo.

USA:s regering kräver att Damaskus vidtar åtgärder mot Baathpartianhängare i exil i Syrien, som organiserar och finansierar flödet av vapen och kombattanter in i Irak, och att Assadregimen fortsätter att de facto acceptera USA:s militära operationer inne på syriskt territorium längs Iraks gräns. USA:s härskare kräver också att Damaskus upphör med sina försök att skaffa sig ”massförstörelsevapen”.

26. Washington drar fördel av sina militära framsteg i Mellanöstern för att ytterligare stärka sina band med den israeliska regeringen, armén och underrättelsetjänsten. USA:s härskare trappar upp påtryckningarna på ledarna för de palestinska organisationerna i syfte att vidga klyftorna inom dem och mellan dem. Den processen har skyndats på med valet av Mahmoud Abbas som den förste presidenten för den palestinska myndigheten efter Yassir Arafat. För imperialismen har emellertid den andra intifadans slut och nederlag varit den avgörande faktorn i dess försök att påtvinga palestinierna en borgerlig koalition i samförstånd med Israel.

Den israeliska regimen har avancerat under skydd av angreppet på Irak och ”det globala kriget mot terrorismen” och förstört städer och läger som varit centrum i organiseringen av raketattacker, ”självmords”-bombningar och andra väpnade attacker. Den har skyndat på uppförandet av den 650 kilometer långa muren inne på Västbanken, systematiskt lönnmördat skikt efter skikt av ledningen för Hamas och inlett en politisk strid inom Israel för att dra tillbaka bosättningar från Gaza i syfte att konsolidera ockuperade territorier på Västbanken och upprätta en säkrare gräns.

27. De imperialistiska makterna har i praktiken upphävt 1968 års ickespridningsavtal genom att, i motsats till avtalets stadgar, deklarera att ”icke kärnvapenmakter” kommer att hindras från att utveckla teknologi och utrustning som behövs för att producera tillräckligt anrikat uran för att driva reaktorer för energiproduktion. USA:s regering trycker på, med varierande framgång, för att Internationella atomenergiorganet (IAEA) ska bli en internationell polisstyrka riktad mot halvkoloniala länder, som inte anses tillräckligt fogliga för imperialistiska krav på att de ska avskaffa sin suveränitet och sina rättigheter enligt avtalet. Washingtons kampanj att ersätta Mohamed ElBaradei som chef för IAEA är en del av dess ansträngningar att påskynda organisationens polisarbete i USA:s härskares tjänst.

a) Den iranska regimen har kommit under växande påtryckningar, framför allt från Washington, att gå med på villkorslösa inspektioner av alla dess kärnkraftsanläggningar och att överge en omfattande kärnkraftsutbyggnad – ett program som inleddes med USA:s stöd under Reza Shah Pahlavis proimperialistiska diktatur, som störtades i det revolutionära uppsvinget 1979. London, Paris och Berlin har stämt in i dessa påtryckningar mot Teheran, oavsett vilka dispyter de sen må ha med Washington över hur fort och hur mycket snaran ska dras åt.

Att slå ut Irans nukleära potential fortsätter att vara Israels första strategiska mål, något som leder till förtäckta hänvisningar till Tel Avivs flygattack 1981 som förstörde Iraks kärnreaktor i Osirak. Teherans kärnkraftsanläggningar är mer geografiskt utspridda än Bagdads (en läxa man lärde sig av anfallet mot Osirak), och inte förrän Washington tror att oddsen för att lyckas är höga – eller får uppfattningen att de inte har något val – kommer de att sätta igång en militär attack mot Iran eller gå med på att Israel gör det. Emellertid, som det praktiskt taget samtidiga förgörandet av Iraks luftvärnsställningar under de första timmarna i 2003 års krig visade, kan USA:s specialtrupper lokalisera och slå ut vitt spridda installationer med förödande hastighet och effektivitet. De har för länge sedan påbörjat spaning, kartläggning, elektronisk övervakning och tagit andra steg inne i Iran för att förbereda sig för en sådan eventualitet.

b) Demokratiska folkrepubliken Korea, det tredje landet bland Washingtons ”ondskans axelmakter” – tillsammans med Iran och den tidigare irakiska regimen – drog sig tillbaka från ickespridningsavtalet 2003. De har försvarat sin rätt och tillkännagivit sina avsikter att fortsätta utveckla kärnvapen till sitt försvar. Pyongyang är måltavla för försök på flera fronter, som inkluderar Beijing, att tvinga DFRK att stoppa utvecklingen av sitt kärnprogram. Samtidigt har Washington bistått Sydkoreas försök att sopa det faktum under mattan att de så sent som år 2000 producerade plutonium anrikat nog för vapen och uran i experiment som doldes för IAEA.

c) Efter att under flera månader insisterat på att IAEA:s krav på inspektioner på plats kränkte Brasiliens rätt att skydda patenterad teknologi, gav Luiz Inácio Lula da Silvas regering upp, och gick i slutet av 2004 med på att tillåta tillträde till tillräckligt stora delar av dess kärnkraftsanläggning i Resende för att IAEA skulle bli nöjda.

28. Den regering som blir resultatet av det irakiska valet den 30 januari 2005, kommer att tvingas balansera mellan det i allt större utsträckning autonoma Kurdistanområdet i norr och rivaliserande politiska krafter inom den shiitiska majoriteten och sunniminoriteten. Baathregimen baserades på sektorer inom sunnibefolkningen med hävdvunna klassintressen i att bevara minoritetens privilegier som konsoliderats av den brittiska imperialismen. Den var en av de blodigaste diktaturerna i Mellanösterns historia och organiserade under sina mer än trettiofem år vid makten systematiska massmord på oppositionella grupper inom Baathpartiet, medlemmar i kommunistpartiet och de som anklagades för att vara det, tillsammans med shiitiska och kurdiska ledare.

Sedan Gulfkriget 1991, har den kurdiska regionen mer och mer fungerat som ett eget land, i skydd av USA:s och den brittiska imperialismens flygförbudszon. Ledare i den kurdiska regionen, som har sin egen regering och den mest vältränade och mest disciplinerade inhemska väpnade styrkan i Irak, är fast beslutna att kräva en väsentlig del av kontrollen över och inkomster från oljefälten längs ytterkanten av sin region. Och de kräver att Baathpartianhängarnas ”arabisering” av Kirkuk och andra städer och orter i det kurdiska området ska rullas tillbaka.

Med USA:s presidentvalskampanj säkert bakom sig, drog Bushregeringen igång Irakkriget igen för att konsolidera makten över Baathpartidominerade fästen i landets centrala delar, den offensiv som de ursprungligen hade avstått från att genomföra fullt ut efter inmarschen i Bagdad i april 2003. Välfinansierade styrkor från Saddam Husseins elittrupper Republikanska gardet och hans hemliga polis hade utnyttjat den tiden till att omgruppera sig som Baathpartitrogna irreguljära styrkor och förena sig med grupper som den som leds av Abu Musab al-Zarqawi.

USA:s trupper fullföljde detta stadium i kriget utan större opposition bland shiabefolkningen, som själva hade varit utsatta för decennier av Baathpartiets terror, bombningar och avrättningar. USA:s operationer hade också ett överväldigande stöd i de kurdiska områdena. Trots djupt hat mot de imperialistiska ockupanterna bland Iraks arbetande befolkning, är de avskydda Baathpartistyrkorna och deras allierade, som utkämpar det krig som de inte utkämpade 2003, fientliga mot och oförmögna att mobilisera och leda en revolutionär nationell befrielsekamp i Irak. Ingen av dessa styrkor har ett klassintresse av att förena Iraks arbetare och bönder för att främja deras nationella suveränitet. Ingen har ett program för att genomföra något sådant.

En talade bekräftelse på detta faktum har varit den förbluffande frånvaron av någon bred manifestation av opposition mot den imperialistiska invasionen och ockupationen någonstans i Mellanöstern eller i något övervägande muslimskt land. Tvärtom har det varit små påtryckningar på regeringarna, från Marocko till Indonesien, att ändra inriktning och överge uppslutningen bakom Washington och Bagdad i legitimeringen – hur "kritiska" de än må vara – av den USA-installerade regim och regering som kommer att bildas utifrån valen i januari 2005. Det överraskande stora valdeltagandet och intrycket som antalet väljare gjort i shiadominerade och kurdiska områden, har inneburit den största motgången hittills för de Baathparti-organiserade styrkorna och deras framtidsutsikter.

Den oavsiktliga följden av imperialisternas inriktning är emellertid att öppna upp utrymme i Irak och överallt i regionen för arbetarklassen och bönderna att organisera sig och kämpa för sina intressen; att öppna upp utrymme för förtryckta nationer som kurderna; att öppna upp utrymme för kampen att stärka kvinnornas rättigheter; att öppna upp utrymme för att påskynda ett åtskiljande av de religiösa institutionerna från politiken och staten; att öppna upp utrymme för att sprida propaganda som förklarar proletär politik och gör den känd. De oavsiktliga följderna överallt i Mellanöstern, Sydasien, Nordafrika och på andra håll kommer att fortsätta att utveckla sig. Det är den framtid som imperialisterna inte kan göra någonting för att undvika.

Kapital, löner och klasskamp

29. Den mer än tjugofem år långa stagnationen i tempot för kapitalackumulationen för den härskande klassen i USA ökar drastiskt den interimperialistiska konkurrensen, liksom pressen på dem att förändra styrkeförhållandet mellan arbete och kapital ytterligare till sin fördel. Som ”Kapitalismens långa heta vinter har börjat” förklarar: ”I sin strävan efter att öka sina vinstmarginaler har fler och fler arbetsgivare inte haft någonting annat att ta till än att öka trycket för att pressa ner löner och förmåner, förlänga arbetstiden och intensifiera arbetet. Denna arbetstidsförlängning och taktökning är ’hemligheten’ bakom den produktivitetsökning som Greenspan överdriver och skryter om för att försäkra kapitalistklassen om att något mer håller på att hända än ytterligare en ökning av regeringens massiva skulder och dess motsvarighet på

Genomsnittlig reallön per vecka för anställda arbetare i USA (1964–2003)

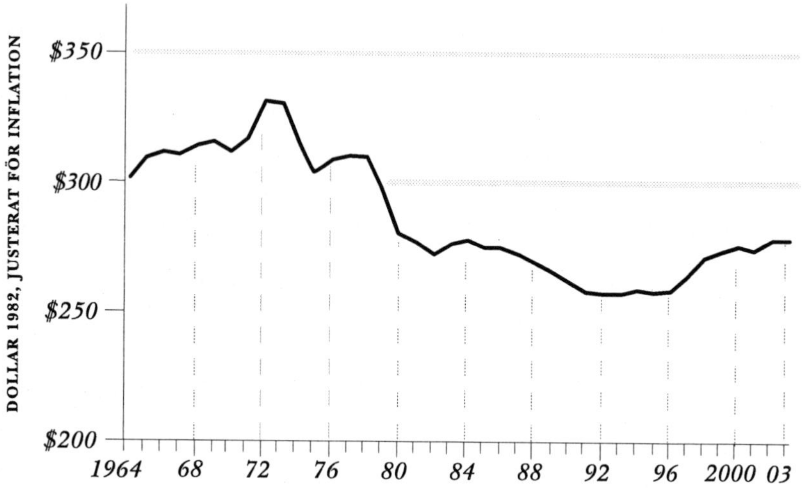

KÄLLA: ECONOMIC REPORT OF THE PRESIDENT, 2004

Genomsnittlig timlön för anställda arbetare i USA (1965–2004)

ÅRLIG PROCENTUELL FÖRÄNDRING

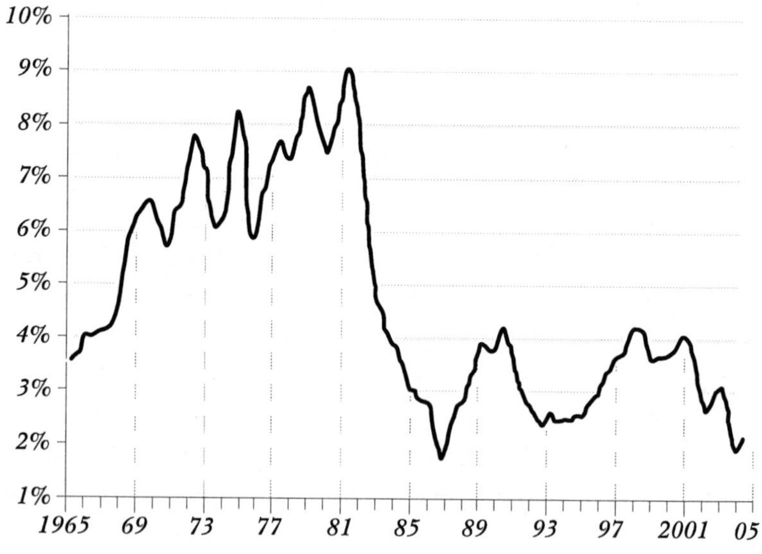

KÄLLA: BUREAU OF LABOR STATISTICS

den privata sidan i företagspapper, bostadslån och kreditkortsskulder."

30. Det är bara när de ställts inför en social kris som utlösts av depression och krig, som finanskapitalet i USA förmått mobilisera sådana patriotiska vädjanden om "nationell enighet" och "jämlika uppoffringar" som åtminstone till att börja med kunnat övertyga breda befolkningsskikt att acceptera en kraftig nedskärning av levnadsstandarden. Det kommer att krävas sådana omständigheter igen för att den härskande klassen ska kunna dra igång en kampanj på det nationella politiska planet att försöka pressa tillbaka lönerna och arbetsvillkoren ytterligare, liksom att avsevärt minska den sociala lönen. Tiotals miljoner i arbetarklassen och mellanskikten har under decenniernas lopp kommit att betrakta socialförsäkringar, Medicare, Medicaid, ersättningar vid arbetsskador och andra förmåner som *rättigheter*. De flesta är beroende av dessa förmåner för sin överlevnad efter pensioneringen eller efter en olycka eller sjukdom som gjort dem oförmögna att arbeta.

Enskilda arbetsgivares framgångar hittills i att öka utsugningsgraden genom angrepp på löner, arbetstider och arbetsförhållandena är inte på långa vägar tillräckliga för vad kapitalisterna måste åstadkomma. Den härskande klassen måste skära ner på utbetalningarna för socialförsäkringar, pensioner och andra delar av den sociala lönen. Den måste föra över mer av kostnaderna för utbildning, offentliga kommunikationer, vård av unga och gamla och andra tjänster från regeringsbudgeten till enskilda individer och deras familjer och göra dem mer beroende av kyrkan och välgörenhet.

Framförallt måste härskarna radikalt sänka förväntningarna som vuxit fram under de tre senaste årtiondena efter framgångarna under 1960-talet och början på 70-talet som tvingade dem att gå med på att omvandla socialförsäkringarna till en blygsam men inflationsskyddad pension man kunde leva på och sjukvårdsförsäkringar man kunde falla tillbaka på.

När pensionerna inom socialförsäkringen först erövrades av arbetarna under striderna i mitten av 1930-talet, var månadsutbetalningarna i bästa fall ett litet tillägg till enskilda familjers uppehälle och välgörenhet från kyrkan och kommunerna. Då var medellivslängden i USA sex år *lägre* än pensionsåldern som låg på 65. Som en biprodukt till de proletära masstriderna för de svartas rättigheter under mitten av 1960- och början av 70-talet, utökades och stärktes socialförsäkringarna avsevärt. Förmånerna blev inflationsskyddade för första gången, Medicare utsträcktes till alla pensionärer och Medicaid blev tillgängligt för alla under en viss inkomstnivå och för många med fysiska handikapp, oavsett ålder.

Idag är medellivslängden tolv år *över* den ålder när de flesta människor är berättigade till full pension – och på väg uppåt. Arbetsgivarna tävlar om att hitta på sätt att ta tillbaka mer och mer av även denna lilla andel av de rikedomar arbetarna skapar genom vårt arbete – en andel kapitalisterna, i motsats till reformisternas försäkringar, aldrig avsåg att lämna ifrån sig för alltid. Men under de senaste årtiondena när både arbetstillfällen och reallöner och andra inkomster har blivit mera osäkra, har miljoner människor insett att de behöver pensioner och sjukförsäkringar som är säkrare, inte *mer* utsatta för risker. Så trots deras behov av att skära ner på dessa rättigheter, drar sig kapitalistklassen för en sådan social och politisk strid som de vet kommer att bli svaret om de ger sig på något utöver ”reformer” som naggar dessa rättigheter i kanterna.

Clintonregeringen tog första biten av den sociala lönen, av arbetarklassens ”rättigheter”, 1996 när kongressen under hans ledning avskaffade det federalt garanterade Understödet till familjer med minderåriga barn som varit en del av socialförsäkringarna sedan 1935 – slutet på ”den välfärd vi är vana vid”, för att använda Clintons kalla och föraktfulla uttryck.

Under mer än ett kvarts sekel har republikanska och demokratiska partiers politiker trappat upp sina demagogiska rop om att socialförsäkringarna ”håller på att gå i konkurs”. Samtidigt vill man påskina att det beror på ett växande antal ”giriga stofiler” som sparar för lite, pensionerar sig för tidigt och lever för länge. Redan 1983 enades demokratiska och republikanska politiker om att höja pensionsåldern, som nu snart blir 67, och höja inkomstskatten, som bortsett från lotterier och spel är den mest regressiva och arbetarfientliga av alla federala, statliga och lokala skatter. Men trots myten att dessa löneskatter ”sätts undan” och inte finns med bland de allmänna skatteintäkterna, används de i själva verket av Washington år in och år ut för att bekosta deras krig och stötta upp dollarn, vilket i sin tur i tysthet subventionerar massivt uppblåst borgerlig konsumtion.

31. För att förbereda marken för att fortsätta ta tillbaka det de kan från sociala lönen, strävar USA:s härskare efter att undergräva klassolidariteten. De försöker fördjupa uppsplittringen, sätta yngre arbetande i motsättning till de äldre och vinna politiskt stöd bland skikt av arbetare för att lasta över mer av bördan för sjukvård, pensioner och andra behov på enskilda individer och familjer. De kapitalistiska partierna spelar på den osäkerhet som underblåsts av att ett växande antal bolag – från kolgruvor, stålföretag och beklädnads- och textilarbetsgivare till charkföretag, flygbolag och andra – som helt enkelt, i skydd av konkursförhandlingar, förklarar att sjukförsäkringar och pensionsprogram är noll och intet värda, trots att de skulle ha varit garanterade pensionärerna enligt avtal.

Kapitalisterna hoppas kunna övertyga inte bara breda medelklasskikt utan också "ambitiösa" arbetare och deras familjer om att de skulle klara sig bättre med individuella "pensionskonton" som inte skulle "ta slut" (som härskarna falskt påstår att socialförsäkringarna gör även om det inte finns några "särskilda" pensionsfonder som skull kunna sina), som ingen arbetsgivare eller regering "ska kunna ta ifrån dem" och som arbetarna kan "ta med sig" från en anställning till en annan. Arbetsgivarna nämner sällan om alls någonsin, att sådana "pensionskonton" kan tömmas av en brant nedgång på aktie- eller obligationsmarknaderna, som den som ägde rum i början av 2001.

Att sådant egoistiskt bedrägeri och demagogi från arbetsgivarklassen vinner gehör bland betydande skikt av de arbetande, är det pris vi får betala för arbetarbyråkratins klassamarbetsinriktning efter andra världskriget. Under mer än ett halvsekel har fackföreningsbyråkratin blockerat varje social och politisk strid från arbetarklassen och våra organisationer för statligt garanterad allmän sjukvård, pensioner och andra program som för tillbaka en större andel rikedomen vårt arbete producerar till alla arbetande människor. I stället fortsätter de klassamarbetsinriktningen med förhandlingar eller försök att bibehålla "extra förmåner" i fackliga avtal som utgår från konkurrensfördelar och (förhoppningar om) lönsamhet i enskilda bolag och vissa industrier. Framförallt skiljer "förmånerna" drastiskt ut "fackföreningsmedlemmar" med sådana avtal från den stora majoriteten av vår klass och våra arbetande allierade. Det får arbetsgivarnas arbetarfientliga propaganda att framstå som trovärdig i sitt syfte att övertyga arbetarna om att fackföreningarna är själviska "jobbtruster" som enbart sysslar med att behålla de relativt sett bättre arbetsförhållandena för sina egna fåtaliga medlemmar.

32. Under nästan ett årtionde efter det kalla kriget kom "fredsutdelningen" tillsammans med guldkantade federala skatteintäkter från börsbubblan i slutet på 1990-talet att fungera som en buffert mot en allvarligt skärpt kris i de statliga finanserna som USA:s härskande klass stod inför. Under de tio åren mellan 1989 och 1998, under Bush den äldres och Clintons regeringar, skars de federala militära utgifterna ner med nästan en tredjedel – med 135 miljarder dollar eller nära 10 procent av hela den federala budgeten 1998. I motsats till liberala myter medförde detta inte att medel "frigjordes" till utbildning, matkuponger, arbetslöshetsförsäkringar eller andra sociala behov, som alla skars ner under Clintonregeringens åtta år, utan de användes till att hålla räntorna nere, stötta upp den "starka" dollarn och stoppa fickorna fulla på de förmögna aktieägarna.

Mellan 1989 och 2004 ökade emellertid Washington militärutgifterna med 50 procent där merparten av ökningen – 122 miljarder dollar eller 41 procent – kom under de tre åren efter 11 september. De här siffrorna omfattar dessutom inte de årliga 80–100 miljarderna dollar i "ytterligare" utgifter för Washingtons pågående krig i Irak och Afghanistan, inte heller ospecificerade summor för det som Pentagon kallar "svart underrättelseverksamhet", som utförs av USA:s kombinerade specialstyrkor inne i Syrien, Iran, Saudiarabien, Yemen, Colombia, Filipinerna och på andra håll. De härskande utnyttjar redan att den federala budgeten och handelsbalansen visar på underskott igen som argument för ytterligare ”åtstramning” – av våra bälten, inte deras – när det gäller sociala utgifter.

33. Sedan 1970-talet har de demokratiska och republikanska administrationerna å finanskapitals vägnar framgångsrikt utnyttjat manipulationer från centralbanken Federal Reserve och Finansdepartementet för att skjuta på en finanskris och depressionsspiral och för att dämpa följderna av en social kris. På den federala, statliga, kommunala och lokala nivån och även genom företags-, fastighets- och konsumentlån har de blåst upp en låneballong som de beskriver som något som alltid kan blåsas upp mer men aldrig smäller. Den 25 år långa, alltid växande skuldballongen har förlängt uppgångarna och dämpat nedgångarna. Men det har skett till priset av att dollarn gått upp i förhållande till många andra valutor och till ädelmetaller.

Sedan 1971 när sista tecknet på dollarns fasta kurs i förhållande till guld bröt samman under slagen från Vietnamkrigets inflation, har alla världens valutor blivit så kallade papperspengar. Det vill säga, ingen av dem, inte ens dollarsedeln, har något värde i förhållande till arbete och ingen har något pris utom i förhållande till varandra. De är inget mer än noteringar på en hårddisk.

Genom att skapa fler och fler dollar för att finansiera skuldökningen har härskarna i USA oundvikligen och avsiktligt försvagat sin valuta i förhållande till sina starkaste rivalers. Men eftersom det som ”står bakom” varje valuta är den ”fulla tilliten och kreditvärdigheten” för den regering som utfärdat den, kommer dollarn att vara och förbli den främsta bland pappersvalutor: den har USA-imperialismens ekonomiska och militära makt på sin sida. Inget alternativt nationellt "varunamn" kan eller kommer att ersätta den som den dominerande reservvalutan inom världens finanser och handel. Men dollarns pyrrusseger får destabiliserande konsekvenser för det kapitalistiska systemet. Det ökar inte enbart risken för en skenande inflation men också sannolikheten för en världsomfattande bank- och valutakris, då rivaliserande finanskapital och finansdepartement arbetar för att bryta dollarns maktposition.

Alternativen till revolutionärt ledarskap har uttömts

34. Frånvaron av folkligt gensvar i den arabiska och muslimska världen mot den USA-ledda invasionen och ockupationen av Irak, beror på att de borgerligt-nationalistiska ledarskap som kom till makten genom mobiliseringar i antiimperialistiska strider av hundratals miljoner arbetare, bönder och ungdomar över hela Asien, Afrika och Nord- och Sydamerika under cirka åttio år, har uttömt sina möjligheter.

Under en stor del av det senaste århundradet fyllde dessa borgerliga strömningar ett politiskt vakuum som lämnats av Moskva och de underlydande stalinistiska partierna både i de koloniala länderna själva och i deras respektive imperialistiska överherrars egna metropoler, ett vakuum som lämnats genom att de politiskt misslett – om inte rent av förrått – arbetar- och bondestrider och nationell befrielsekamp. Om dessa borgerliga regimer i de förtryckta nationerna dessutom höll sig tillräckligt på mattan i frågor av diplomatisk betydelse för den sovjetiska byråkratin, gav kasten i sin tur sin tysta välsignelse till hänsynslöst förtryck av arbetare, bönder och nationella minoriteter, ofta även av de lokala kommunistpartierna. På det sättet vann regeringar som Nasser i Egypten,

Nkrumah i Ghana eller Sukarno i Indonesien ett visst manöverutrymme i sina konflikter med imperialisterna samtidigt som de polerade upp sina ”radikala” meriter, både på hemmaplan och inför internationella forum som den Alliansfria rörelsen.

Med kalla krigets slut fann även regimer som under seklets sista årtionden hade tyckt att det låg i deras intressen att behålla vissa rester av ”antiimperialistisk” retorik, att ekvationen mellan kostnader och fördelar plötsligt förändrades till deras nackdel. De inom den statliga byråkratin och officerskåren som hoppades på att ”lyckas” som en del av de borgerliga skikten, blev plötsligt och ofrivilligt avvanda från frikostigheter och privilegier som de tidigare förbindelserna med Moskva gjort möjliga. (De omfattande medlen från FN:s agenturer och besläktade ”*Non-Governmental Organisations*” hjälpte, men var inte alls i närheten av det förlorade paradiset.)

Alltför rädda för de arbetande massornas revolutionära energi, alltför snikna i att samla upp smulorna från de imperialistiska exploatörers bord, i alltför stor tacksamhetsskuld till sina tidigare koloniala herrar och nu berövade beskyddarna i det forna Sovjetunionen, opererar dessa borgerligt nationalistiska skikt i andra, tredje och fjärde generationen under nya villkor i världen även jämfört med tjugofem år tidigare. För de borgerliga härskande klasserna i dessa länder har både tiderna och insatserna förändrats. De skiljer sig från den tid då Nasser – under tryck från de arbetandes demokratiska och antiimperialistiska förhoppningar och mobiliseringar – tog tillbaka Suezkanalen från brittiskt och franskt finanskapital 1956 och andra regeringar så sent som mot slutet av 1960- och början av 70-talet nationaliserade oljefält, raffinaderier och andra naturtillgångar som ägdes av de besuttna härskande familjerna i USA och andra imperialistiska makter.

35. En parallell och besläktad utarmning av revolutionärt innehåll kännetecknar idag den politiska utvecklingen av de småborgerliga och aspirerande borgerliga ledningarna för nationella befrielserörelser: från Palestinska befrielseorganisationen (PLO) och andra palestinska organisationer som Hamas, till den Irländska republikanska armén (IRA) och det baskiska Fosterland och frihet (ETA).

Dessa organisationer uppstod (eller återuppstod) under 1900-talets sista årtionden utifrån ett starkt motstånd mot nationellt förtryck bland de palestinska, irländska och baskiska folken. Under de senaste fyra årtiondena har emellertid ledningarna för dessa organisationer förlitat sig på uppseendeväckande väpnade aktioner i kombination med diplomatiska och politiska manövrer (särskilt då inte bara vinsterna från deras aktioner uteblev utan de ledde till ökat förtryck) för att förhandla fram en *uppgörelse* med förtryckarna. Mobiliseringarna som de organiserade användes mer och mer enbart som påtryckningar för att lättare kunna förverkliga en sådan uppgörelse.

Ingen av dessa ledningar visade sig någonsin i stånd att mobilisera och leda arbetarna och bönderna att bli ryggraden i en revolutionär demokratisk rörelse som skulle kunna slåss effektivt för nationell befrielse, frihet från imperialistiskt herravälde, jord till den som odlar den, rätten till väpnat självförsvar och arbetarklassens organisering för att handla i de producerande klassernas intressen. Ingen utvecklade någon ledning av den revolutionära kalibern och politiska förmågan som 26:e juli-rörelsen och Rebellarmén på Kuba, Nationella befrielsefronten i Algeriet, FSLN i Nicaragua, New Jewel Movement på Grenada eller den revolutionära rörelsen i Burkina Faso.

Ledarna för dessa organisationer som felskolats av

stalinismen under årtionden, fick uppleva upprepade förräderier från Moskva och den världsrörelse som stod i tacksamhetsskuld dit. De lämnades strandsatta när den sovjetiska kastens och dess europeiska systrars regimer föll ihop i början av 1990-talet. Den militära strukturen och de inre funktionssätten som de direkt och indirekt lärt sig från de stalinistiska organisationerna, lämnade dem sårbara för infiltration från polisagenter och provokatörer. Allt eftersom den kapitalistiska marknadens påverkan har skyndat på klassdifferentieringen inom dessa förtryckta nationer (både förborgerligandet och proletariseringen) har dessa ledningars småborgerliga inriktning slutat i en politisk återvändsgränd. Frustrationen och demoraliseringen bär nu frukt i skärpta fraktionsstrider och även interna blodiga uppgörelser.

Dessa revolutionärt nationella strider, det imperialistiska underkuvandet som föder dem och de arbetandes självuppoffrande mod och beslutsamhet att kämpa är långt ifrån uttömda. Det palestinska folket kommer att fortsätta att bekämpa Israel eftersom det ockuperar deras land. Arbetarna och bönderna på Nordirland och i Baskien kommer att fortsätta motsätta sig förtrycket som upprätthålls av de brittiska och spanska finanskapitalens härskande familjer. Men de politiska följderna av krisen i ledarskapen och deras borgerliga korrumpering framstår i allt skarpare ljus.

36. Det som ofta kallas ”islamism”, ”Wahabism”, ”jihad islamism”, ”Salafism” eller ”islamisk fundamentalism” (till skillnad från religionen islam) har inget revolutionärt, än mindre något som helst proletärt, innehåll. Inte heller kommer de att bli viktiga i framtiden någonstans i den muslimska eller arabiska världen. Dess höjdpunkt ligger bakom oss, inte framför.

Den 11 september markerade en sensationell avreaktion, inte en ny början. Dessa rörelser uppkom som ett substitut för revolutionärt politiska ledarskap för de folkliga massorna när de stalinistiska och borgerligt nationalistiska styrkorna gjort bankrutt.

Den iranska revolutionen 1979 var en genomgripande politisk och social omvälvning, inte ett religiöst jihad. Den blev en djupgående, modern, folklig social revolution i städerna och på landsbygden, en revolution mot den proimperialistiska shahens monarki och den brutala despotismen hos hans förhatliga polisagenter i SAVAK. Den öppnade upp utrymme för arbetare och jordlösa bönder, för kvinnor, för förtryckta nationaliteter, för ungdomen – för kommunisterna. Den möjliggjorde en uppblomstring för politiskt utrymme, debatt och kultur som fram till denna dag långt ifrån har upphört.

De religiösa företrädarnas och institutionernas tyngd växte sig starkare och blev mer förtryckande som en del av en politisk *kontrarevolution*. Den kväste i islams namn det uppror som genomfördes av de mest orubbliga arbetarna på oljefälten och i fabrikerna, av bönderna på landsbygden, av kurderna och andra förtryckta nationaliteter, av kvinnor som kämpade för jämlikhet, av revolutionärt sinnade soldater, studenter och andra ungdomar och de djärvaste kommunisterna. Styrkan och djupet i den revolutionen kommer till uttryck i det faktum att den prästdominerade borgerliga regimen aldrig har kunnat komma i närheten av att påtvinga sådana kvävande politiska och kulturella villkor som talibanerna i Afghanistan eller wahabi-monarkin i Saudiarabien.

Höjdpunkten för ”islamistiska” aktioner ägde rum då Stora moskén i Mecka ockuperades i slutet av 1979, det år då den iranska revolutionen störtade shahen. Men den aktionens politiska innehåll var motsatsen till revolutionen i Iran. De väpnade enheter som erövrade moskén, gjorde det med det uttalade målet att kasta ut den otrogna saudiska kungafamiljen som vanhelgade islams heligaste plats. Under de två följande årtiondena följdes detta upp med andra aktioner, till exempel bombningen 1983 av USA:s och Frankrikes militärförläggningar i Beirut i Libanon där 241 amerikanska marinsoldater och 58 franska fallskärmsjägare dödades, bomben 1993 i källaren på World Trade Center som dödade sex och sårade tusentals, bombningen 1996 med lastbil mot den militära anläggningen i Khobar i Saudiarabien som dödade nitton USA-soldater och sårade hundratals, de nästan samtidiga bombningarna 1998 nära USA:s ambassader i Kenya och Tanzania som dödade 224 människor och sårade omkring 4 500 (få av dem amerikaner) och anfallet 2000 med racerbåt mot USS *Cole* i hamnen i Aden i Yemen som dödade 17 amerikanska sjömän.

När det gäller omfattningen av dödsfallen och förödelsen var terrorattackerna 11 september 2001 på World Trade Center och Pentagon de mest uppseendeväckande bland dessa aktioner. Och det kommer fler (som till exempel järnvägsbombningarna 2004 i Madrid och attackerna på Bali och på andra ställen i Indonesien 2002 och 2004), på samma sätt som kidnappningarna, morden, rånen och bombningarna från arbetarfientliga grupper, som Röda brigaderna, Baader-Meinhofligan, Black Liberation Army och Weather Underground fortsatte i flera år efter att den ultravänsteristiska ”väpnade kampen” under 1960-talet hade nått sin höjdpunkt och fortsatt vidare mot politisk förmörkelse.

Men attackerna i september 2001 var ett tecken på svaghet, inte växande social eller politisk styrka. Al-Qaida och liknande organisationer har blivit mer politiskt isolerade i världen, inklusive bland arbetande människor och medelklassen i arabiska och islamska länder. Och de imperialistiska härskarna lär sig från varje sådan attack och gör dem svårare att upprepa.

37. De stalinistiska apparaternas sönderfall i Östeuropa och framför allt i Sovjetunionen har fått genomgripande återverkningar i hela världen för de småborgerliga grupper inom arbetarrörelsen som kallar sig själva ”vänstern”: det vill säga den folkfrontsmiljö inom den borgerliga politiken som sedan 1930-talet utgjorts av de kommunistiska partierna i den stalinistiska rörelsen i världen, socialdemokratiska partier i mera ”vänsterinriktad” förklädnad och centristiska organisationer som har splittrats från, anpassat sig till och/eller vacklat mellan dem.

Det är nu omkring femton år sedan de byråkratiska kasterna föll samman. Det var under deras diplomatiska behov stalinistiska partier runt om i världen underordnade sina program och sina aktiviteter och på dem grundade de sin rekrytering, sin organisatoriska struktur och sina tillgångar. Under de här åren har en del av de här partierna bokstavligen upplösts och deras före detta medlemmar är på drift ut ur politiken eller djupare in i imperialistisk liberal aktivism. Andra tidigare kommunistpartier, nu betydligt mindre i storlek och med färre tillgångar, har bytt namn för att distansera sig från något de nu uppfattar som en negativ stämpel och som inte längre ger några privilegier och förmåner som uppväger.

Men de flesta, inklusive USA:s kommunistparti, har för tillfället behållit sina namn. Deras medlemmars dagliga arbete har dock allt mindre förbindelse med de djupa leden i arbetarklassen och fackföreningsrörelsen, i motsats till fackföreningarnas officiella representanter och personal, än någonsin tidigare sedan slutet på 1920-talet då den politiska kontrarevolutionen i Sovjetunionen konsoliderades, inklusive det byråkratiska strypgreppet på den Kommunistiska internationalens partier.

Dessa falska kommunistpartier – som under mer än sextio år försökte legitimera sig själva inför klassmedvetna arbetare genom att med orätt posera som bolsjevismens arvtagare – gör färre anspråk idag på kontinuiteten från Marx, Engels eller Lenin. De befriar sig till och med från många av stalinismens egna legender och dogmer för att kunna integrera sig mera bekvämt i den borgerliga politikens vänsterflygel.

Kommunistpartiet i USA känns allt mindre vid något annat politiskt arv än det Demokratiska partiets "progressiva" del och olika fackliga och svarta strider och försvar av rättigheter från New Deal och framåt. De skryter med att de var "de bästa valarbetarna för Kerry" i Ohio 2004. Socialismen har mer och mer uttalat blivit en utvidgning av demokratin.

38. Sedan kapitulationen för sina "egna" borgarklasser i början av första världskriget i augusti 1914 har den Socialistiska internationalens partier varit imperialistiska arbetar- eller socialistiska partier. Till skillnad från de stalinistiska partierna som var politiskt underordnade Moskva och den stalinistiska byråkratiska kastens behov, är och var de socialdemokratiska partierna lojala mot sina respektive imperialistiska (eller nationella) borgarklasser och stater.

Socialdemokraternas förhållande till de stalinistiska partierna sedan 1930-talet har inte enbart varit som rivaler inom arbetarrörelsen. De har också tidvis varit samarbetspartners i en folkfront, särskilt under finansiella, sociala eller internationella kriser när kommunistpartierna hade order från Moskva att få till stånd sådana block för att Moskva skulle få större diplomatiska muskler. Med denna oåterkalleliga nedgång i den internationella stalinismen kommer de socialdemokratiska partierna idag, när de söker efter parlamentariska tillfällen att administrera ”omstruktureringen” och ”reformeringen” av den borgerliga staten och dess finanser, att allt mindre än tidigare kunna förlita sig på att lappa ihop regeringskoalitioner med partier som formats i den internationella stalinistiska apparatens klassamarbetspolitik.

Ytterligare en krycka har försvunnit. Socialdemokrater kan allt mindre hävda att de är motsatsen till ett staliniserat kommunistparti – grunden för ”vänstersocialismens” renässans under 1930-talet – och på så sätt behålla arbetarnas trohet genom att framställa sig som det mindre onda på vänsterkanten.

Den imperialistiska karaktären på dessa ”socialdemokratiska”, ”socialistiska” och ”arbetar-” partier har inte genomgått någon grundläggande förändring på nittio år. Men till sin politiska karaktär och sitt funktionssätt har de närmat sig de imperialistiska borgerliga partierna, som det Demokratiska partiet i USA. Samtidigt som de behållit sin väljarbas i arbetarklassen, har de framför allt sökt konsolidera ett starkare stöd i medelklassen och har organiserat sig för att försvaga fackföreningsrörelsens institutionella kontroll – i praktiken eller formellt – över deras politik och inriktning. Blairregeringen idag är inte mera bunden till det program som antagits på någon Labourkonferens (ännu mindre till något program från en facklig Trades Union Congress) än de demokratiska eller republikanska kandidaterna till programplattformar på sina respektive partikonvent. Liksom sina motsvarigheter i USA är de socialdemokratiska partikonferenserna idag i allt högre grad regisserade reklamjippon för sin apparat, de högre statsfunktionärerna och ledningen i parlamenten.

39. Under årtionden har stalinismen och dess kadrer varit det folkfrontskitt som strukturerade den bredare vänstern i den borgerliga politiken. Kommunistiska och socialdemokratiska partier korsade varandras vägar inte bara inom fackföreningsbyråkratin utan också inom en mängd politiska, sociala och kulturella organisationer – från dem som var mot rasism, krig och ibland kvinnoförtryck till motstånd mot bolagens missbruk av miljön, stöd åt ”progressiva” konstnärer och andra. De existerande byråkratiska kasternas politiska linje och resurser stod oftast för motivationen och de ekonomiska incitamenten som drog in centristiska sekter – ”yttersta vänstern” – i den borgerliga politiken.

Idag har det kittet börjat spricka. Inom den internationella arbetarrörelsen och de bredare radikala miljöerna har till och med anspråken på någon slags ”marxistisk kultur”, på deltagande inom *medlemsleden* i de fackliga organisationerna och deras strider eller på att skicka in kadrer i fackföreningarna försvunnit. En del rörelser underordnar sig figurer eller ”progressiva” grupperingar inom fackbyråkratin. Men *ingen* organiserar sina kadrer att bli industriarbetare eller bygga fraktioner inom industrifackföreningarna för att förena sig med andra militanter i arbetarklassen för att använda, stärka och utvidga fackföreningarnas styrka. Det har varit mer ord än handling vad gäller kommunistpartiets i USA ”politik för koncentration i industrin” under åtminstone ett kvarts sekel. Men under de senaste fem åren har man till och med slutat tala om det i takt med att de sista centrala ledarna som kom ur arbetarstriderna under 1930-talet avlidit eller inte längre kunnat fungera (de som ”behöll sin tro” men var förbaskat noga med att *deras* barn och barnbarn aldrig skulle bli en del av arbetarleden på en fabrik, ett bruk eller i en gruva).

Färre och färre enskilda eller organisationer på ”vänsterkanten” talar om sig själva som kommunister. En del universitetsprofessorer säger att deras skrifter är ”präglade av” vad de hävdar är marxism. Men detta är ett ideologiskt och akademiskt poserande utan något som helst revolutionärt arbetarklassinnehåll eller samband med proletariatets kamp om makten, ännu mindre den kampens oundviklighet. För dessa småborgerligt radikala skikt är det den slutgiltiga skandalen (om det över huvud taget är av intresse) att Socialist Workers Party och andra i vår världsrörelse fortsätter att bedöma allt vi säger och allt vi gör utifrån hur vi bäst gör framsteg som en del av den kämpande arbetarklassen längs dess marschriktning mot proletariatets diktatur.

Denna vändning bort från arbetarklassen och till och med från varje spår av marxism, är den politiska inriktningen för de strömningar som utgör vänstern i USA: från USA:s kommunistparti självt till de Gröna och de ”radikala” anhängarna till Ralph Nader, över sekter som Workers World Party, Freedom Socialist Party, International Socialist Organization och olika ”trotskistiska” grupper, till en samling andra radikala organisationer. Många trasslar in sig mer och mer i försök att ”politisera” det personliga, intima, sexuella, psykologiska livet för den halvakademiska-som-agerar-halvbohemiskt-småborgerliga liberala vänstern, med rötter i minnen från den radikala rörelsen under slutet av 1960-talet och början på 70-talet – ”les soixant-huitards” eller sextioåttorna som de kallas i Frankrike.

Vad som framför allt utmärker dessa organisationer är inte vad de är *för* (få bryr sig längre ens om att nicka på huvudet åt proletariatets marschriktning) utan vad de är *emot*. Det som utmärker dem är deras gemensamma motvilja mot den amerikanska imperialismen eller mera exakt i de flesta fall, mot den flygel i den amerikanska imperialismen som hänger ihop med det republikanska partiet och, idag, Bushregeringen (eller ”högern” i det demokratiska partiet när de sitter i Vita huset eller har majoritet i kongressen). I sin bana runt Paris, i synnerhet, och Berlin är de den borgerliga internationella ”vänsterkoalitionen för att hata Washington” som fruktar massorna i de ”röda staterna” som röstade för den nu sittande presidenten. Efterrationaliseringen, uttalad eller tyst, är att världen nu har ”förändrats”, att socialismen är en utopisk dröm, att det måste finnas och finns en alternativ ”tredje väg” mellan socialism och imperialism, den imperialism som i växande grad förnekas med förskönande omskrivningar som ”globalisering” eller ”neoliberalism” – och att kapitalismens fortbestånd – förhoppningsvis en ”reformerad”, mera demokratisk kapitalism – är obestridd.

Genom att förkasta den proletära inriktning som Lenin och Trotskij insisterade på för partierna i den Kommunistiska internationalen, genom att vägra att organisera kadrer att arbeta i basindustrin och följa arbetarklassens motståndslinjer, så har alla dessa politiska riktningar i USA som fortfarande, i mer eller mindre utsträckning, identifierar sig som socialistiska idag rört sig ännu längre bort än att bara förkasta kampen för ett proletärt parti som de gjorde för länge sedan. I enlighet med sina medlemmars och ledares klasstillhörighet och aktiviteter, utplånar de nu ur sina organisationer alla historiska minnen om en sådan inriktning. De slår fast vad de genomförde i praktiken för många årtionden sedan: en vändning bort från arbetarklassens historiska marschriktning att ta statsmakten och bort från den proletära inriktning och disciplin som är nödvändig för att den ska leda till seger.

VÅR OMVANDLING

40. Sedan slutet av 1990-talet har det förnyade motståndet mot den brutala effektiviteten i arbetsgivarnas offensiv mot arbetarna lett till början på viktiga förändringar i kampberedskapen och självförtroendet hos fickor av militanter i arbetarklassen. Medlemmar i Socialist Workers Party och Young Socialists [Unga socialister] – där de arbetar och bygger fackföreningar idag i industrier som charkuteri, kol samt textil och beklädnads, där arbetsgivarnas offensiv har pågått längst och varit mest våldsam – är bland de arbetare som tar ledningen i att organisera och använda facklig styrka. Under det gångna halva decenniet har vi varit inblandade i sådana förtruppsstrider på slakterier i Mellanvästern, Point Blank Body Armor-fabriken i Florida och Co-Op-gruvan i Utah.

41. Fröna till omvandlingen av arbetarrörelsen som sätts inom denna havsförändring i arbetarklasspolitiken, gror samtidigt som fackföreningarna i USA liksom i resten av den imperialistiska världen, fortsätter att försvagas. Samtidigt som fortfarande atomiserade arbetargrupper vinner större erfarenhet, solidaritet och självförtroende har arbetarklassens grundläggande försvarsinstitutioner, som en följd av de fackliga representanternas klassamarbete och förräderi, blivit mindre förmögna idag än någon gång sedan de första åren av depressionen på 30-talet, att framgångsrikt organisera sig och bekämpa arbetsgivarna och deras regeringsinstitutioner.

Arbetarrörelsen förblir fjättrad av årtionden av klassamarbetsinriktning från sina officiella representanter som är inriktade på sina egna rutiner, sin dagliga bekvämlighet och sina pensionsförmåner, liksom fackliga sammanslagningar som utarbetas för att öka dessa två senare, åtminstone för de högsta fackrepresentanterna. Andelen fackligt anslutna fortsätter att krympa i arbetarklassen. Fackföreningarna är bundna till händer och fötter av politiken hos dessa missledare som ser arbetarnas intressen som gemensamma med kapitalets – fabrik för fabrik, bolag för bolag, industri för industri – liksom i att underordna de fackliga organisationerna under val och omval av kapitalistiska politiker, oftast i det demokratiska partiet. Arbetarna som letar efter effektiva verktyg att slåss med, finner sig insnärjda i borgerliga idéer som förs fram av fackbyråkraterna – och förstärks av skolor, kyrkor och massmedia – ofta inlindade i allsköns bråte från vänsteristiska återvändsgränder som ”fackledarna” medvetet eller omedvetet snappat upp från småborgerliga radikaler under årens lopp.

42. Samtidigt *står arbetarrörelsen kvar i centrum av politiken i USA*. Inför arbetsgivarnas fortsatta attacker och oavsett hur svag arbetarrörelsen har blivit, försöker arbetarna organisera fackföreningar och använda dem för att försvara löner och arbetsförhållanden.

Arbetsgivarklassen kan inte ens med sin obönhörliga offensiv på fabriks- och industrinivå radikalt förändra styrkeförhållandena mellan kapital och arbete, något de måste göra för att kunna vända pressen neråt på profitkvoterna. Ändå fruktar de att dra igång en social och politisk strid som riskerar att utvidga motståndet och leda till ny intensitet, enhet och solidaritet i arbetarstriderna.

Allt medan dessa djupa motsättningar arbetar sig upp mot ytan, kommer de uppskjutna klasstriderna att infinna sig.

43. Klasskampsmedvetna militanter som de som är indragna i kampanjen för att organisera gruvarbetarfacket UMWA i Huntington i Utah, blir ett föredöme för andra i sin beslutsamhet och solidaritet. Det avgörande steget för att omvandla sådant motstånd till att smida fram ett bredare avantgarde i arbetarrörelsen, inträffar när de som kämpar, i takt med att deras klasskampserfarenhet växer i sådana strider, inser att deras första segrar, vare sig de är små eller stora, inte kommer att bevaras eller säkras om de inte *utvidgar den fackliga styrkan till andra fabriker, gruvor och bruk inom samma industri och region.*

Som ett resultat av gruvarbetarnas kamp vid Co-Op-gruvan har organiseringen av de västra kolfälten inletts. Men den kommer bara att göra framsteg i takt med att kadern i den striden och de som påverkats av den, aktivt söker nå ut till andra gruvor och gruvarbetare – både organiserade och oorganiserade – för att stärka UMWA i Utah liksom i Colorado, Wyoming, New Mexiko och på andra håll i västra USA. Samma sanning gäller också för de arbetare som leder striderna i charkfabrikerna i Mellanvästern, i konfektionsfabrikerna, textilfabrikerna eller var än motståndslinjerna i arbetarklassen har spritts och kommer att spridas.

44. Att lära sig hur tidigare generationer arbetare vann erfarenheter i fackliga strider – och under kampens lopp smidde fram en klasskampsledning och så småningom vann ett växande antal arbetare till att dra revolutionära slutsatser – är nödvändigt för att förstärka både partikaderns och andra militanters förmåga att på ett effektivt sätt delta i de strider som redan utvecklas, liksom de som ligger framför oss. Medlemmar i Socialist Workers Party och Young Socialists som är en integrerad del i arbetarklassmotståndet har blivit ännu mer övertygade om detta när de presenterat *Teamsters revolt* av Farell Dobbs för sina medkämpar och när de organiserat systematiska studier av boken i sina partiavdelningar. Uppgiften som arbetarna i avantgardet nu står inför – som så väl beskrivs i kapitlet "Kampen utvidgas" i *Teamster Power [Teamsters makt]*, den andra boken i serien av fyra – understryker vikten av att systematiskt läsa och diskutera inte bara första boken utan också *Teamster Power, Teamster Politics [Teamsters politik]* och *Teamster Bureaucracy [Teamsters byråkrati]*.

Om man läser och tar till sig de fyra böckerna i Teamsterserien tillsammans, får man en insikt i hur ett växande arbetaravantgarde satte sig självt på prov i allt bredare fackliga strider, gick igenom oundvikliga differentieringar och tog steg framåt mot en proletär politisk medvetenhet: förmågan att tänka socialt och handla politiskt i arbetarklassens intresse, oberoende av arbetsgivarna, deras politiska partier och den kapitalistiska staten.

45. Att lära sig klasskampens politiska verklighet – som den visat sig och förklarats genom aktioner, tillsammans med att studera och förstå lärdomarna från gångna strider för att sprida den fackliga styrkan – det är en förutsättning för en växande politisering av kämparna i förtruppen. Framgångar i att sprida och stärka fackföreningarna öppnar dörren till att börja mobilisera arbetarrörelsens tyngd till stöd för de svartas rättigheter, kvinnors jämlikhet, invandrares rättigheter, försvar av den sociala lönen och andra sociala och politiska strider. Det öppnar dörren till att organisera skolning om och motstånd mot de imperialistiska härskarnas militariseringskampanj, ökade anslag till krigsbudgeten och en utökad användning av militära styrkor utomlands och hemma, inklusive stöd för kampen att ta hem trupperna från Irak och andra håll i Mellanöstern – nu!

46. Enskilda arbetare som är indragna i fackliga strider blir intresserade av idéerna, programmet och den disciplinerade politiska verksamheten som kommunistiska arbetskamrater står för, som de kämpar tillsammans med eller vars tidning de läser. En del dras till ett parti vars politik inte utgår från valkampanjer eller de imperialistiska härskarnas "rimliga" vinstbehov i USA, utan börjar med världen. De blir intresserade av ett parti som för fram ett program och en strategi som minskar klyftorna när det gäller ekonomiska resurser, sociala villkor och politiska erfarenheter för arbetare och bönder över hela världen – från arbetarklassens bostadsområden, fabrikerna, gruvorna och fälten över hela USA och andra imperialistiska länder, till dem i hela Asien, Afrika och Latinamerika.

Denna revolutionära politiska kontinuitet – detta införlivande av historia, teori och praktik – kan bara hållas vid liv och tillämpas under årens lopp av en kader i ett parti som är proletärt inte bara till sitt program utan också till sin sammansättning, aktivitet och miljö. Ett parti och en världsrörelse av detta slag garanterar att vår klass inte "förlorar minnet" – att vi inte tappar den revolutionära arbetarrörelsens och dess striders politiska *historia*, vars lärdomars allmänna slutsatser är grunden för kommunistisk *teori* och att denna teori ständigt förnyas under loppet av den pågående revolutionära klasskampen.

Ett och ett halvt sekels erfarenheter har bekräftat att fackföreningar, som Kommunistiska manifestet förklarar, frambringas av kapitalismens själva sätt att fungera. "Det egentliga resultatet av deras kamp, är" dessutom, "inte den omedelbara framgången, utan den allt mer omfattande föreningen av arbetare". Det gäller också de hängdas uppror – kampen bland förtryckta nationer och nationaliteter över hela världen som är omöjlig att undertrycka. Men proletariatets klassmedvetna *politiska* organisering, uppbygget av kommunistiska partier med ett program och en strategi för att ta makten, för proletariatets diktatur – detta uppkommer inte spontant ur värdelagens sätt att verka. Som Lenin kort påminner oss: ”Utan en revolutionär teori kan det inte finnas någon revolutionär rörelse.”

Kampen för ett proletärt parti är omöjlig utan att man drar allmänna slutsatser ur lärdomarna från arbetarklassens strider – inte utifrån en enskild fabrik eller industri, inte utifrån ett enskilt land, inte utifrån ett givet ögonblick eller ens ett enda sekel. Bara utifrån erfarenheterna från generationer av arbetare och andra arbetande som överlappar varandra – ungdomar som är nya i klasskampen, tillsammans med dem som prövats och tränats under årens lopp – på många arbetsplatser, geografiskt spridda runt världen, kan dessa lärdomar dras på ett korrekt sätt.

47. Centralt som vägledning för det allsidiga politiska arbetet för sådana partier idag är de ”sex punkterna” som antogs av Socialist Workers Partys kongress 1990 (”Den kommunistiska strategin för partibygge idag: Ett brev till kamrater i Sverige” av Mary-Alice Waters i *Ny International* nr 3):

i) Vändningen till industrin: Att utföra ”ett systematiskt, professionellt kommunistiskt arbete i fackföreningarna som avspeglar sig i en *allt djupare* proletarisering när det gäller partiets och partiledningens erfarenheter och sammansättning”. Detta bygger på grundvalen att den överväldigande majoriteten av medlemmarna och partiledningen deltar aktivt i att bygga fraktioner i industrifackföreningarna längs den inriktning som presenteras i *USA-politikens ansikte i förändring: Arbetarklasspolitik och fackföreningarna* av Jack Barnes. Det innefattar också att man kan konsolidera framstegen för den tredje kampanjen för vändningen som inleddes i slutet av 1990-talet och beskrivs i ”Kapitalismens långa heta vinter har börjat”.

ii) Politisk centralisering: ”Vändningen kan bara bli verklighet om den är axeln i en *organisations* arbete vars ledarskap strävar efter politisk homogenitet och centralisering och (i ett visst land) fullföljer en internationell politisk inriktning. ... [Detta] kan inte göras utan starka, politiskt allsidiga avdelningar *och* fraktioner med självförtroende. Avdelningarna och fraktionerna har delvis olika uppgifter, men genom det gemensamma politiska innehållet i arbetet stärker de ömsesidigt varandra”.

iii) En veckorytm av politiskt liv i arbetarklassen: Denna veckorytm, som dikteras av kapitalisternas organisering av lönearbetet, innebär en ”oersättlig grundval för det disciplinerade liv som ett centraliserat kampparti kräver” – att varje vecka delta i Militants arbetarforum, att delta i massarbete från arbetarstrider och sociala protestaktioner till solidaritet med antiimperialistiska internationella förtruppsstrider, studiemöten, försäljning av *the Militant, Perspectiva Mundial* samt böcker och pamfletter på gatorna i arbetarklassområden, vid fabriksgrindar och gruvor, bland studenter och vid politiska arrangemang samt regelbundna beslutsfattande möten i partiavdelningar, organisationskommittéer och fackliga fraktioner för att politiskt leda och centralisera denna ständigt pågående aktivitet.

iv) En utökad omfattning av det breda propagandaarbetet att sprida böcker och pamfletter som ges ut eller distribueras av Pathfinder Press, inklusive *Ny International*: att sprida dessa hundratals titlar – som beskriver lärdomar som den internationella arbetarrörelsen erövrat i blod i strider under mer än ett och ett halvt sekel – till arbetare, bönder och ungdomar är en permanent axel i det proletära partiets arbete. Dessa böcker klargör ”frågor som är livsavgörande för arbetande människors framtid i vartenda land".

v) Ungdomsrekrytering: "I allt vi gör riktar vi vår uppmärksamhet framför allt mot de kämpande unga arbetare som är framtidens kommunistiska kadrer ... liksom studenter som dras till arbetarstrider och är öppna för att gå med i en proletär organisation." Inriktningen att nå ut politiskt till unga människor och att dra dem till Young Socialists och vår rörelse "är särskilt betydelsefull med tanke på den allt högre genomsnittsåldern bland alla våra styrkor och de växande påfrestningar som det innebär när det gäller att kunna anpassa sig till rytmen och normerna i vårt samhälle, inklusive fackförbunden där vi är medlemmar".

vi) Proletär internationalism "under den nya internationalens fana": I varje aspekt av arbetet som Socialist Workers Party, Young Socialists och våra kommunistiska systerförbund i andra länder bedriver, organiserar vi oss för att främja uppbygget av en internationell kommunistisk organisation i Kommunistiska internationalens efterföljd som den utformades av Lenin och bolsjevikerna efter den segerrika ryska oktoberrevolutionen 1917, men som senare korrumperades och ödelades av den stalinistiska världsrörelsen.

Så ser en sammanfattning ut av den proletära inriktningens strategiska målsättning. Från 1959 till idag har varje organisation som påstår sig följa denna inriktning dessutom varit tvungen – och är det fortfarande – att klara av "den kubanska revolutionens avgörande 'test' ... att förstå den kommunistiska *ledningens* betydelse på Kuba och förmågan att handla utifrån den insikten".

48. Att förena sig med unga människor och andra organisationer och strömningar för att bygga den 16:e

Världsungdoms- och studentfestivalen den 7–15 augusti 2005 i Caracas, Venezuela, innebär för Socialist Workers Party och Young Socialists ett tillfälle att flytta fram kommunistiskt politiskt arbete längs axlarna på varenda en av "de sex punkterna".

Liksom vid de två senaste ungdomsfestivalerna i Alger 2001 och Havanna 1997 gör det kommande evenemanget det möjligt för vår rörelse att nå ut till och samarbeta politiskt med unga arbetare och studenter som kan attraheras till arbetarklassmotståndet här och utomlands och som kan vinnas till insikten om nödvändigheten att göra revolution i USA och gå med i den kommunistiska rörelsen för hjälpa till att förverkliga det målet. Det faktum att denna festival hålls i Venezuela erbjuder ytterligare möjligheter och skyldigheter att organisera arrangemang på universiteten och på andra håll att föra fram en politisk beskrivning och förklaring till klasstriderna som fortsätter att utvecklas där i dag, att rapportera om kubanska frivilliga lärares och sjukvårdarbetares internationalistiska arbete och att mobilisera till stöd för Venezuela och Kuba mot Washingtons politiska konfrontationskurs och militära uppladdning i grannlandet Colombia.

Det är längs de här revolutionärt proletära och antiimperialistiska axlarna som vi organiserar oss för att vinna unga människor till denna satsning. Och då kämpar vi politiskt framför allt mot Kommunistpartiet i USA and Young Communist League [Unga kommunistiska förbundet] samt ett antal andra politiska motståndare. Under glansdagarna för den stalinistiska världsrörelsens kontroll av festivalrörelsen från slutet av 1940-talet till slutet på 1980-talet, dominerade kommunistpartierna och deras ungdomsorganisationer varje aspekt av organiseringen av de delegationer som deltog i dessa evenemang. De kämpar än idag för att behålla den klassamarbetande politiska kontinuiteten av ”fred och vänskap” och de byråkratiska normer och metoder som utformades för att politiskt strypa och snäva in, inte bredda, unga människors engagemang.

Den stalinistiska apparatens sammanbrott i Sovjetunionen och över hela Östeuropa under 1990-talets början gav för första gången ett utrymme för revolutionärt sinnade unga människor som tidigare förhindrats från att delta i festivalrörelsen, att förena sig med andra i arbetet med att bygga dessa internationella sammankomster, som ett sätt att möta unga människor som radikaliseras i hela världen, lära sig från dem och hjälpa till att visa hur sådana samlingar kan användas för att främja den världsomfattande kampen mot imperialismen. Sedan dess har Socialist Workers Party och Young Socialists gjort så. Vårt samarbete i dessa ansträngningar med bland andra ledarna och kadern ur Unga kommunisters förbund (UJC) på Kuba har hängt ihop med kubanska ungdomsledares talarturnéer i USA, samarbetet i att ge ut böcker av Ernesto Che Guevara, Malcolm X och andra revolutionärer som kan användas i USA, på Kuba och på andra håll, arbetet med unga människor som är intresserade av att se den kubanska revolutionens verklighet med egna ögon samt annan politisk aktivitet. Vi diskuterar politik, lär oss, utvecklar politiska förbindelser med och utövar ett politiskt inflytande över kadrer från organisationer över hela Amerika och runt om världen.

Att mobilisera till ett deltagande från USA i den 16:e Världsungdoms- och studentfestivalen som en central prioritering för ett vändningsparti innebär att arbeta både med studentorganisationer, politiska motståndare och enskilda ungdomar genom den Nationella förberedande kommittén (NPC) som organiserar delegationen från USA. Det innebär att genom våra fraktioner och avdelningar ta till vara på öppningar att dra in unga arbetare och fackföreningsmedlemmar i en politisk aktivitet som breddar deras horisont. Det innebär att organisera Militants arbetarforum så att de anknyter till de många politiska frågor som kommer upp till debatt i diskussionerna i samband med detta arbete.

När vi tävlar mot våra politiska motståndare kommer politiska klargöranden och differentieringen att både skola och härda våra medlemmar liksom utöka möjligheterna till rekrytering till den kommunistiska rörelsen.

Historiska trender och proletär styrka

49. Utsikterna att smida fram ett revolutionärt politiskt avantgarde för arbetarrörelsen och bygga en kommunistisk international som består av disciplinerade kamppartier förstärks av sex breda sociala och politiska trender som i allt högre grad att kommer att känneteckna tjugohundratalet:

i) Den ärftliga arbetarklassens storlek, både i absoluta och relativa termer i förhållande till andra samhällsklasser, fortsätter att växa i världsskala. Detta ökar möjligheterna för proletärt deltagande i och ledarskap av revolutionära strider för nationell befrielse och socialism i Mellanöstern och runt om i världen. Allteftersom nya skikt av de arbetande proletariseras kommer klasskampen i Asien, från Kina till Pakistan, Indien, Indonesien, Ryssland och andra länder att skärpas på ett kvalitativt nytt sätt. I synnerhet i Kina fördjupas explosiva motsättningar när tiotals miljoner bönder, födda och utbildade i en arbetarstat hur deformerad den än må vara, väller in och blir arbetskraft på fabrikerna i storstäderna och koncentreras till snabbt växande industricentra längs kusten.

ii) Kvinnor fortsätter att dras in i arbetskraften och hindren för kvinnor och män att arbeta vid sidan av varandra som jämlikar och utföra samma arbete fortsätter att rämna i både de imperialistiska och de halvkoloniala länderna. Denna proletarisering, hörnstenen för ett förverkligande av kvinnans frigörelse, försvagar inte bara kvinnoförtryckets ekonomiska grundvalar och förstärker arbetarklassen. Den innebär också att den sociala och politiska tyngden för kampen för kvinnors jämlikhet växer i klasskampen, liksom dess centrala roll. Processen gör kvinnors att aktiva deltagande i fackföreningarna, i folkliga strider och rörelsen av revolutionära arbetare blir allt mer omfattande, liksom möjligheten och, i ännu högre grad, nödvändigheten av att kvinnorna dras in i ledningen på alla nivåer.

iii) Genom ökad invandring, som drivs fram av de allt mer nedbrytande ekonomiska villkoren i Asien, Afrika och Latinamerika, blir arbetarklassen allt mer internationaliserad i den imperialistiska världen och i de industriellt mest avancerade halvkoloniala länderna. Dessa förändringar i sammansättningen bryter inte bara ner nationell splittring, provinsialism och fördomar som dränerar arbetarrörelsens kraft, utan de berikar också arbetarklassens politiska och fackliga erfarenheter och breddar historiska och kulturella horisonter.

iv) Som en följd av den sociala tyngden och den förhållandevis stora proletära andelen i den förtryckta svarta nationaliteten i USA kommer arbetare som är afro-amerikaner att utgöra en större andel av arbetarrörelsens kämpande politiska avantgarde i klasstriderna som ligger framför oss inklusive i kampen mot det imperialistiska kriget, än de gjorde under arbetarradikaliseringen på 1930-talet. Deras nuvarande och tidigare strider sätter också ett kraftfullt exempel för ett växande antal invandrade arbetare som utsätts för rasistisk diskriminering, invandrare som ofta gör sig av med sina egna efterblivna fördomar mot svarta under de gemensamma stridernas gång.

v) De senaste femtio årens historia har bekräftat att revolutionärt proletärt ledarskap av högsta kaliber kan och kommer att utvecklas ur strider bland de arbetandes mest förtryckta skikt, inte enbart i de imperialistiska länderna som Malcolm X i USA är ett exempel på. Även i de mest ekonomiskt eftersatta och industriellt underutvecklade delarna av världen har ledare som Thomas Sankara i Burkina Faso, Maurice Bishop i Grenada och andra vuxit fram ur arbetande människors revolutionära strider. Inte bara i de halvkoloniala länderna utan också arbetare som går i spetsen och ungdomar i de imperialistiska högborgarna har sett upp till dem för ledarskap. Detta registrerar en större politisk förändring jämfört med de objektiva möjligheterna under bolsjevikernas dagar och den Kommunistiska internationalen på Lenins tid och årtiondena omedelbart efteråt, en förändring som ändrar styrkeförhållandena i världen till arbetarklassens fördel.

vi) Religionens och de religiösa institutionernas åtskillnad från stat och politik fortsätter att gå framåt hand i hand med kapitalismens spridning över världen och proletariatets utbredning som en följd av det. De religiösa trossatsernas grepp över de arbetandes politiska beteenden fortsätter också att minska. Oavsett religiös tillhörighet hos miljoner arbetande i världen, är det inte religiös trångsynthet utan de proletära vanorna av ömsesidig tillit, vidsyn och klassolidaritet som arbetande människorna lär sig under de gemensamma striderna.

50. Mycket mer än någon gång tidigare sedan Socialist Workers Partys första presidentvalskampanj 1948, skiljde

"Anhängarna till Socialist Workers Partys presidentkampanj började med vår klass och med världen. Våra paroller slog an en ton som är avgörande för att stärka den revolutionär proletära rörelsens kärna i det här landet och över hela världen: 'Det är inte vem du är emot, utan vad du är för! Rösta på Socialist Workers 2004!' "

SWP:s valkampanj skiljde sig markant från andra politiska strömningar som gör anspråk på att tala i arbetarnas intressen. **ÖVERST TILL VÄNSTER:** Alliansen "Stoppa Bush!" protesterar vid det republikanska konventet i New York 2004. I bakgrunden syns patriotisk jättebanderoll på textilarbetarfacket UNITE HERE:s nationella huvudkontor. **ÖVERST TILL HÖGER:** SWP:s valkampanjarbetare bär banderoller med "Det är vad du är för" och till försvar av rätten till abort i en aborträttsdemonstration med tusentals deltagare över Brooklynbron in till Manhattan. **NEDERST:** Róger Calero (till vänster), SWP:s presidentkandidat, på valkampanj utanför Point Blank Body Armor-fabriken nära Miami, där arbetarna nyligen vunnit en strid för rätten till fackförening.

AP

MILITANT

LAWRENCE MIKESH / MILITANT

vår kommunistiska kampanj 2004 med Róger Calero som presidentkandidat och Arrin Hawkins som vicepresidentkandidat, ut sig politiskt i motsättning mot varje annan politisk strömning som gör anspråk på att tala i arbetarklassens intresse.

Detta politiska faktum var kanske mest slående under de omfattande protesterna i samband med det republikanska konventet i New York – höjdpunkten för den allomfattande alliansen ”Stoppa Bush!”. Denna sträckte sig från dem som var nöjda med att rösta på Kerry (även Kommunistpartiet i USA), till röran som var beslutna att rösta på ”Vem som helst utom Bush” (så länge som deras röster ”räknades” vilket innebar att rösta på Kerry där valutgången var ”oviss”), till dem som ställde upp kandidater utan att anstränga sig för att få med dem på valsedeln eller föra någon seriös, nationell valkampanj i något avseende (som Workers World Party som ställde upp i tre delstater med låga krav på namnunderskrifter för att komma med på valsedeln). Bara kampanjarbetarna för SWP:s kandidatlista – Calero, Hawkins och mer än fyrtio andra kandidater i tjugotvå delstater och District of Columbia – var ute på gatorna dag efter dag och försökte få kontakt med arbetande människor och ungdomar med en oberoende arbetarklassplattform.

Calero, Hawkins och deras anhängare började med sin klass och världen. De talade i namn av en internationell klass utan gränser, de som under sin livstid inte har något annat att överleva på än förmågan att sälja vår arbetskraft till en eller annan arbetsgivare. Våra kampanjparoller slog an en ton – unik, sann och i rättan tid – som är avgörande för den bredare strategiska uppgiften att politiskt stärka den revolutionära proletära rörelsens kärna, i det här landet och över hela världen: ”Det är inte vem du är emot, utan vad du är för! Rösta på Socialist Workers 2004!”

Det är bara ur industriarbetarklassens och fackföreningarnas led, ur medlemsleden av arbetarmilitanter i frontlinjen som handlar för att organisera sig och använda facklig styrka för att stå emot arbetsgivarnas angrepp, som vi kan hitta en proletär politisk väg för att bemöta följderna av den ekonomiska och militära kursen som USA:s härskare är inriktade på att följa idag. Vi vann självförtroende när vi förklarade detta under valkampanjen 2004. De första avgörande stegen i riktning mot arbetarklassens oberoende, politiska handlande, mot ett parti som är baserat på fackföreningarna, kommer att tas som en följd av att organisera sig tillsammans med andra för att använda och omvandla våra mest grundläggande klassinstitutioner, genom att organisera, stärka och utvidga facklig styrka. Den utgångspunkten är en förutsättning för vår omvandling – sammansmidandet av ett brett politiskt avantgarde där den kommunistiska rörelsen är en oersättlig beståndsdel.

Årtionden av den kommunistiska rörelsens konsekventa arbete med att bygga upp partier som är proletära till sin sammansättning, sina vanor och sin miljö är den enda grundvalen som kan fälla utslaget, när arbetarklassen går in i det stora eldprovet av historiska strider som ligger framför oss. Enbart partier som härdats och tränats med den utgångspunkten kommer att vara förberedda för att genom omvälvande strider dra in miljoner i disciplinerad handling i klasskampen. Detta är den inriktning vår rörelse grundades på, den inriktning som Socialist Workers Party och den världsrörelse vi är en del av håller.

Som ”Kapitalismens långa heta vinter har börjat” förklarade, befinner sig kommunisterna tillsammans med andra arbetare ”alldeles i början av vad som kommer att bli årtionden av ekonomiska, finansiella och sociala konvulsioner och klasstrider.... [Vi] måste internalisera det faktum att den här världen – vars like ingen av oss tidigare har känt till i våra politiska liv – inte bara är den värld vi står inför idag utan den som vi kommer att leva i och kämpa i under en tid framöver. ... Genom att handla utifrån denna verklighet idag, kommer vi inte att tas på sängen politiskt när krigen bryter ut, när djupare sociala kriser exploderar, pogromer organiseras och prövas samt fackliga konflikter blir strider på liv och död. Det proletära parti som kommer att existera i morgon kan bara växa fram ur det proletära parti vi sätter samman *idag*.”

TEAMSTER-SERIEN

FARRELL DOBBS, en ung arbetare som blev en del av klasskampsledningen i transportarbetarfackföreningen Teamsters i Minneapolis på 30-talet, berättar historien om hur strejkerna och organiseringskampanjerna som männen och kvinnorna i Minneapolis/St Paul och resten av mellanvästern genomförde, beredde vägen för uppkomsten av industriellt organiserade fackföreningar. De visade i verkliga livet vad arbetare och deras allierade producenter i jordbruket kan åstadkomma när de får den ledning de förtjänar.

Teamster Rebellion

Hur medlemmarna i Teamsters lokala avdelning 574 genom två strejker 1934 besegrade inte bara åkeriägarna i Minneapolis utan också strejkbrytarförsöken från arbetsgivarorganisationen Citizens Alliance och från kommunledningen, delstatsregeringen och Washington. 264 sidor

Teamster Power

Hur klasskampsledningen för Teamsters använde styrkan arbetarna hade vunnit under strejkerna 1934 för att göra Minneapolis till en fackligt organiserad stad och lansera en kampanj genom elva delstater som organiserade tiotusentals långtradarchaufförer som medlemmar i fackföreningen. 255 sidor

Teamster Politics

Hur medlemmarna i Teamsters i Minneapolis bekämpade FBI:s försök att sätta dit dem, hjälpte de arbetslösa att organisera sig, organiserade en facklig försvarsstyrka för att skrämma bort fascistiska huliganer, kämpade för att främja politiskt oberoende handling i arbetarrörelsens tjänst och för att mobilisera motstånd mot USA:s inträde i andra världskriget. 282 sidor

Teamster Bureaucracy

Hur arbetsgivarklassen, uppbackad av den fackliga byråkratin, trappade upp regeringens ansträngningar att tysta klassmedvetna kämpar; hur arbetarna drog igång en internationell kampanj för att befria arton fackliga och socialistiska ledare som sattes dit och dömdes i den ökända federala uppviglingsrättegången 1941. 355 sidor

PROVPRENUMERATION PÅ

THE MILITANT

60 KR FÖR 12 VECKOR

THE MILITANT

Protesters denounce FBI raids in Puerto Rico

Boss profit greed claims 22 miners' lives this year

Latest death occurs at Pennsylvania stone quarry; Unsafe job conditions are prevalent at Utah mines

Steelworkers' locals back labor defense case

The Militant, på engelska och spanska

- Aktuella nyheter och analyser om de steg Washington tar för att omvandla sin globala militära strategi och föra fram sina politiska intressen i världen.
- Erbjuder en djupgående täckning av kapitalisternas angrepp på löner, arbetsförhållanden och den sociala tryggheten.
- Förmedlar nyheter från de främsta linjerna i fackliga strider och organiseringskampanjer i kolfälten, slakterierna, beklädnadsfabrikerna och bland andra arbetare i Nordamerika och runt om i världen.
- Dissekerar lögn för lögn Washingtons rationalisering av sina krigsansträngningar – från Irak till Afghanistan, Balkan, gränsen mellan Colombia och Venezuela och resten av världen.
- Följer kubanska arbetare och bönder när de försvarar och gör framsteg i sin socialistiska revolution.
- Rapporterar från antiimperialistiska strider i Afrika, Asien och Latinamerika.
- Bevakar strider runt om i världen mot polisbrutalitet och rasistiska attacker samt kampen för kvinnans rättigheter som rätten till abort.
- Erbjuder ett socialistiskt alternativ till storföretagens press.

"Utgiven i arbetande människors intresse"

FÖR PRENUMERATION SKRIV TILL:

The Militant

Bildhuggarvägen 17, 121 44 Stockholm

ELLER

The Militant

306 West 37th Street, 10th floor, New York, NY 10018

e-mail: themilitant@verizon.net

BESÖK OSS PÅ NÄTET: WWW.THEMILITANT.COM

Att bygga ett PROLETÄRT PARTI

USA-politikens ansikte i förändring

Arbetarklasspolitik och fackföreningarna

JACK BARNES

Att bygga det slags parti som arbetande människor behöver för att förbereda de kommande klasstriderna då de kommer att revolutionera sig själva, sina fackföreningar och hela samhället. En handbok för dem som letar efter ett sätt att med effektiva aktioner störta kapitalismens system av utsugning och gå med i uppbygget av världen på en ny, socialistisk grund. 477 sidor

Their Trotsky and Ours

JACK BARNES

För att leda arbetarklassen i en framgångsrik revolution behövs ett proletärt massparti vars kadrer långt innan dess har tillägnat sig ett internationellt kommunistiskt program, är proletära i sitt liv och arbete, får djup tillfredsställelse av politik och har smitt fram en ledning med en utpräglad känsla för vad som bör göras härnäst. Denna bok handlar om att bygga ett sådant parti. 151 sidor

The History of American Trotskyism, 1928–38

Report of a participant

JAMES P CANNON

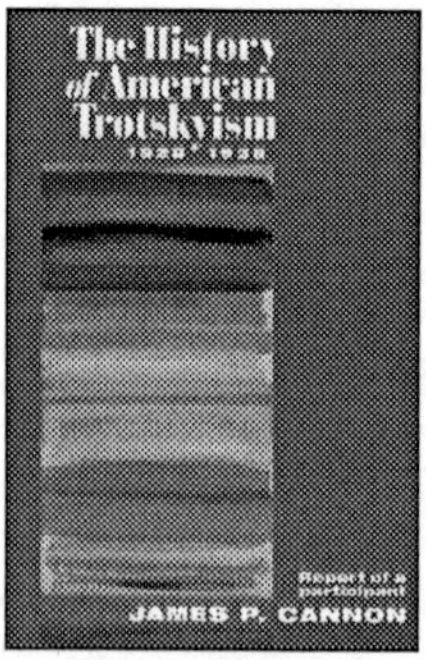

"Trotskismen är inte en ny rörelse, en ny doktrin", säger Cannon, "utan återupprättandet, återupplivandet av den verkliga marxismen som den framställdes och tillämpades under den ryska revolutionen och Kommunistiska internationalens tidiga dagar."

I tolv föreläsningar som gavs 1942 berättar Cannon om en avgörande period i ansträngningarna att bygga ett proletärt parti i USA. 360 sidor

What Is To Be Done

V. I. LENIN

Vad som står på spel när det gäller att skapa en disciplinerad organisation av revolutionärer ur arbetarklassen som förmår handla som en "folkets tribun som kan reagera på varje uttryck för tyranni och förtryck, oavsett var det visar sig, att för alla och envar kunna förklara den världshistoriska betydelsen av striden för arbetarklassens frigörelse." Skriven 1902.

I *Essential Works of Lenin*, 372 sidor. Finns utgiven på svenska av Arbetarkultur med flera.

In Defense of Marxism

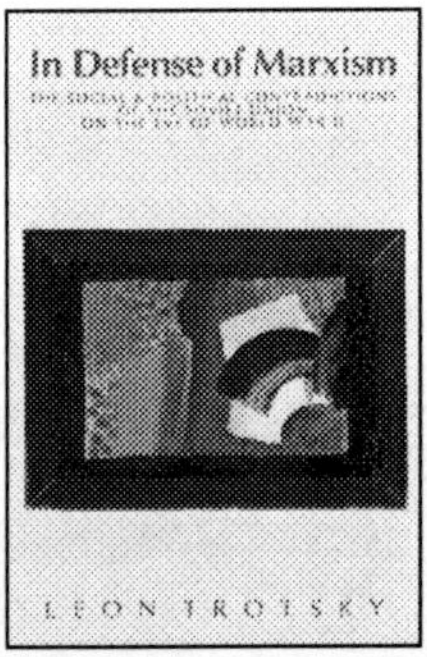

The Social and Political Contradictions of the Soviet Union on the Eve of World War II

LEON TROTSKY

Ett svar från 1939–40 av Leo Trotskij till dem i den revolutionära arbetarrörelsen som retirerade från att försvara Sovjetunionen inför det hotande imperialistiska anfallet. Varför bara ett parti som kämpar för att få med ett växande antal arbetare i sina led och i sin ledning kan styra med en stadig revolutionär kurs. 342 sidor. Finns på svenska utgiven av Röda Rummet.

Struggle for a Proletarian Party

JAMES P. CANNON

"Arbetarna i Amerika har tillräcklig styrka för att störta den kapitalistiska byggnaden hemma och lyfta hela världen med sig när de reser sig", hävdar Cannon. Alldeles före andra världskriget försvarar denna grundare av den kommunistiska rörelsen i USA och en av ledarna för den Kommunistiska internationalen under Lenins tid det bolsjevikiska programmet och dess normer för partibygget. 436 sidor. Finns delvis utgiven på svenska av Röda Rummet under titeln Kampen för ett arbetarparti.

Revolutionary Continuity

Marxist Leadership in the U.S.

FARELL DOBBS

Hur den ena generationen efter den andra deltog i striderna i USA:s arbetarrörelse och försökte bygga upp ett ledarskap som skulle kunna främja arbetarnas och småböndernas klassintressen och förena sig med andra arbetande runt om i världen. Två delar: *The Early Years, 1848–1917,* 260 sidor och *Birth of the Communist Movement 1918–1922,* 330 sidor

KAPITALISMENS LÅNGA HETA VINTER HAR BÖRJAT

KAPITALISMENS LÅNGA HETA VINTER HAR BÖRJAT

av Jack Barnes

Ett revolutionärt massparti smids fram i hettan av stora sociala kriser, politiska omvälvningar och krig. Sådana tumultartade händelser förlöper ojämnt och varar, med upp- och nedgångar, över längre tidsrymder. Men kärnan i ett proletärt parti – härdat i massarbete, kunnigt och disciplinerat i arbetarklasspolitik, med kadrer ur flera generationer – byggs *innan* sådana väldiga klasstrider och revolutionära explosioner bryter ut. Ett sådant parti kan inte byggas ur tomma intet när avgörande kraftmätningar mellan klasserna som ställer frågan om vilken klass ska regera väl har inletts. Den läxan lärde oss i praktiken Lenin och bolsjevikerna. Med positivt resultat. Dessutom drog Lenin generella lärdomar ur historien om de arbetandes revolutionära aktivitet under kapitalismen som han förklarade i otaliga tal och skrifter. Och under det gångna seklets lopp har vår klass lärt sig läxan med negativa resultat också – på

Rapport och sammanfattning som diskuterades och antogs av delegaterna på Socialist Workers Partys fyrtioförsta konstitutionella kongress den 25–27 juli, 2002, i Oberlin, Ohio.

mer dyrköpta sätt än någon kunde ha förutsett.

Våra organisationer strävar efter att handla idag på ett sådant sätt att vi när revolutionära masstrider inleds, kan bygga på vårt redan befintliga internationalistiska program, våra proletära vanor och organisatoriska normer. Enbart genom att handla så kan partier byggas som förmår leda de arbetande till det revolutionära maktövertagandet, till upprättandet av en arbetar- och bonderegering.

För att vi ska förbli denna historiska utmaning trogna, står delegaterna på denna kongress inför en utmaning framför alla andra. Vi måste förbereda Socialist Workers Party, Young Socialists och supportrarna i den kommunistiska rörelsen att förstå den framväxande depressionen och den allt mer skärpta imperialistiska krigskampanjen och samtidigt omorientera vår aktivitet i linje med denna verklighet. Vi måste förstå varje annat politiskt ansvar och tillfälle i det här ljuset och handla utifrån det. När vi gör det, samarbetar vi med kommunister och unga socialister över världen, liksom med revolutionärer i Latinamerika, Afrika, Mellanöstern och Asien som är inbegripna i kompromisslösa nationella strider mot dem som gynnas av det imperialistiska systemet i det egna landet och internationellt.

❖

Kommunister är inga prognosmakare. Ingen kan göra exakta förutsägelser både om *vad* som kommer att hända och *när*. De som har en materialistisk förståelse av klasskampens lagar, liksom om vilken roll slumpen spelar i mänskliga sammanhang, vet bättre än att försöka. Men kommunister kan och har ett ansvar att följa den kapitalistiska utvecklingens gång som den utvecklar sig, och att ta till sig och förklara vad det innebär för klasskampen och proletariatets slingrande marschriktning mot att ta makten. När tillräckligt med bevis har hopats om logiken i denna utveckling, finns det ingen annan ansvarsfull inriktning annat än att *handla* utifrån den. Om vi inte gör det, *kommer det att vara för sent* oavsett vad vi har åstadkommit tidigare. I det ögonblicket är vi inte från Missouri, utan från Petrograd.

Många medlemmar i den kommunistiska rörelsen idag har aldrig genomlevt ett markkrig som dragits igång av de imperialistiska härskarna, ett krig där ett stort antal soldater från den amerikanska arbetarklassens led dras in, med många tusen döda på alla sidor. Vi kommer att få se sådana krig, inte bara under de kommande decennierna, utan under de kommande åren, kanske till och med de kommande månaderna.

Endast ett par stycken av deltagarna på den här kongressen, de som är nästan åttio år, har som politiska människor genomlevt en världsdepression. En del av oss har upplevt två eller tre djupa konjunkturnedgångar sedan mitten på 70-talet. Under en eller ett par av de här nedgångarna sjönk börskurserna brant under ett antal år, arbetslösheten hoppade upp till tvåsiffriga tal i flera imperialistiska länder och plötsliga utbrott av inflation förekom. Detta skiljer sig emellertid från en deflation av sådan omfattning att världskapitalismens finansiella ryggrad – dess struktur av skulder och dominerande finansinstitutioner – börjar ge vika, produktionen snabbt sjunker, långtidsarbetslösheten sprids över världen och mänsklighetens stora massa drabbas av att ekonomin krymper eller stora skov av ruinerande prisexplosioner – ibland båda samtidigt. Massor av människor förlorar tilltron till kapitalismen, men till att börja med förlorar de bara hoppet. Sådana villkor som långsamt har spridit sig

CORBIS

”Sådana villkor som långsamt spridit sig över de mest sårbara delarna av den koloniala världen under de senaste årtiondena kommer att breda ut sig. Vi genomlever de inledande faserna av en världsdepression.”

OVAN: Brödkö på 42:a gatan och Sjätte avenyn i New York i februari 1932 under depressionen.

ASSOCIATED PRESS

TILL VÄNSTER: LANDOV. TILL HÖGER: MARCOS HAUPTA / REUTERS

ÖVERST: Förstaden Alexandra i Johannesburg, Sydafrika, 2002. Många invånare saknar elektricitet, rinnande vatten och elementär renhållning. **TILL VÄNSTER:** Arbetslöshetskö i Berlin, januari 2003. Arbetslösheten i östra Tyskland ligger fortfarande kring 20 percent, femton år efter återföreningen 1990. **TILL HÖGER:** I kölvattnet på finanskrisen 2001–02 förlorade den argentinska peson tre fjärdedelar av sitt värde gentemot USA-dollarn. Devalveringen utarmade miljoner människor och utlöste stormningar av banker som här på bilden.

över den mest sårbara delen i den koloniala världen under de senaste årtiondena, kommer att breda ut sig och bli förödande. Vi förutspår inte en sådan världsdepression, vi genomlever idag själva dess inledande faser.

För att verka effektivt som kommunister i situationen i världen som den utvecklas, måste vi internalisera en förståelse av imperialismen – det stadium av kapitalismen som uppnåddes tidigt under förra århundradet. Fram till att motsättningarna i detta utsugande och förtryckande samhällssystem får en upplösning – något som enbart kan åstadkommas genom att proletariatet tar makten från kapitalisterna och jordägarna i de imperialistiska länderna och blir en del av den världsomfattande kampen för socialismen – fram till dess har inte mänskligheten någon säker framtid.

Som Lenin hjälpte oss att förstå, så existerar det för de imperialistiska härskarna inte "några absolut hopplösa situationer" ens när kapitalismen är inne i en djup kris.[1] Det finns ingen hopplös situation för bourgeoisien så länge proletariatet inte har ryckt statsmakten ur händerna på dem under ledning av en revolutionär rörelse som inte fruktar det formidabla ansvaret att ta makten i det avgörande ögonblicket och ryggar tillbaka från att ta den. Och behålla den.

---

1. V I Lenin, "Report on the World Political Situation and the Basic Tasks of the Communist International" ["Rapport om det världspolitiska läget och Kommunistiska internationalens grundläggande uppgifter]", ur *Workers of the World and Oppressed Peoples, Unite!: Proceedings and Documents of the Second Congress* [*Arbetare i världen och de förtryckta folken, förena er!: Andra kongressens protokoll och dokument*], *1920* (New York, Pathfinder, 1991), vol 1, s 139. Dessutom i Lenin, *Collected Works [Samlade verk]*, (Moskva, Progress Publishers, 1966), vol 31, s 227. I svensk översättning i Lenin *Valda verk i tio band* (Moskva, Fram, 1991) band 10 s 66.

Utan en sådan revolution – utan resningen som öppnar vägen till arbetarmakten – kommer den kapitalistiska staten och arbetsgivarna att tillfoga arbetarklassen tillräckligt förödande nederlag genom fascistisk terror och förstöra tillräckligt med tillverkningskapacitet inom jordbruket och industrin genom krig såväl som de ekonomiska mekanismer som är ”naturliga” (för kapitalismen), för att kunna starta om med en eländig men verklig pånyttfödelse av tillverkning och handel. De kommer att fortsätta att behärska jorden, att utsuga och förtrycka det stora flertalet av mänskligheten och hota civilisationens själva överlevnad. Så länge som de inte förlorar statsmakten, garanterar värdelagen att deras system startar upp igen. De behöver enbart uthärda – vi måste segra.

Ingen rädsla för de härskande

Även om den härskande klassen i det här landet är den rikaste och militärt sett den mäktigaste i historien, är den en uppsvälld jätte som i själva verket är på nedgång. Vi *räds* inte de besuttna härskarna, vi föraktar dem. Vi ser fram emot att gå i strid med dem. För vi vet, att innan utsugarna kan tvinga på oss sin slutgiltiga förödelse, kommer arbetarklassen och dess allierade bland bönderna och andra arbetande att få en chans att lösa imperialismens kris till mänsklighetens fördel. Vi säger, må den dagen komma snabbt. Och vi handlar som om vi menar det.

Kommunistiska arbetare i USA tycker om att göra politiskt arbete. Det vill säga, *politiken* och *samarbetet* som möjliggör politiken *intresserar* oss. Vår tilltro till arbetarklassen kommer ur lång erfarenhet och grundar sig på fakta som utvecklar sig framför våra ögon. Det är inte en fråga om tro. Det är inte en ”idé” i huvudet på en individ. Det är ingen ”målsättning” vi ”siktar på”. Och vi har ett särskilt politiskt ansvar att visa detta självförtroende i sättet som vi beter oss på.

Runtom i världen idag, även bland revolutionärer, framställs USA-imperialismen som en praktiskt taget allsmäktig, "hegemonisk" makt i en "enpolig" värld. Vi har skyldighet att klargöra att samtidigt som vi aldrig ger efter en tum för äventyrspolitik som bortser från härskarnas brutalitet och monopol på statsmakten i USA, så kryper vi aldrig för dem heller. Vi ber dem aldrig om vår rätt att vara kommunister. Vi för fram en realistisk uppfattning om vilka de är och vad de är kapabla att göra. Vi förklarar att de fungerar pragmatiskt, utan någon förståelse för det moderna samhällets rörelselagar. De behöver inte vinna, de behöver bara inte förlora. Det finns inga begränsningar när det gäller deras självbedrägeri, och av samma anledning finns det inga begränsningar när det gäller plötsligheten och omfattningen av våldet som de kommer att utlösa när det blir chockerande uppenbart hur fel de har.

Framför allt pekar vi på hur de kapitalistiska härskarna håller på att inom sina egna gränser skapa och koncentrera ett allt större världsproletariat, och hur de arbetande människorna – hur *vi* – kan göra revolution och störta dem.

Vi har ett särskilt ansvar att hjälpa revolutionärt sinnade arbetande människor runt om i världen att förstå att det inte finns *"ett enda"* USA, det finns ingen socialt och politiskt homogen befolkning i Nordamerika med det namnet. "Vi amerikaner" är härskarnas påhitt. Det finns de många tiotals miljonerna arbetare och bönder i USA; vi är en del av ett *"vi"* tillsammans med våra klassbröder och -systrar runtom i världen. Det finns också ett "de": den lilla handfull besuttna familjer i vars intressen USA:s imperialistiska regering handlar hemma och utomlands. Det är ”dem”, deras stat, som ”vi” måste störta för att sätta stopp för imperialismens obevekliga väg mot allt djupare kris, våld, brutalitet och förödelse – mot fascism och världskrig.

Ett proletärt svar på 11 september

Vår rörelse skötte sig bra i september förra året när vi ställdes inför attackerna på World Trade Center och Pentagon och härskarnas accelererande militariseringskampanj och förberedelserna för att pressa tillbaka arbetares rättigheter som följde på dem. Vi talade ut med kraft på själva 11 september i ett uttalande från partiledningen i Martin Koppels namn, Socialist Workers Partys kandidat till borgmästare i New York. Vi inledde samtidigt en kampanj med det uttalandet över hela USA och erbjöd *Militant* och *Perspectiva Mundial* att publicera det på sina webbsidor och i dessa tidningars nästa nummer. Vi förklarade vad som stod på spel och klargjorde de politiska frågorna för medlemmar, supportrar och kontakter till vår rörelse liksom för vem som än var intresserad av att få veta vad kommunisterna hade att säga.

Partiets uttalande träffade helt rätt både till innehåll och ton – och ton kan vara avgörande i arbetarklasspolitik, särskilt vid tillfällen som den 11 september 2001. Attackerna i New York och District of Columbia sa vi, genomfördes som en reaktion på och en imitation av vad USA:s regering hade uppmuntrat under årtionden genom att hävda ”sin ’rätt’ att inleda militära anfall mot andra länder”. Nu skulle härskarna i USA ”ännu mera oförskämt” följa samma inriktning.

Vi uppmärksammade särskilt det faktum att Clintonregeringen under sina sista månader i Vita huset ”*för första gången i USA:s historia* etablerade ett nordamerikanskt kommando – det vill säga den befälsstruktur som krävs för att sätta in USA:s stridskrafter på hemmaplan, i första hand mot arbetande människor i det här landet”. Vi noterade att dessa ”hemlands”-enheter i de väpnade styrkorna kommenderades ut av Bushregeringen tillsammans med olika federala polisenheter ”i sina första militära operationer inom landet”.

”USA:s regering och dess allierade har utfört en systematisk terror för att försvara sina klassprivilegier och intressen hemma och utomlands i över ett sekel” – från blodbaden i Filipinerna och i Karibien och Centralamerika kring år 1900 och under 1900-talets första årtionden, till brandbombningarna av tyska och japanska städer och utplånandet av fler än ett hundra tusen människor med atombomberna över Hiroshima och Nagasaki, från att jämna Korea med marken i början på 1950-talet, till det tio år långa blodbadet i Indokina, ödeläggelsen av Centralamerika och stödet till blodtörstiga tyranner i Sydamerika på 1960- och 1970-talen, från kriget mot det irakiska folket 1990–91 till mordbranden som kostade åttio människoliv i Waco, Texas, i sitt eget land samt mördandet av många fler både hemma och utomlands.

Partiets uttalande återgav ett eko av en varning från 1940 av den kommunistiske ledaren Leo Trotskij. I takt med att den interimperialistiska konflikten som skulle bli andra världskriget obevekligen utvidgades, gav Trotskij ett svar till den sionistiska rörelsens och deras imperialistiska uppbackares växande ansträngningar att fördriva det palestinska folket och upprätta vad som åtta år senare skulle bli den koloniala bosättarstaten Israel. Vad dessa reaktionära styrkor gjorde, sa Trotskij, var att omvandla Palestina till ”en blodig fälla” för judarna. ”Aldrig tidigare har det stått så klart som idag”, skrev han, ”att det judiska folkets räddning är oskiljaktigt sammanbundet med störtandet av det kapitalistiska systemet".[2]

Mer än sextio år senare har Trotskijs prognos inte bara bekräftats, utan farorna är till och med större när högerdemagoger gör som de alltid gör när det är kris – oavsett om Israel existerar eller inte – så länge som det kapitalistiska systemet består. De spyr ut det antisemitiska giftet och judehatet som ett botemedel mot kapitalismens missförhållanden. Partiets svar till 11 september betonade att "USA-imperialismen förvandlar Nordamerika till en dödsfälla för arbetande människor och alla de som lever här". Det gör den "genom sin systematiska superexploatering av folken i Asien, Afrika och Latinamerika, genom sina ständiga förolämpningar av deras nationella och kulturella värdighet", genom sitt oupphörliga samarbete i blodigt våld på oräkneliga olika sätt. Genom kapitalismens själva sätt att fungera i dess imperialistiska stadium.

De härskande i USA utökar sin militära slagkraft, påpekade vi. De förstärker sina positioner hemma och utomlands inför de strider de vet är på väg.

VI FÖLJDE UPP KAMPANJEN med uttalandet mindre än tre veckor senare med ett stort offentligt möte i New York. På det mötet uppmärksammade vi framför allt att härskarna i USA var oförmögna att piska upp det slags fosterländskt gensvar som under en period skulle kunde skrämma arbetande människor att rygga tillbaka från strider genom att vädja till "amerikanerna" att "hjälpas åt allihop". Dagen efter vi samlades gick tiotusentals statsanställda i Minnesota ut i strejk mot arbetsgivarnas försök att skära ned deras löner och sjukvårdsförmåner.

---

2. Leon Trotsky, *On the Jewish Question* (New York, Pathfinder, 1970), s 16.

Arbetarmotståndet stoppades inte av fosterländska rop på samling. Efterverkningarna efter 11 september blev inte ett tillfälle eller en ursäkt för försök att tvinga fram löften om stopp för alla strejker.

Arbetarnas kamp mot Point Blank i södra Florida för att få sin fackförening erkänd, håller på att bli ännu ett exempel. Det faktum att arbetarna där tillverkar skyddsvästar åt polis och militär, hindrade dem inte från att organisera sig och ta kamp för bättre löner och arbetsvillkor. Åtminstone en delegat som annars skulle ha deltagit på kongressen här idag, är i Miami för att ta sin del av ansvaret för fackets organiseringskampanj där.

VERKLIGHETEN I KLASSKAMPEN i USA efter 11 september kom att illustreras på ett härligt sätt vid mötet i New York genom en erfarenhet vi tog upp i början av mötet. Jag berättade historien om hur jag ett par dagar tidigare, tillsammans med en annan ledare i Socialist Workers Party, var på väg till ett möte i centrala Manhattan på vad som råkade vara Mexikos nationaldag. Strax efter vi kom upp från tunnelbanan gick vi förbi en ung latinamerikansk kvinna på gatan som sålde amerikanska flaggor. Hon sa ingenting, hon höll bara upp flaggorna i hopp om att någon skulle köpa en för en dollar. Patriotisk glöd var inte den huvudsakliga drivkraften för de flesta som sålde flaggor och färgade band på gatorna under de här dagarna (eller några andra dagar).

Just i det ögonblicket kom en stor lastbil runt hörnet, prydd av arbetsgivaren med två enorma amerikanska flaggor, en på sidolämmen och den andra fladdrande från hytten. Den unge föraren upptäckte kvinnan, slängde ut sin knutna näve ut genom sidorutan och skrek: ”Viva Zapata!” samtidigt som stora leenden spreds i de bådas ansikten.

Jag är glad att jag var tillsammans med en annan kamrat som kan bekräfta att det verkligen ägde rum! När man väl kommer förbi akademikerna och medelklassen, sitter polityren av småborgerlig hysteri och panik väldigt ytligt.

Arbetarna och bönderna i USA blev plötsligt och våldsamt indragna i världen genom händelserna den 11 september 2001. Innan dess hade härskarna i stort sett lyckats övertyga arbetande människor om att sedan "segern" i kalla kriget, skulle vi aldrig – *aldrig* – åtminstone inom USA:s gränser, tvingas känna på några omedelbara konsekvenser av det blodiga våld och elände som arbetande runt om i världen upplever som ett resultat av kapitalismens inneboende drift mot imperialistiskt herravälde, superexploatering och erövringskrig. Denna illusion började rämna efter 11 september.

Händelserna i New York och Washington DC gav härskarna i USA en förevändning att *skynda på* längs den inriktning de haft de senaste femton åren – sedan det kapitalistiska världssystemets allt djupare kris inleddes med börskraschen 1987 och de stalinistiska regimernas sammanbrott i hela Östeuropa och i Sovjetunionen några år senare.

Men om de fortsätter att skynda på så här för det med sig egna förändringar. Kontrollerade handlingar sätter okontrollerade krafter i rörelse och för således med sig oväntade följder. De imperialistiska världsmakternas *politiska och militära* utveckling har blivit mer nära förbunden med deras *ekonomiska* utveckling – med de destabiliserande chockstötar som ett allt mer våldsamt konkurrensbenäget finanskapital i världen frambringar.

Dessa slutsatser som så vitt jag vet inte delades av någon annan strömning i arbetarrörelsen, är viktiga för delegaterna här att diskutera och besluta om. För allt som nationella kommittén – som ansvarar för att handla i partiets namn mellan kongresserna – har åstadkommit under det senaste året, har utgått från dessa bedömningar och det kommer att göra det i fortsättingen också om den här inriktningen bekräftas här igen.

USA-imperialismens marsch mot krig

Storföretagens press har ägnat mycket uppmärksamhet under de senaste månaderna åt Bushs tal 1 juni [2002] till avgångsklassen på West Point. Talet markerade ytterligare ett steg längs Washingtons marsch mot krig, mot ett aggressivt användande av dess militära styrka, men inte av de skälen som de nickande huvudena på TV babblade om.

Dessa självutnämnda förståsigpåare proklamerar liksom många av deras eftersägare inom "vänstern", att Bush sa något farligt och nytt på militärakademin när han talade om att vara "redo för förebyggande strider när så behövs för att försvara vår frihet och våra liv". Men faktum är att *alla* Washingtons och andra imperialistiska makters militära anfall har varit "förebyggande".

USA:s väpnade styrkor var inte under attack i Korea 1945 när Washington beordrade sina trupper att ockupera södra delen av halvön och dela Korea på mitten, eller, när den oundvikliga följden av det inträffade fem år senare, när de inledde ett blodigt krig som hade som mål att erövra hela landet, även om man inte lyckades. Kuba hotade eller invaderade inte USA 1961, inte heller 1962. Varken anfallet mot Grisbukten i april 1961 av legoknektarna med stöd av USA eller den av USA framprovocerade "missilkrisen" i oktober 1962 var handlingar i "självförsvar". Vietnam vräkte inga vapen över USA:s städer eller landområden för att framprovocera den massiva upptrappningen av USA:s bombanfall och truppinsatser i mitten och slutet på 1960-talet. Dessa handlingar som definierade det ”amerikanska århundradet” var allihop ”förebyggande” angrepp från de härskandes sida i USA, med stöd av både demokraterna och republikanerna.

Detsamma gäller 1900-talets blodiga krig mellan de imperialistiska makterna – första och andra världskriget. Under åren som ledde fram till dessa båda blodbad anstiftade de rivaliserande makterna incidenter och provokationer som de visste oundvikligen skulle ge dem en förevändning att förklara krig för att främja sina nationella intressen.

Åtminstone så tidigt som när president Franklin D. Roosevelt höll sitt tal ”Sätt angriparen i karantän” i oktober 1937, hade den demokratiska regeringen lagt fast en kurs som innebar att bygga upp USA:s militära styrka, för att kunna utmana Japan i Stilla havet, etablera sig som den dominerande imperialistiska makten i Europa och förhoppningsvis få leda underkuvandet och kanske till och med förintandet av den sovjetiska arbetarstaten. Enligt den historia som vi får läsa i skolan och som vi ser i storföretagens dagstidningar och på TV, var det Tokyos ”förebyggande” bombanfall mot Pearl Harbor den 7 december 1941 som drog in USA i andra världskriget. Efter ”Japans oprovocerade och fega anfall” sa Roosevelt till kongressen redan nästa dag, så har ”ett tillstånd av krig infunnit sig mellan USA och det japanska imperiet”.

Något som vanligen och lämpligt nog inte nämns av de allierade makternas apologeter, är Rooseveltregeringens ”förebyggande” åtgärder mot Japan sex månader tidigare när man införde totalt embargo mot japansk oljeimport (tillsammans med ett embargo mot import av skrotmetall och ett frysande av alla japanska tillgångar i USA). Washington visste att denna ekonomiska krigshandling, som hade för avsikt att svälta ut Japan och stoppa industrins hjul där från att snurra, skulle tvinga Japan att svara militärt. De enda överraskningarna var den oväntade djärvheten i anfallet på Pearl Harbor, den japanska flottans räckvidd och ”de små gula” asiatiska piloternas skicklighet och mod.

Men vad som verkligen *var* anmärkningsvärt för klassmedvetna arbetare i Bushs tal i West Point var inte hans uttalanden om ”förebyggande handling”, utan med vilken lätthet han gled fram och tillbaka mellan förslagen att slå till mot ”fiender” hemma och ”fiender” utomlands. ”Vår säkerhet”, sa Bush ”kommer att kräva det bästa underrättelseväsendet för att avslöja hoten som gömmer sig i grottor och som växer i laboratorierna. Vår säkerhet kommer att kräva en modernisering av inhemska myndigheter som FBI så att de är beredda att handla och handla snabbt mot alla faror”.

VIKTIGARE ÄN BUSHS tal i West Point var talet om ”ondskans axelmakter” vid kongressens öppnande fyra månader tidigare – hans tal om tillståndet i landet, det årliga talet till nationen sent i januari 2002. Vi tar de hoten som uttalades i det talet på allvar. Vita huset plockade inte på måfå ut Irak, Iran och Demokratiska Folkrepubliken Korea ur en hatt som ett representativt genomsnitt på Clintons många ”skurkstater”. Och ”ondskans axelmakter” är inte helt enkelt tre förtryckta stater vilkas regeringar härskarna i USA gärna skulle vilja störta. De är tre sådana regeringar som har ekonomisk, ingenjörsmässig och teknisk förmåga att en vacker dag ganska snart kunna placera vapen – även kärnvapen – på ballistiska missiler där räckvidden åtminstone skulle hindra Washington från att ostraffat attackera de länderna. I själva verket är det mest omedelbara syftet med de härskandes kampanj i USA för ett antiballistiskt missilsystem – som inleddes på nytt under Reaganregeringen, återupptogs i slutet av Clintons presidenttid och som nu pressas fram av Bush – att återupprätta Washingtons förmåga att kunna använda sitt massiva kärnvapenförråd för att utöva utpressning mot regeringar som de här i den koloniala världen, men också sådana ”vänner” bland vilka en eller två skulle kunna avslöjas som opålitliga i en framtid som ständigt förändras.[3]

Vi måste agera utifrån den förutsättningen att Pentagons planer på en flerfrontsinvasion och ett krig mot Irak som ”läckte” ut tidigare den här månaden, är de första stegen i förberedelserna av ett omfattande militärt anfall organiserat av USA. Inom några dagar la [den brittiske statsministern Tony] Blair sin tyngd i vågskålen och lovade fullt stöd och deltagande. De ”läckta” dokumenten avslöjade detaljerade planer på att använda förråd för krigsmateriel i Uzbekistan och planer för luft-, sjö- och markoperationer som skulle utgå från baser i Kuwait, Qatar, Bahrain, Turkiet, Diego Garcia och från andra ställen. Det finns stora förhoppningar inom delar av den turkiska bourgeoisien att de i utbyte för sitt samarbete kommer att erbjudas någon lindring av imperialismen från den växande skuldbördan och den ekonomiska kris som griper tag om det landet. Och de härskande i USA kommer att försäkra sig om att deras kungliga högheter i Saudiarabien och Jordanien också kommer med innan man börjar med skjutandet.

---

3. I juli 2004 laddade USA:s regering den första markbaserade antiballistiska missilen i en silo i Alaska, ett projekt som påbörjades under Clintonregeringen. President Bush hyllade installeringen som ”början på det robotförsvarssystem som Ronald Reagan föreställde sig”.

Washington har bestämt sig för att fullfölja det man inte kunde försöka göra inom ramen för alliansen för att ”befria Kuwait” under kriget 1990–91. De härskande i USA har för avsikt att utkämpa ett större krig till slut – och samlar ihop en koalition i enlighet med det syftet. Med ena foten i Tel Aviv och den andra i Bagdad – och nya militära baser norr, öster och söder om Iran – tror de att USA-imperialismen därefter kommer att kunna ta tillbaka lite av det man förlorade när shahen av Iran störtades 1979. Framför allt är Washington förvissad om att man skulle kunna omfördela det militära och politiska inflytandet över regionen till nackdel för rivalerna i Europa och Japan och försäkra sig om herravälde över oljan och andra tillgångar. Omkring 65 procent av världens oljereserver finns i den regionen – och mer än 10 procent i Irak och en fjärdedel bara i Saudiarabien.

USA förstärker sin militära närvaro på andra håll också. Man använde sig av kriget i Afghanistan för att upprätta baser inte bara där utan tvärs över det före detta sovjetiska Centralasien i Uzbekistan, Tadzjikistan och Kirgizistan. Nu i december godkände kongressen det så kallade Andinska initiativet, som bygger på den befintliga ”Colombiaplanen” att utvidga USA:s väpnade styrkors närvaro i Latinamerika under täckmantel av att ”bekämpa knarkhandeln”. De 1 200 militära ”instruktörerna” i Filipinerna som enligt planerna ska slutföra sitt uppdrag inom några dagar, kanske inte visar sig vara annat än en fot i dörren, som antytts i samtalen som redan är igång mellan Washington och Manilla, för att återupprätta USA:s permanenta militära förråd där. Det kommer åtminstone att bli inledningen på ett utökat filippinsk-amerikanskt samarbete i kriget mot ”terrorism” och ”muslimsk extremism” i Stilla havsområdet.

Två processer äger rum ojämnt men parallellt: USA-imperialismens krigsförberedelser utomlands tillsammans med den pågående militariseringen på hemmafronten inför ett väntat växande motstånd från arbetarna och bönderna lite längre fram. Bushregeringen och kongressen rycker fram längs det tvåpartispår som Clintonregeringen och kongressen banade under de föregående åtta åren. Förstärkningen av befälsstrukturen för det så kallade hemlandsförsvaret, centraliseringen av underrättelseverksamheten, användningen av "hemliga bevis", "förebyggande interneringar" och inskränkningar i rätten till förnyad prövning och överklagan, som till att börja med gäller icke-medborgare och fångar, stärkandet av specialstyrkor och terroristbekämpningsstyrkor på federal, delstatlig och lokal nivå – inget av detta inleddes under de sista månaderna 2001.

NORRA KOMMANDOT kommer senare i år att upprättas formellt. Prototypen för detta hemlandskommando upprättades i oktober 1999, med clintonsk Pentagoneufemism benämnd "Joint Task Force Civil Support" [Gemensamma arbetsgruppen för stöd till det civila]. Det genomgår en mindre omvandling nu för att dyka upp 1 oktober som (det mera rumsfeldska) Norra kommandot. Under parollen att bekämpa "terrorismen" kommer detta nya militära kommando att åläggas ansvar för "lag och ordning" vid behov inom USA:s gränser när det finns risk för inre oroligheter.

För närvarande består USA:s militära befälsstruktur av nio Förenade stridskommandon – Europeiska kommandot, Stillahavskommandot, Södra kommandot, Centrala kommandot och så vidare. Befälsordningen går direkt till var och en av dem från USA:s president, via försvarsministern. Det nya Norra kommandot kommer att ha sitt högkvarter på Petersonflygbasen i Colorado och ledas av flyggeneralen Ralph Eberhart, för närvarande befälhavare för USA:s Rymdkommando. NORTHCOM som det kommer att förkortas, kommer att omfatta NORAD – Nordamerikanska luftrumsförsvarskommandot – vars befälhavare i USA genom avtal har den yttersta makten att, utan att behöva rådgöra på förhand, sätta Kungliga kanadensiska flygvapnet under sitt befäl. Då NORTHCOM upprättas inom några månader, kommer Mexico i Washingtons ögon att för första gången hamna under USA:s stridskommandos ansvar.

Om man enkelt adderar siffrorna för ekonomisk avkastning, militärbudget och konventionella och strategiska vapen, så blir USA-imperialismen den starkaste makten i världshistorien, vida överlägsen sina närmaste rivaler på varje område. Men det är en ögonblicksbild lyft ur sin tid liksom sitt politiska och ekonomiska sammanhang och dess utvecklingsriktning. Kursen som vi beskriver här, är en imperialistisk makts kurs som *försvagas* i förhållande till sin förmåga att stabilisera en värld där hundratals miljoner bångstyriga arbetandes liv i de halvkoloniala länderna präglas av en allt mer vild oordning, nöd och sjukdom som produceras av det kapitalistiska världssystemet självt. En imperialistisk makt allt mindre förmögen att handskas med de politiska utmaningar som den inte kan undvika att skapa, eftersom det är en makt som inte kan stabilisera den globala kapitalistiska ekonomin vars följder oupphörligen drabbar arbetarna och bönderna i hela världen. En makt som tvingas bära en oproportionerlig del av bördan att övervaka planeten åt imperialismen i än den ena än den andra krisen som den själv har skapat, från Balkan till varje hörn av den halvkoloniala världen. En makt som inte har nått sina mål i något enda större krig sedan 1945. En makt som nu efter att den ska ha vunnit kalla kriget ”utan att ha avlossat ett enda skott” inte längre är förskonad från att bli angripen på sin egen hemmaplan.

En imperialistisk makt i sin glans' dagar förmår tvinga regimer att följa sina önskningar. Den kan beordra sina ”allierade” att ta itu med saker och ting. Den kan krossa motståndet bland de arbetande i den koloniala världen. Den har de ekonomiska reserverna för att stabilisera sin internationella valuta och statsfinanserna. Sådan är emellertid inte situationen för USA-imperialismen idag och det har i allt mindre grad varit så sedan mitten av 1970-talet. I stället är de åtgärder vi är vittne till en del av nedgången för världens sista imperium, som idag står inför de politiska och ekonomiska konsekvenserna av sin imperialistiska kurs samtidigt som det går in i sin största ekonomiska kris sedan 1930-talet.

Kapitalismen högsta stadium

Vår rörelse kommer att vara bättre rustad att svara på denna politiska utveckling om vi organiserar en vinterskola för att läsa och studera Lenins *Imperialismen som kapitalismens högsta stadium.* Vi kan göra det på samma organiserade, intensiva sätt som vi studerade *Their Trotsky and Ours [Deras Trotskij och vår], History of American Trotskyism [Den amerikanska trotskismens historia]* och *USA-politikens ansikte i förändring* på de socialistiska sommarskolorna under de senaste månaderna. Vi fogar in dessa studier i partimedlemmarnas och de unga socialisternas veckorytm av politiskt arbete och alla andra runt omkring oss som allvarligt överväger att komma med i rörelsen, så att vi gemensamt kan dela och ta till oss samma material.

Lenins beskrivning och förklaring av imperialismen är en grundsten för allt som den kommunistiska rörelsen har gjort under nästan ett århundrade. Och det fortsätter den att vara.

Lenin inriktade sig på att klargöra två frågor:

• För det första presenterade han en konkret och detaljerad förklaring av hur kapitalismen och det den gör blir allt mer parasitärt under den imperialistiska epoken.

• För det andra förkastade han, som en naturlig slutsats utifrån den analysen, varje möjlig form av ”superimperialism” eller ”ultraimperialism” som skulle kunna minska kapitalismens växande motsättningar, dämpa konflikterna mellan de rivaliserande nationella härskande klasserna, mildra klasskampen eller ännu mindre främja världsfreden. I stället insisterade Lenin på att imperialismen öppnade upp ett tidevarv av återkommande kriser, av imperialistiska krig, av inbördeskrig, av krig för kolonialt herravälde, av strider för nationellt oberoende och av proletära revolutioner.

KAPITALISMENS IMPERIALISTISKA stadium präglas av gigantiska monopol och deras växande världsherravälde inom industri, handel och banker. Genom att utgå från vad Marx redan förklarat i *Kapitalet* visade Lenin, att långt ifrån att minska konkurrensen, gör den ökande monopoliseringen att de rivaliserande privatkapitalens blinda mellanhavanden blir allt *mer våldsamma*. Och inför kriserna drar våldet alltmer in styrkor som inte är enbart ekonomiska – från privata gangstergäng och lokala poliser och sheriffer till framför allt, den kapitaliska staten och dess polis, domstolar och väpnade styrkor.

Sammansmältandet av bank- och industrikapital – ”och skapandet, på basen av detta ’finanskapital’, av en finansoligarki” som Lenin formulerar det – ökar bourgeoisiens parasitism. Framför allt ökar det deras beroende av ett mångfaldigande av olika former av skulder i deras hänsynslösa inbördes konkurrens för att tillförsäkra sig om den största andelen mervärde av det som skapas över hela världen av arbetares och bönders, av gruvarbetares och fiskares arbete. Förhållandet mellan låntagare och långivare blir allt mer centralt för den internationella kapitalismens sätt att fungera, i stället för förhållandet mellan köpare och säljare som tidigare var centralt. "Här ligger kärnpunkten i imperialismen och den imperialistiska parasitismen", skriver han.[4] Lenin skulle inte ha blivit förvånad över explosionen under de senaste två årtiondena av fler och fler olika former av skulder, fler och fler varianter av fiktivt kapital: inte bara traditionella banklån och obligationer, utan också så kallade derivat, optioner, paket av inteckningslån och avbetalningslån, swaps (aktieterminsaffärer), repor, obligations- och guldbundna byten och andra alltför talrika för att räknas upp. Han skulle inte ha blivit förvånad över de växande – och vanligen dolda och förnekade – statliga manipulationerna av priser på valutor, skulder, ädla metaller, varor och försäkringar, liksom det kontinuerliga införandet av olika och allt öppnare handelshinder. Allt ovanstående är yttringar av den våldsamma interimperialistiska och mellankapitalistiska konkurrensen, liksom den halvkoloniala utsugningen som den yttrar sig i form av konflikter mellan stater.

Finanskapitalet delar upp och omfördelar världen på olika sätt. Det organiserar om det koloniala systemet

4. Lenin, *Imperialism, The Highest Stage of Capitalism* (New York, Pathfinder, 2002), s 38. I svensk översättning, *Imperialismen som kapitalismens högsta stadium*, (Zenitserien, Stockholm, 1969), s 138–139.

– superexploateringen av bönderna och arbetarna i de ”självständiga” länderna tvärs över Asien, Afrika och Latinamerika – på nya ”neokoloniala” sätt. Det omvandlar banksystemet och de sätt som världshandeln och det internationella finanssystemet fungerar. Det ökar skuldernas helt otroliga storlek och den världsomfattande spekulationens maktmedel nästan bortom all föreställning – och bortom all kontroll.

UPPDELNINGEN AV VÄRLDEN, som Lenin beskrev den, mellan en handfull förtryckarnationer och en stor majoritet av förtryckta nationer – mellan de imperialistiska stormakterna och de koloniala och halvkoloniala länderna – kommer i grund och botten att vara densamma när Washington sjösätter sitt nästkommande militära äventyr, som det var 1898 under det så kallade Spansk-amerikanska kriget, när härskarna i USA erövrade Puerto Rico och Filipinerna och satte sin stövel på det kubanska folkets nacke. Och så kommer det att förbli så länge som kapitalismen behärskar världen.

Den som läser, diskuterar och tar till sig Lenins *Imperialismen* som deltagare i en studiecirkel, kommer att vara bättre rustad att förstå problemet med att använda begreppet ”utveckling” som i ”länder med marknadsekonomi i utveckling”. Han eller hon kommer att vara bättre rustade att förstå varför inte ett enda av dessa länder någonsin har ”utvecklats” till att bli en framstående kapitalistisk makt och inte heller kommer att göra det. Om det som krisen 1997–98 avslöjade om de ”asiatiska tigrarna” – Sydkorea, Taiwan och ett fåtal andra – inte var bevis nog, borde det som hänt i Argentina under det gångna året och just nu håller på att hända i Brasilien att sannerligen bli det.[5] Med undantag av Kina har Brasilien den största ekonomin av alla länderna i den koloniala världen mätt i bruttonationalprodukt. Men med 264 miljarder dollar i skuld till sådana banker i USA och andra länder som Citigroup, JP Morgan Chase och FleetBoston, förblir Brasilien lika fast placerat bland de förtryckta nationerna som för tjugofem, femtio eller ett hundra år sedan. Det gäller även Argentina, som också är en av de största ekonomierna i den koloniala världen – och sett per capita för närvarande mycket förmögnare än Brasilien – och har en skuld på 132 miljarder dollar till banker och obligationsinnehavare, för det mesta i Europa, liksom i Japan och USA. Arbetarna och bönderna i Brasilien och Argentina sugs inte bara ut direkt av de inhemska och utländska kapitalisterna utan hålls också – genom den nationella bourgeoisiens förmedling i dessa länder – nere i skuldslaveri till det internationella finanskapitalet.

Det är i uppror mot de sociala följderna av kapitalismens högsta stadium, av imperialismen, som motståndet växer bland arbetarna och de arbetande på landet, både i själva finanskapitalets centra och i de förtryckta nationerna, som Lenin påpekade. Och dessutom, som han beskrev fyra år senare på Kommunistiska internationalens andra kongress, gör kapitalets inträngande in i fler

---

5. I december 2001 klarade den argentinska regeringen inte av att lösa in 100 miljarder dollar i statsobligationer som till övervägande delen ägdes av kapitalister i Västeuropa. Peson som varit knuten till dollarn släpptes fri och dess värde rasade med 75 %, med förödande konsekvenser för arbetande människor och breda skikt inom medelklassen i Argentina. Under året därpå sjönk den ekonomiska tillväxten med 12 %, arbetslösheten sköt upp till nästan 25 % och inflationen nådde 40 %. Den argentinska krisen sände chockvågor över hela regionen.

och fler delar av jordklotet att det för första gången blir möjligt för arbetarrörelsen att verkligen bli internationell till sin sammansättning och utbredning.[6] Detta är sant även i de ekonomiskt minst utvecklade delarna av världen, påpekade Lenin. När kämparna för nationell befrielse såg sina gemensamma intressen med arbetarna och bönderna som hade erövrat makten i Sovjetryssland – liksom sina gemensamma klassfiender – skulle utsikterna växa för att utveckla ledarskap som skulle slåss för revolutionära folkliga diktaturer, för regeringar grundade på de förtrycktas och utsugna arbetandes sovjeter. Detta hade blivit ett realistiskt världsperspektiv. Genom att inse detta förutsåg Komintern med mer än ett halvt sekel en Tomas Sankara i Burkina Faso, en Maurice Bishop i Grenada. På sätt och vis förutsåg man också en Malcolm X som skulle utvecklas mot revolutionär socialism ur de proletära leden av den kämpande svarta nationaliteten i USA. Och som skulle framträda med kaliber och ställning av en ledare för hela världen.

Ultra-imperialism?

Vi behöver också diskutera och ta till oss den andra viktiga sidan av Lenins *Imperialismen*: polemiken mot den centristiska tyska ledaren Karl Kautskys påståenden om

---

6. I sin inledande rapport till Kommunistiska internationalens andra kongress sa Lenin att kongressen ”förtjänar att kallas världskongress” eftersom ”vi här har åtskilliga representanter för den revolutionära rörelsen i de koloniala, efterblivna länderna. Detta är bara en liten början, men redan det att denna början har gjorts är viktigt”. Lenin: ”Report on the World Political Situation and the Basic Tasks of the Communist International”, i *Workers of the World and Oppressed Peoples, Unite!*, vol 1 s 144. Finns också i Lenin, *Collected Works*, vol 31 s 232. På svenska i Lenin, *Valda verk i tio band*, band 10 s 71.

att en trend mot det som Kautsky kallar ultra-imperialism höll på att befästas. Detta var ingen "teori" eller någon "idé". Det var en *rationalisering* av den politiska inriktning som hade lett Kautsky och många andra ledare för Andra internationalen bort från marxismen och, i själva verket, till en försoning med "deras egna" borgarklasser – konkretiserad som en fruktansvärd verklighet under första världskrigets interimperialistiska blodbad och följderna av det. Det var och förblir en fråga som inte bara handlar om logik utan om kurage, om politisk ryggrad – det vill säga om klassinriktning.

Kautsky och de andra centristiska ledarna ifrågasatte inte de grundläggande fakta som Lenin hade lagt fram när det gäller monopolens, finanskapitalets, växande herravälde. Snarare förnekade de att denna utveckling ökade kapitalismens benägenhet att ta till våld över hela världen, och att den skapade förutsättningar för att de arbetande skulle kunna störta den, ledda av en proletär förtrupp. I själva verket, sa centristerna, skapade denna utveckling förutsättningar för utvecklingen av en stabil världsordning, som grundade sig på att de största kapitalistiska makternas intressen skulle närma sig varandra, vilket i sin tur skulle överbrygga motsättningarna och konflikterna och under tidens lopp kunna lägga grunden för fred på jorden.

Det är bara en kort steg från en sådan "analys", sa Lenin, till att börja dyrka finanskapitalets altare och dess illusion av allsmäktighet. Centrister kan vara mycket kritiska mot det de kallar "ultraimperialism" och dess giriga och rentav ondskefulla handlingar. De kan ta till mycket hårda ord mot den. Icke desto mindre tillskriver de kapitalismen en *makt* som den inte besitter – de förskönar den med fetischer som får den att framstå som mer och mer oövervinnelig. Mycket av talet vi hört de senaste åren om

”globalisering” och ”övernationella” institutioner som ersätter de nationella staterna, är helt enkelt en uppfräschning av Kautskys rationaliseringar som Lenin kritiserade sönder i *Imperialismen* och i andra texter.

I en eller annan form blev denna tanke parollen som den småborgerliga oppositionen i Socialist Workers Party samlades bakom, när de alldeles innan andra världskriget backade från arbetarklassen och den proletära internationalismen under tryck från det överhängande imperialistiska blodbadet. Slå upp *Till marxismens försvar* av Leo Trotskij och *Kampen för ett proletärt parti* av James P Cannon och läs vad dessa kommunistiska ledare hade att säga om ”teorin” om den byråkratiska kollektivismen under striden mot oppositionen som leddes av James Burnham och Max Shachtman 1930–40. Tillsammans med Lenins *Imperialismen*, förblir denna polemik av Trotskij och Cannon våra historiska referenspunkter i de här frågorna. Även om dessa avhoppare från marxismen backade tillbaka från klasskampen, fortsatte de ofta under en tid att skriva om, beklaga sig över och lyfta fram kapitalismens och dess industris och jordbruks brister och moraliska ondska – och de lade på det sättet fram argument efter argument för att det är meningslöst för arbetarklassen att försöka att göra något åt det hela – något revolutionärt vill säga. Något som skulle kunna leda till en arbetar- och bonderegering, till proletariatets diktatur.

Idag gör Noam Chomsky – som betecknar sig som anarkist – samma sak. Det är därför hans radikalism inte är något hot mot makthavarna. Och därför finns det ett arbetarfientligt gift i hans radikala medicin, särskilt riktat mot arbetarklassen i USA.

Varje ansats till den förmodade upplösningen av nationsgränserna mellan de stora imperialistiska makterna under vårt tidevarv är och förblir en illusion. Handelskrigen mellan dessa makter – som bland annat yttrar sig i kredit- och valutakonflikter – kan inte och kommer inte att kunna överkommas. Varje skenbar framgång i att förhindra krisen försenar och ökar omfattningen i nästa omgång, allt medan motsättningarna skärps.

Konkurrera eller dö

Obevekligen drivna av nödvändigheten att konkurrera eller dö, agerar kapitalisterna utan undantag pragmatiskt – utifrån att vad som *har* hänt *kommer att fortsätta* hända. De försöker maximera vinsterna genom att gå dit där de största avkastningarna finns för tillfället. Ju mera de blåser upp krediterna för att kunna korta ner kapitalets omloppstid för att kunna skörda massiva vinster, ju mer framgångsrik någon enskild kapitalist förefaller vara – desto mera borgar de för en katastrof när den uppochnervända pyramiden blir skakigare och skakigare och trenderna börjar ta ut varandra för att till slut kastas om. Det är då allt prat om ”nya ekonomier”, ”slutet för cyklerna”, även ”historiens slut” förvandlas till aska i munnen på dem. Det är alltid ”annorlunda den här gången”. Och alltid detsamma.

Finanskapitalets förmögna familjer och kretsen av administratörer, politiker, tekniker, akademiker och högutbildade i deras tjänst – den ”intellektuella eliten” – är idag oförmögna att förstå vad som händer med det berg av värdepapper som de har samlat på hög under de senaste två årtiondena. Det som fungerade så underbart väl under de åren för de välförsedda, det som verkade vara gratis pengar, är idag uppblåsta skuldbubblor som – allteftersom de överlappar och förstärker varandra och innan de sjunkande börsvärdena ens är i närheten av att nå botten på hela sitt långa fall – kommer att få stora banker, mäklarfirmor, försäkringsbolag, pensions- och sjukvårdsfonder och industriella och kommersiella aktiebolag på fall.

För första gången sen inledningen av det depressionspräglade, krigspräglade 1930-talet, pekar alla bevisen i de utvecklade kapitalistiska länderna på inledningen på något mer än en djup, internationell lågkonjunktur liknande 1974–75, 1980–81 eller 1990–1991. Vi ser symptom på en skuldtyngd deflationistisk dödhet som bara trögt svarar på monetära eller statsfinansiella påstötningar som under en normal handelscykel skulle ha skyndat på en uppgång. Kort sagt, vi befinner oss i inledningen på vad kommer att bli allmänt vedertaget som en världsomfattande depression.

Närhelst den sammanlagda profitkvoten står under sådan press, kommer varje kapitalist att skärpa konkurrensen för att kunna kamma åt sig största möjliga andel av den rikedom, det mervärde som producerats genom arbetarnas och böndernas arbete. Och det är de största bankerna – Citibank, J.P. Morgan Chase, Bank of America och några till – som ger de största lånen. I bankernas redovisningar upptas dessa lån som tillgångar, eftersom de garanterar en stadig ström av ränteinbetalningar *så länge låntagarna kan betala.* Men så snart bankrutterna och inställelserna av betalningarna börjar torna upp sig, blir det också de största bankerna, försäkringsföretagen och mäklarna som kommer att ta emot de största slagen. Och när dessa institutioner börjar rämna – de som av institutionerna på Wall Street rankas som de mest "solida" och "tillförlitliga" – det är då en finansiell katastrof börjar nalkas.

Låt oss säga till exempel att ni eller någon annan arbetare erbjöds att leasa en bil till mindre än en procents ränta. Inte bara det, utan företaget låter er sälja bilen och använda pengarna – så länge som ni accepterar att lämna tillbaka en bil med jämförbart värde den dagen långivaren önskar ta tillbaka sitt lån. Dessutom, om nu bilpriserna skulle börja stiga – och långivaren skulle bli orolig över att ni inte skulle få råd att köpa en bil för att återlämna den – då skulle leasingbolaget faktiskt agera i det fördolda för att hålla bilpriserna nere på marknaden! Så ni skulle kunna köpa en bil för mindre än det ni sålde den motsvarande, lämna tillbaka den till leasingbolaget och gå därifrån med ett snyggt överskott. Och leasingbolaget skulle få tillbaka sin bil, okörd, plus en procents ränta.

Ganska bra affär eller hur? Men arbetarna har naturligtvis inte några sådana möjligheter. Vi tillhör fel klass.

MEN DET HAR bankjättarna. Och så har det fungerat under det gångna årtiondet, fram till för cirka ett år sedan, när det började att *inte* fungera så bra. Hur går det till?

Centralbankerna som förvaltar stora mängder guld, lånar ut det till en handfull av de största handels- och investeringsbankerna och försäkringsbolagen till en nominell ränta – vanligtvis omkring en procent. Dessa finansinstitut säljer antingen guldet med detsamma för att sedan investera pengarna i obligationer eller så lånar de ut det mot en mindre summa till någon annan. Världens största banker skapar sedan en marknad för vad som kallas guldderivat – en högtravande term för vadslagning om det framtida guldpriset (deras vad är att priset i sämsta fall kommer att stå stilla) – och så manipulerar de marknaden för att hjälpa till att hålla priserna nere. Så när tiden är inne att lämna tillbaka guldet till långivaren, köper de låntagande institutionerna tillbaka det till ett lägre pris, lägger mellanskillnaden i fickan och lämnar tillbaka guldet.

Detta är underbart för ”guldbankerna”, som de kallas – så länge kapitalismen är på uppgång, börsvärdena skjuter i höjden, realräntan är relativt hög och inte alltför många välförsedda institutioner eller förmögna individer runt om i världen är intresserade av att köpa guld. Men när allt detta börjar gå bakåt, börjar efterfrågan på guld öka och priset börjar lirka sig uppåt. Alla dessa utestående vad om att priset på guld ska sjunka – som uppgår till tiotals miljarder dollar – ser inte så bra ut längre. Derivaten blir tidsinställda bomber. Bankerna befinner sig i en allt snävare klämma. Och de kommer att slåss för att undvika de destabiliserande följderna av våldsamma svängningar *inte bara för guldpriserna utan också för alla de viktigaste varorna och priserna på de viktigaste valutorna i den imperialistiska världen.*

Vad mera är, själva insatserna i vaden om guldpriserna är bara en liten andel av alla utestående vad – om låneräntans riktning, om dollarns och andra valutors värden, om priserna på aktier och varor och många andra. Det nominella värdet på dessa vad i hela världen – dessa derivat – har mer än fördubblats mellan 1995 och 2001, till en summa av omkring 120 *biljoner* dollar. Och i USA innehas 60 % av derivaten av endast fem finansinstitutioner, där J.P. Morgan Chase har den största andelen – omkring 25 biljoner dollar – följt av Bank of America och Citigroup.[7] Så, alltefter som riktningen på låneräntorna, dollarn, aktier, guld och andra varor under de se-

---

7. Mot slutet av 2003 hade derivatens nominella värde i världen nått nästan 200 biljoner dollar, där mer än en tredjedel ägdes av USA-banker. Vid slutet av första kvartalet 2004, hade de fem största innehavarna bland USA:s banker 94 % av dessa derivat i USA, där enbart J.P. Morgan Chase hade strax över 50 % (nästan 40 biljoner dollar).

naste två årtionden började växla snabbt i värde, började dessa långsiktiga vad att bli skakiga. Det är lite som om den ohotade favoriten skulle bryta benet, halvvägs genom Kentuckyderbyt, när alla insatser redan gjorts. Så mycket var det "säkra" värt – igen.

Det är viktigt att komma ihåg att vi känner till så pass mycket om kreditriskerna hos banker som J.P. Morgan Chase och Citibank, eftersom de enligt lagen är "handelsbanker" som måste redovisa en hel del information offentligt till den federala regeringen. Hos de stora "investeringsbankerna", sådana som Goldman Sachs, Merrill Lynch, Deutsche Bank eller Crédit Suisse First Boston däremot, kan skuldbördan mycket väl vara ungefär densamma, även om den offentliga kunskapen om detta är mycket mindre.

ÅR 1933, UNDER depressionen, antog USA:s kongress en lag, den så kallade Glass-Steagallagen. Den var en del av härskarnas ansträngningar i USA att stabilisera och rädda det kapitalistiska systemet. Med den reformen antogs bankerna delas upp i "handelsbanker" – det vill säga verksamheten med check- och sparkonton, liksom med intecknings- och affärslån – till skillnad från "investeringsbanker" – det vill säga de som agerade som mellanhand för de stora bolagen för att kränga deras aktier och obligationer. Handelsbankerna förutsätts få det mesta av sina vinster från ränteinbetalningar på företags-, bostads- och privatlån, med uppbackning från bankens goda utdelning på sparinsättningarna. Investeringsbankerna förutsätts å andra sidan växa sig förmögna på de avgifter de tar ut för att förmedla affärer åt storföretagen, inklusive sitt eget deltagande i dessa affärer. Glass-Steagallagen förutsätter att ingen bank deltar i båda de här slags

Derivat ägda av affärsbanker i USA (1992–2004)

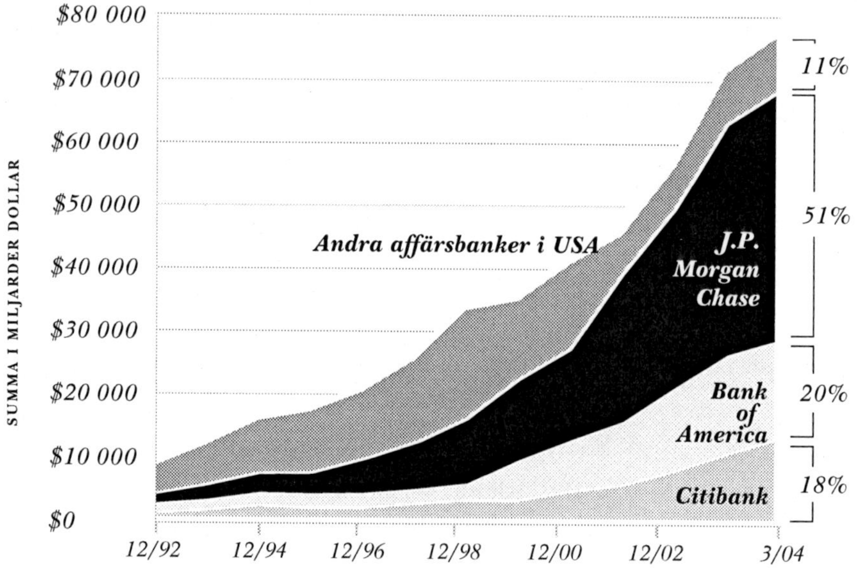

KÄLLA: FEDERAL DEPOSIT INSURANCE CORPORATION

aktiviteterna, som för med sig motstridiga förpliktelser och intressekonflikter. Detta antogs kunna stävja bankmännens frestelse att ösa in alla pengar som banken har till sitt förfogande – även arbetarnas och medelklassens löne- och sparkonton – i osunda lån till bolag de hade intressen i (till exempel Enron eller World Com idag) eller i högriskfyllda "finansiella produkter" (av vilka det finns många, många fler avarter i början av tjugohundratalet än man kunde drömma om 1933).

Under årens lopp fann bankerna fler och fler sätt att kringgå begränsningarna i Glass-Steagallagen. Och 1995 – på initiativ av Clintonregeringen och dess finansminister, den liberala demokraten och ömkande obligationshandlaren på Wall Street, Robert Rubin – avskaffades lagen helt och hållet. Så öppnades dammluckorna ännu mer.

Skuldpyramiden börjar vackla

När den jättestora skuldpyramiden till slut börjar rasa, kommer en del av världens största finansinstitutioner – banker, aktiefonder, försäkringsbolag, pensionsfonder – att stå på förlorarnas sida. Kollapsen och skuldnedskrivningen kommer förr eller senare att fälla långivarna. Den framvältrande kollapsen av ett antal av dessa gigantiska institutioner kan komma att lamslå det internationella finansväsendet. Och den "klokaste" centralbank i världen kommer att vara hjälplös – i bästa fall – eller i panik försämra och utvidga den globala krisen.

Det här är inte komplicerat: när någon av oss hör talas om de gigantiska derivataffärer som vi diskuterat här, bör vi alltid komma ihåg att dessa överenskommelser har två sidor och när ena sidan tjänar pengar, förlorar den andra – och ibland ett mycket större belopp.

"Långsidan" – de som slår vad om de ökande priserna på ett värdepapper eller en vara, som har betalt för op-

Hushållens skulder i USA (1976–2004)

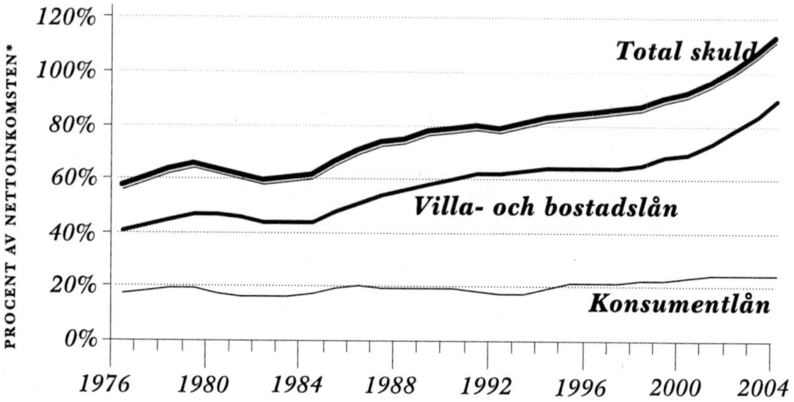

KÄLLA: BUREAU OF ECONOMIC ANALYSES AND FEDERAL RESERVE BOARD

Hushållens återbetalningar av skulder i USA (1980–2004)

Betalningar på bostads- och konsumentlån

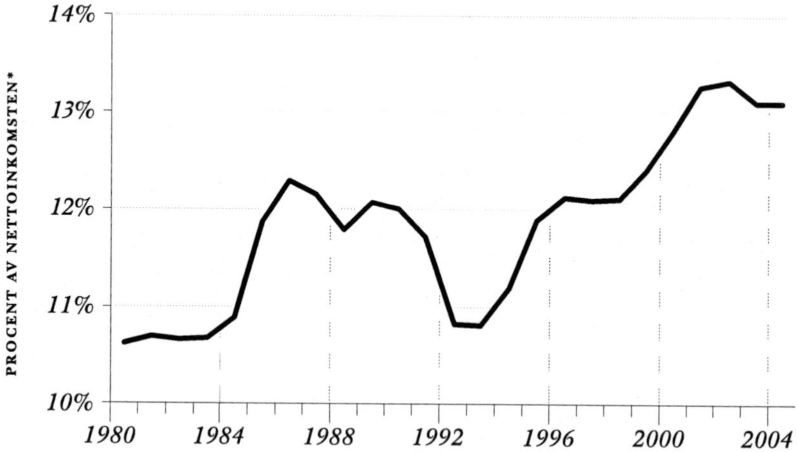

**Nettoinkomst definieras av USA:s regering som den enskildes inkomst minus skatter, avgifter och böter.*

KÄLLA: FEDERAL RESERVE BOARD

tionen att få köpa en viss mängd till ett visst pris på ett särskilt datum – kan förlora allt de har ”investerat” om priserna faller, men bara så mycket; det finns en på förhand känd gräns för förlusten.

Men riskerna är mycket större för dem på ”kortsidan”, de som tar gigantiska lån från bankerna (lånar ”på marginalen” som det kallas på Wall Street) för att täcka sina åtaganden till motparten i transaktionerna. Om vadet börjar gå dåligt – om börspriserna, räntorna, valutorna eller varupriserna börjar röra sig i riktning på tvärs mot den antagna – kan förlusterna bli praktiskt taget oändliga när bankerna börjar dra in sina lån (ropa in ”marginalen”).

Denna typ av ”naket” vad eller vad ”utan täckning” är en del av kapitalets psykologi under en uppgång, när tillförsikten är nära nog fullkomlig i att priserna för de flesta värdepapper ”säkert som gatan” bara kan gå uppåt eller att låneräntorna och priserna för de flesta varorna (inbegripet guld och olja) bara kan gå nedåt. Men när räntorna och priserna ”oväntat” ändrar riktning, så kommer hävstången av lån utan täckning – hopandet av lån till en hela tiden ökande kvot i förhållande till det underliggande kapitalet – att få pyramiden att börja vackla. Medan de kan ger bankerna enorma krediter för att hjälpa försäkringsbolagen, mäklarhusen, hedgefonderna, pensionsfonderna, aktiefonderna, de hårt skuldsatta guldproducenterna och andra finansiella institutioner att ”handla sig ut” ur krisen. Vid en viss tidpunkt börjar dessa stora institutioner att missa sina skuldåterbetalningar och i det värsta scenariot – som har inträffat mer än en gång i historien – börjar de dra ner bankerna själva med katastrofala följder.

När börsen började gå ner år 2000 försökte många finanstidningar och kommentatorer till att börja med förklara bort det hela som en liten flyktig nedgång i teknikaktierna. ”Bekymra er inte” sa de till oss. ”Här kommer det aldrig att bli lika skakigt som i Japan. Japan har en jättebubbla i fastigheter och banker. I USA gäller det bara datorer, e-handelsbolag och liknande.”

Men sådant prat är värre än önsketänkande. Det är visserligen sant att aktievärdena för många så kallade högteknologibolag – e-handelsbolag på internet, telekombolag som WorldCom och Global Crossing och många andra – åkte raket upp i skyn under slutet på 1990-talet, till nivåer fullständigt utom all proportion i förhållande till deras tillgångar, inkomster, vinster eller utsikter. Många fler datorer och datortillbehör tillverkades än som behövdes av företagen eller kunde säljas till priser som privatpersoner eller bolag hade råd med eller var villiga att betala. Det fanns en enorm överkapacitet som det kommer att ta åratal av ekonomisk tillväxt att komma till rätta med, allteftersom fabriker läggs ner, produktionsutrustning skrotas, kapitalvaror sjunker i värde, lagren skrivs ner – och priserna fortsätter att falla. Mindre än tre procent av de 65 miljoner kilometer fiberoptisk kabel som grävdes ner under förra årtiondet i USA används till exempel för närvarande![8]

Men det är inte högteknologimanin, de många konkurserna eller gigantiska redovisningssvindlerier, som WorldCom eller Enron som har orsakat den nuvarande kapitalistiska krisen. Det är enbart avledande symptom på den jättelika skuldbubblan som byggts upp under näs-

8. Enligt telegeography.com, som publicerar *International Bandwidth 2004*, ”plågar överkapaciteten fortfarande branschen”. I slutet av 2003, säger de, ”används bara 3–5 procent av den uppgraderingsbara kapaciteten” i de fiberoptiska kablarna på sjöbotten och under jord i Europa och USA.

tan två decennier av finanskapitalet, för att motverka den växande globala överproduktionen och pressen neråt på profitkvoten. Världskapitalismens största sårbarhet har ingenting att göra med vad WorldCom eller Enron är värda idag. Skuldbubblan ligger i de respektabla ”gamla förmögna” institutionerna. Den verkliga frågan är: Vad är Goldman Sachs värd? Eller J.P. Morgan Chase? Eller Citibank? Vilken bärkraft har de banker och finansinstitut som utfärdade lånen, till och med de som ”omsatte” – det som Wall Street kallar ”säkrade” – alla era kreditkortsskulder? (Tro mig, bröder och systrar! För dem räknas era kreditkortsskulder som tillgångar!) Hur sunda är de banker som stod bakom alla olika former av fiktivt kapital som lät ägarna av många bolag raka in profiter från hela världen, helt utom alla proportioner i förhållande till varje varaktigt utvidgande av socialt nödvändig produktionskapacitet?

MED RISK ATT FÖRENKLA för mycket skulle man kunna uttrycka det så här: När Microsofts aktier sjunker i värde, blir några människor i staten Washington ledsna. När Apples aktier sjunker, blir en annan grupp människor i Kalifornien ledsna. När IBM:s aktier sjunker, blir några människor i New York ledsna. När Enron går under, blir ett stort antal människor i Texas ledsna. Och gamla Mississippi gråter för WorldCom. Men när J.P. Morgan Chases aktier rasar, är det de ledande finansfamiljerna för USA:s finanskapital som bävar.

Det var därför världskapitalismen skakades av finanskrisen i Asien och de uteblivna återbetalningarna på lånen i Ryssland 1997–98. Därför bekymrar sig finanskapitalet just nu över hur de ska få Argentina och Brasilien att säkert betala av på sina jättelån till banker sådana som J.P. Morgan och Citibank. Morgan var tvungen att avskriva dåliga lån i Argentina till ett värde av 350 miljoner dollar under 2001 och de har över två miljarder dollar i osäkra lån i Brasilien idag.

Den mest felaktigt benämnda institutionen i världen måste vara ”Long-Term Capital Management” [LTCM, Långsiktiga kapitalförvaltningen]. Det var en jättestor hedgefond i USA – en sorts exklusiv, oreglerad, ömsesidig fond för de mycket rika. Under 1998 gick LTCM med tiggarskålen till tjänstemännen på Federal Reserve Bank och sa att man stod inför stora förluster på sina ”investeringar” – det var i själva verket vadslagning i derivat. (Försök själva att gå och knacka på Feds dörr och säg att *ni* har satsat allt ni kunde tigga ihop, låna eller stjäla på för många säkra saker och att ni därför har hamnat i svår knipa. Få se om de löser ut er – eller om era nära och kära får punga ut med borgenssumman.) LTCM hade handlat i vad om hur räntor, valutavärden och möjligen guld – derivat, än en gång – skulle ändras minut för minut till belopp som uppgick till omkring 1,25 biljoner dollar och som plötsligt låg väldigt illa till. Så de kunde inte betala sina lån till många av världens största banker. (Det var där som skon klämde, givetvis. Tjänstemännen på Federal Reserve struntade väl i LTCM.)

PRECIS ÅRET INNAN för resten, hade två av de tongivande grundarna av ”Long-Term Capital Management” som snabbt döptes om till Short-Term Speculative Plunging [Kortsiktiga spekulationsdykningen], fått Nobelpriset i ekonomi för att ha utvecklat en matematisk formel som visade hur man skulle minska risken på derivatmarknaderna! När en av de här pristagarna senare tänkte tillbaka på fondens sammanbrott, anmärkte han att ”Logiskt sett fanns det ingen risk – om världen hade betett sig som den gjort tidigare". Strålande! Så mycket för den matematiska "säkerheten" – och Nobelpristagare! Dummare än tåget! Och girigare än Joakim von Anka.

Chefen på Federal Reserves New York-kontor ingrep i september det året och organiserade så att ett femtontal stora banker och mäklarhus – de flesta från Wall Street, men även från London och Paris – samlade in 3,5 miljarder dollar för att rädda LTCM. Chefen för Federal Reserve Alan Greenspan sa senare att han inte tyckte det var så klokt för en avdelning av USA:s centralbank att intervenera så öppet, men hans egen uppskattning av situationen kan knappast ha lugnat den kapitalistklass han tjänar särskilt mycket. Greenspan sa att han trodde att "sannolikheten att LTCM:s sammanbrott skulle ha rivit upp hela världens finansiella system var betydligt mindre än 50 procent". Hela världens finansiella system! Bara för några dagar sedan berättade Greenspan för kongressen att "en smittsam girighet föreföll ha drabbat stora delar av affärsvärlden". Det är svårt att inte hålla med om det, förutom att det bara gäller "stora delar" och dåtiden i "föreföll". I motsats till Greenspans salvelsefulla tillrättavisning däremot, är girigheten under kapitalismen inget karaktärsfel, än mindre en främmande inställning i affärslivet. Efter årtionden av altartjänst hos Ayn Rand vet ordföranden för Federal Reserve bättre än så. Girighet är något medfött i den kapitalistiska konkurrensen. Kapitalismen är sannerligen präglad av djungeln lag, som den kubanske presidenten Fidel Castro ofta säger. Det är själva drivkraften i marknadsförhållandena. Det är grunden för borgerlighetens värderingar och det förakt för mänsklig solidaritet som de så bekymmerslöst ger prov på. Deras "familjevärden" begränsar sig till Amerikas sextio familjer.

Bubblan som ännu inte har drabbats i USA är fastighetsbubblan; den kommer också att spricka. Det behöver inte börja med ett sammanbrott på fastighetsmarknaden som i Japan, där kommersiella fastighetspriser har sjunkit med mer än 80 procent det senaste årtiondet. Även priserna på bostäder har sjunkit, om än i mindre grad. Men de av er som läser lokaltidningarna där ni bor, vet hur bostadspriserna har skjutit i höjden de senaste fem åren eller mer. En del av anledningen till att pappersvärdena på bostäder har blåsts upp, är de inteckningslån på sina hem som arbetare och medelklassen har tagit – inte så mycket för att köpa hus utan mer för att öka skuldsättningen för att täcka andra utgifter. Sedan 1995 har bostadspriserna ökat mycket mer – 30 procent mer – än inflationen, medan belåningsgraden av dessa bostäder står på sin högsta nivå sedan andra världskriget – eller med andra ord att den andel av bostadens aktuella marknadsvärde som faktiskt har betalats av till banken eller finansieringsbolaget är lägre än någonsin sedan dess.[9] Även en tio-procentig nedgång i huspriserna skulle radera ut mer en biljon dollar i tillgångar i motsvarande pappersvärden på bostäder. Det har redan skett en ökning av bankernas exproprieringar av familjer som inte har klarat av amorteringarna.

När värdet på bostäder rasar, riskerar dessutom alla andra skulder som arbetare och medelklassen har att bli

---

9. I mitten av 2004 blåstes fastighetsbubblan fortfarande upp, trots stigande räntor. Bostadspriserna hade ökat 40 procent mer än den genomsnittliga inflationen under de föregående åtta åren. Under drygt tre år, fram till och med maj 2004, fördubblades inteckningslånen på bostäder till 326 miljarder dollar. Villaägarnas belåningsgrad på sina hus ligger på sin högsta nivå någonsin och hade ökat till 45 percent av bostadens marknadsvärde vid mitten av 2004 från låga 16 procent 1945; medelvärdet under dessa sex årtionden var 33 procent.

ännu mer ruinerande, eftersom det också blir svårare att låna med bostaden som säkerhet. Den genomsnittliga enskilda skuldbördan för hushållen ligger redan på en rekordhög nivå.[10]

När det går hål på fastighetsbubblan kommer det att få avgörande konsekvenser för hela det finansiella systemet. Bankerna och andra långivare kommer att omfördela de lån de har givit, paketera om dem i enlighet med deras risker för att därefter sälja dem till de stora, regeringsuppbackade finansinstituten, sådana som Federal National Mortgage Association [Federala nationella inteckningsföreningen] och Federal Home Loan Mortgage Corporation [Federala samfundet för inteckningslån på bostäder] – allmänt kända under sina ”tävlingsnamn” Fannie Mae och Freddie Mac. Tillsammans kontrollerar de omkring 40 procent av marknaden för inteckningslån på bostäder – cirka 3 biljoner dollar i lån – så ett sammanbrott för fastighetsbubblan är ytterliggare ett hot som hänger över USA:s banksystem.[11]

FANNIE MAE och Freddie Mac har själva stora mängder riskfyllda räntederivat. Och ingen vet hur riskfyllda de är! Det beror inte på bristande information, utan på

10. Vid utgången av 2003 hade hushållens skuldsättning ökat till 83 procent av USA:s bruttonationalprodukt (BNP) från 70 procent 1999. Mer än 13 procent av hushållens inkomster gick till att betala räntor och amorteringar på lånen. Under det sammanlagda trycket av inteckningar och andra privata skulder, ansökte 1,6 miljoner individer i USA om personlig konkurs 2003, nästan dubbelt så många som tio år tidigare.

11. I början av 2004 hade de två institutionernas andel av alla utfärdade bostadslån i USA (7,8 biljoner) ökat till 50 procent.

att så mycket av deras innehav är "korta" derivat – med möjliga förluster som vi noterade tidigare, som inte har något förutbestämt tak.[12]

Den allt snabbare utvecklingen av den kapitalistiska världskrisen idag medför att de ekonomiska konflikterna mellan de rivaliserande imperialistiska makterna ökar. Efter ett tag kan de utvecklas till katastrofala handels- och valutakrig, inte bara sådana protektionistiska förpostfäktningar som vi i växande grad har blivit vana vid de senaste tjugofem åren. Och på samma sätt som i början av trettiotalsdepressionen, kan den globala handeln minska snabbt, något som skyndar på ödeläggelsen av produktionen, jobben, produktiviteten och lönerna, inte bara i USA utan över hela världen.

Genom att framställa sig som försvarare av "frihandeln", åstadkommer USA:s imperialistiska regering förödelse för de arbetande i Afrika, Latinamerika och Asien genom att klippa till med handelshinder både i form av tullar och alla andra slag mot textilier, skor och jordbruksprodukter, som socker, bomull, frukt, grönsaker

---

12. I början av 2003 avslöjades det att Fannie Mae hade sopat 7 miljarder dollar i förluster på derivat år 2003 och 12,1 miljarder dollar år 2002 under mattan. Samma år avslöjades det att Freddie Mac hade använt derivat mellan åren 2000 och 2002 för att försköna sina räkenskaper. Ingen i ledningen hamnade i fängelse. Men försök inte göra som de! I september 2004 kunde inte det federala organet som hade som uppgift att "övervaka" Fannie Mae göra annat än utfärda en rapport som bekräftade de växande bevisen på att ledningen manipulerade den ekonomiska redovisningen för att få sina inkomster att framstå som goda, få derivatinnehaven att se mindre riskfyllda ut och – självklart – rättfärdiga enorma bonusutbetalningar till sina direktörer. Två veckor senare inledde en underkommitté i representanthuset sina offentliga förhör. Fortsättning följer.

med mera. Washingtons jordbrukslag från 2002 – en jättestor gåva till de kapitalistiska jordbrukarna – är den senaste dolken i magen på miljarder runt om i världen som nätt och jämnt kan dra sig fram på sina mindre än 2 dollar om dagen. Detta kommer utöver stål- och trätullarna som USA:s regering införde i år.

För härskarna i USA är svälten över hela Afrika ett lågt pris för att öka vinsterna för ett litet antal "guldbanker" som J.P. Morgan Chase och förmögna bönder och jordbruksmonopol som Cargill och Archer Daniels Midland. En av de mest oförtjänta grymheterna nyligen var sannerligen turnén i maj med USA:s finansminister Paul O'Neill och rockstjärnan Bono tvärs över Afrika söder om Sahara. I ett område som redan har en så mager andel av världshandeln och där kapitalismens lagbundna sätt att fungera har skurit ned den med två tredjedelar under de senaste tjugo åren – *till 2 procent* – där stövlade en av de främsta talesmännen för finanskapitalet i det rikaste landet på jorden runt på kontinenten och sa hur upprörd han var över dödsfall på grund av hunger, förgiftat vatten, AIDS och andra smittosamma sjukdomar och hötte med fingret åt afrikanska regeringars "korruption" och "vanskötsel". Men det är O'Neills klass som är arkitekterna bakom denna förödelse! De är arkitekterna av vad som i själva verket är massmord!

Imperialismen är ingen 'politik'

Lenin sa att en av Kautskys mest centrala illusioner var att imperialismen var en "politik, nämligen en bestämd politik som finanskapitalet 'föredrar'" [13], snarare än den oundvikliga produkten av utvecklingen i början av det

---

13. Lenin, *Imperialism, the Highest Stage of Capitalism*, s 34. På svenska i *Imperialismen som kapitalismens högsta stadium*, s 128

ekonomiska systemets monopolisering som kommer att följa oss tills kapitalismen störtas över hela världen. Än idag används denna förevändning för att rationalisera den inriktning som centristiska och andra medelklassströmningar inom arbetarrörelsen har. De agerar som om en annan regering – Wellstone eller Gore i stället för Bush, ett ”tredje parti”, ett parti med socialdemokratiska ”värderingar” – eller till och med en annan senat, en ny försvars- eller finansminister, en annan chef för Federal Reserve Bank skulle kunna ändra den imperialistiska statens inriktning på ett grundläggande sätt.

Men varken klasstrukturen eller instabiliteten i imperialismens ekonomiska struktur eller det som driver den mot fascism och krig, är föremål för politik. De är produkter av kapitalets rörelselagar som de verkar längs den kapitalistiska utvecklingens ständigt skiftande historiska förlopp. De är stöpta på bestämda sätt av den allt mer ojämlika utvecklingen av de kapitalistiska sociala förhållandena i de olika världsdelarna.

De gigantiska monopolens framväxt i slutet av artonhundratalet och början på nittonhundratalet minskade inte konkurrensen, ännu mindre avskaffade den, utan förde upp den på en mer våldsam nivå. Alla dess följder blev mer allvarliga, inklusive hur finansiell panik, ekonomiska nedgångar och krig breder ut sig och fördjupas över hela världen.

LENINS ”TEORETISKA” BIDRAG till ”ekonomisk teori” är ett bidrag som ingen borgerlig ekonom kommer att erkänna och som de småborgerliga radikalerna ryggar tillbaka från. Lenins huvudpunkt, som är mera sann idag än när han skrev ned den för åttiofem år sedan, är att detta kapitalismens monopolstadium är ett stadium där statligt organiserat våld, imperialistiska krig, nationella uppror, inbördeskrig och proletära revolutioner lika mycket är en oundviklig, lagbunden följd av detta produktionssätt som konjunkturcyklerna, inflationen och depressionerna. Alla dessa sociala och politiska fenomen är inbyggda i kapitalismens lagar under den imperialistiska epoken.

På den "rent" ekonomiska nivån kan en stor utökning av lån eller obligationer som utfärdas av stora banker och bolag, en tillfällig sänkning av den nominella räntan, en stor ökning av underskottet i en regerings budget, olika slags lagar och till och med enormt stora utgifter för ett krig – en sådan politik kan *försena* en kris, men den kan inte och kommer inte att *förhindra* en kris.

Alla krediter, inslagna i nya former med allt större hävstångseffekt, har idag gjort kreditförhållandena mer explosiva. Nya former av försäkringar (det var det derivaten skulle bli när de "uppfanns") blir nya uttryck för spel och vadslagning. Det underliggande förhållandet mellan kreditsystemet och den kapitalistiska produktionen som Marx förklarade i *Kapitalet* har inte förändrats. Medan krediter smörjer hjulen under en ekonomisk uppgång, skrev Marx, så "anstränger det produktionskrafterna till det yttersta under en period av överproduktion och svindel, även bortom de kapitalistiska gränserna för produktionsprocessen.... Under ett produktionssätt där hela den sammanhängande reproduktionsprocessen vilar på krediter, måste en kris självklart inträffa – en våldsam anstormning att komma över betalningsmedel – när krediterna plötsligt upphör och enbart kontantbetalningar" – det vill säga betalningar som kan återlösas i guld – "har något värde".

Och medan en "okunnig och felaktig" lagstiftning och regeringspolitik "kan förstärka [en sådan] penningkris", lade Marx till, kan inget av det "avskaffa en kris".

I en fotnot till detta avsnitt i *Kapitalet* som skrevs ett årtionde efter Marx' död, lade Friedrich Engels, Marx närmaste medarbetare, till ett påpekande som förutser kapitalismens utveckling under 1980- och 90-talen. "Således för varje förhållande som motarbetar en upprepning av den gamla krisen", skrev Engels, "med sig fröet till en mycket mera våldsam framtida kris".

Förra året, år 2001, sänkte Federal Reserve Bank den korta räntan elva gånger – från 6,5 procent till den nuvarande nivån på 1,75 procent och de kommer att sänka den ännu mer. Men USA:s ekonomi fortsätter att försvagas och Greenspan & Co vet att de bara kan sänka den ett litet snäpp till. Viktigare än så är att de är väl medvetna om att Japans centralbank sänkte de korta räntorna på industrins investeringskostnader till i princip noll utan att det ledde till en ekonomisk vändning. Redan idag i USA är de reella korta räntorna – om vi räknar bort inflationen, vill säga – inte bara låga, de är *negativa*!

Glöm aldrig att kapitalisterna inte lånar pengar för att bankerna erbjuder låga räntor. Inte heller erbjuder bankerna låga räntor för att stödja låntagarna i att sätta sina pengar i arbete. Företagen lånar pengar därför att de är övertygade om att de kan göra något med dem som genererar vinst. Och bankerna lånar ut till en viss ränta därför att de tror att det är det bästa de kan göra och fortfarande ha täckning för risken att lånen inte betalas tillbaka. När sannolikheten för inställda betalningar börjar öka, börjar bankerna göra färre och färre utlåningar oavsett sina likvida tillgångar, det vill säga oavsett vilka reserver de förfogar över. Och när kapitalisterna blir övertygade om att det inte går att tjäna pengar längre, kommer de inte att låna oavsett hur låga räntorna blir. Det hela kommer fram till en punkt när, som de borgerliga ekonomerna ibland uttrycker det, där det känns som att putta på ett snöre. Ekonomin blir till en gigantisk ”likviditetsfälla” där centralbanken bara fortsätter att ösa in mer och mer pengar till allt lägre ränta som de kommersiella bankerna inte vill låna ut och bolagen inte vill låna.

Vi kommer att få se upp- och nedgångar i den långsiktiga baisse som börserna gick in i mitten av år 2000. Någon gång kommer dock en panik att äga rum, med stora utförsäljningar som pressar ner aktiepriserna till så låga nivåer att vi idag inte kan föreställa oss det. Enorma mängder pappersvärden kommer att förstöras, utan att det verkar stå i något synbart förhållande till vad som händer med verkliga fakta inom den verkliga produktionen och handeln. Marx skrev i *Kapitalet* att för kapitalisterna spelar, ”produktionsprocessen endast rollen av ett oundvikligt mellanled, ett nödvändigt ont i strävandena att tjäna pengar”. Det är därför, förklarade Engels i en not till detta avsnitt av Marx, som ”alla samhällen med kapitalistiska produktionssätt då och då [kommer] in i svindelperioder när man vill tjäna pengar utan förmedling av någon produktionsprocess”.[14]

SÅDAN SVINDEL – som ledde till de gångna två årtiondenas börs- och kreditbubblor som nu sjunker ihop – är ett uttryck för det som Marx kallade varufetischismen, illusionen att varor och kapital på något sätt har en social mening i sig själva, oberoende av det sociala arbete som gick åt för att skapa dem, ett eget liv oberoende av karaktären på de sociala förhållanden som bestämmer deras användning. ”I det räntebärande kapitalet, uppnår kapitalförhållandet sin mest ytliga och fetischartade form”,

---

14. Karl Marx, *Capital* (London, Penguin, 1978), vol 2 s 137. I svensk översättning, *Kapitalet* band 2 (Zenit, 1985) s 51.

skriver Marx i *Kapitalet*. Även när det gäller de jättestora handelsbolagen säger han, ”framstår /profiten/ som en produkt av ett samhälleligt *förhållande*” – att köpa och att sälja – ”inte som en produkt av endast ett ting”. Men inom bank- och finansväsendet framstår profiten som ”oförmedlad av produktions- och cirkulationsprocesserna.... Det samhälleliga förhållandet har fulländats som ett tings, penningens förhållande till sig själv”.[15]

Kredit, papperspengar, aktiepriser – alla dessa kan lyfta sig över de underliggande reala värdena. Ingen känner till var gränsen går – förutom att den alltid verkar gå högre upp än vi tror är möjligt – fram till att ”svindeln” slår över i panik, när hela byggnaden börjar störta samman. När alla samtidigt rusar mot utgången, kommer ingen ut.

För mer än ett hundra femtio år sedan publicerades en bok med titeln *Ovanliga folkliga vanföreställningar och folkmassans galenskap*. Den beskriver olika paniker och manier under kapitalismens tidiga historia – när tulpaner till exempel, började säljas för mer än guld i början av 1600-talet – och det sociala och politiska kaos som följde när dessa låtsasvärden försvann. Marxisterna förnekar inte ”folkmassans galenskap” under kapitalismen. Tvärtom är den en nödvändig biprodukt av varufetischismen. Vi påpekar bara att den ”galenskap” vi redan ser på Wall Street och kommer att få se mycket mer av, inte är den genomsnittliga människans, inte ens den ”genomsnittliga” investerarens. Merparten av aktierna på börsmarknaderna i USA ägs av så kallade institutionella investerare – försäkringsbolag, aktiefonder, mäklarhus, pensions- och sjukförsäkringsfonder, hedgefonder, banker och så vidare. Dessutom görs

---

15. Marx, Capital (London, Penguin, 1981), vol 3 s 515–16. I svensk översättning, *Kapitalet* band 3 (Leipzig, Cavefors, 1978) s 355 och 356

hela 90 procent av omsättningen på aktie- och obligationsmarknaderna idag av dessa institutioner (upp från drygt 10 procent så sent som i början av 1970-talet); hälften av alla dessa transaktioner görs av de femtio största institutionella investerarna.[16] I tider som idag börjar fler och fler av dem att hamna på rygg. Och priserna blir mer och mer gisslan till lån, terminsaffärer, optioner och andra kuperade och preparerade vad med astronomiska hävstångseffekter, på vilken utvecklingsriktning själva aktiens olika sidor kommer att ta! Under en verklig börspanik kommer i själva verket många tusen aktiefonder att gå bankrutt, liksom tiotusentals pensions- och sjukförsäkringsfonder.

Många mindre investerare i medelklassen liksom en del bättre beställda arbetare, håller på sina aktier även när de börjar rasa, i tron att de kan rida ut stormen eller om det inte är möjligt, att de ska kunna sälja innan de börjar ligga verkligt illa till. Men det förutsätter att det finns någon som vill köpa deras aktier vid den tidpunkten. Och när alla drabbas av panik, även de jättelika kapitalistiska institutionerna, kan små investerare vakna upp en morgon för att finna att det finns dagar – många dagar – när det inte finns några köpare till några priser. Det är då rädslan till slut triumferar över girigheten hos den girigaste och det slutgiltiga sammanbrottet inträffar.

En havsförändring i arbetarklassmotståndet

Vi befinner oss alldeles i början av vad som kommer att bli decennier av ekonomiska, finansiella och sociala

16. Siffrorna kommer från *Winning the Loser's Game [Att vinna förlorarens spel]* av Charles D Ellis (New York: McGraw Hill, 1998). Ellis, Investment manager på Wall Street, är chef för fondbolaget Vanguard Group och ordförande för investeringskommittén på Yale University.

konvulsioner och klasstrider. Osäkerheten kommer att växa. Vid en viss tidpunkt kommer förtroendet för den kapitalistiska ordningen att skakas. Och beredvilligheten att lyssna till radikala lösningar kommer att växa – inklusive ”anti-imperialistiska” och ”anti-kapitalistiska” lösningar från den radikala högern, som kommer att se attraktiv ut för skikt i den ruinerade, bittra och hotade medelklassen. Vi kommer att få se den borgerliga politikens förruttnade frukter av förbittring och dess pornografiering. Vi kommer att få se de blodiga frukterna av den växande politiska fraktionalismen inte bara inom polisen utan också inom officerskåren och ”den högutbildade intelligentsian”.

PRECIS SOM DE FLESTA andra arbetare måste kommunister som deltar i den här kongressen internalisera det faktum att den här världen – vars like ingen av oss har känt till i våra politiska liv – inte bara är den värld vi står inför idag, utan den vi kommer att leva i och kämpa i under en tid framöver. Genom att *handla* utifrån denna verklighet idag, kommer vi inte att tas på sängen politiskt när krigen bryter ut, när djupare sociala kriser exploderar, pogromer organiseras och prövas samt fackliga konflikter blir strider på liv och död. Det proletära parti som kommer att existera i morgon kan bara växa fram ur det proletära parti vi sätter samman *idag*.

Vi har bevisen framför oss på att den kommunistiska rörelsen kan stärkas politiskt om vi håller den kurs som beskrivs under rubriken ”A Sea Change in Working-Class Politics” [En havsförändring i arbetarklasspolitiken], inledningskapitlet till *Capitalism's World Disorder [Kapitalismens världsoordning]*. Framgångarna vi gör längs den inriktningen lägger en grund för kadern i våra avdelningar, organisationskommittéer och fackliga fraktioner att återerövra de proletära normerna vi hamrade fram under de inledande åren av vändningen till industriarbetarklassen och fackföreningarna. Det är samma inriktning som vi sammanställde till en handbok som gavs ut under namnet *USA-politikens ansikte i förändring*. Som Socialist Workers Party har gjort under hela sin historia, fångar vi detta slags disciplinerade sätt att fungera i begreppet *arbetarbolsjevik*, "en politisk benämning som hade sitt ursprung bland kämpande arbetande som beundrade den ryska oktoberrevolutionen 1917 och som inte sällan användes av Lenin" som Mary-Alice Waters förklarar i sitt förord till 2002 års utgåva av *USA-politikens ansikte i förändring*. När vi talar om arbetarbolsjeviker, talar vi om att smida fram "en kommunistisk kader vars integritet och disciplin, sätt att fungera organisatoriskt, klassmässiga politiska vanor, träning och miljö är proletär in i märgen".

Den sortens förändring i motståndet från arbetande människor som vi har genomlevt under de senaste fem år, kan vara svår att se till att börja med. Det är omöjligt att upptäcka det om man befinner sig utanför arbetarklassens och arbetarrörelsens avantgarde. Men vi är inte utanför och vår rörelse *såg* detta. Ännu viktigare än så var att vi besvarade det och att vi utgick från de främsta linjerna i arbetarmotståndet som de presenterades för oss och med de kommunistiska partier vi hade. Vi justerade våra organisationsformer för att möta de nya villkoren. Vi började följa de främsta motståndslinjerna bland arbetare och bönder. I stället för att huka i större avdelningar i ett fåtal städer, utvidgade vi vår geografiska utbredning och vår politiska räckvidd och fördjupade vår integrering inom de främsta skikten bland de arbetare som fick ta de värsta stötarna från arbetsgivarklassens allt värre angrepp. Kamraterna som tar ansvar för partienheternas strävan i denna riktning över hela USA har en växande tyngd inom ledningen för Socialist Workers Party.

Våra avdelningars och organisationskommittéers kollektiva och sammanlagda politiska arbete är avgörande för partiets uppbygge och rekrytering. De är de grundläggande enheterna i ett kommunistiskt parti. Deras aktivitet kombineras med våra fackliga fraktioners verksamhet i fackföreningarna – bland beklädnadsarbetarna i UNITE, livsmedelsarbetarna i United Food and Commercial Workers (UFCW) och gruvarbetarna i United Mine Workers (UMWA) – som fungerar inom en mera begränsad arena i arbetarklasspolitiken än avdelningarna och organisationskommittéerna. Det är genom de här två verktygen tillsammans som vi fördjupar vår integrering i det som kommer att bli årtionden av klasstrider som genomförs utifrån ett avantgarde av arbetare som utvecklas och som använder utrymmet de har skapat åt sig på jobbet, inom arbetarrörelsen och genom andra uttryck för proletärt motstånd i samhället. I den processen omvandlar vi oss själva och våra institutioner. Vi drar till oss unga människor som inte bara stöts bort av imperialismens ondska utan – vilket är mycket viktigare – dras till arbetarnas och böndernas strider. Och oavsett om de förstår det från början eller inte, dras de bort från den radikala, stridande högern på det enda möjliga sättet – genom att dras in i arbetarklassens kamp. På det sättet stärker vi vårt samarbete med revolutionärt sinnade ungdomar och andra runt om världen.

När vi kommunister säljer våra tidningar, tidskrifter och böcker prövar vi hela tiden arbetarklassens vida hav. Det vill säga, vi försöker hela tiden att nå ut så brett som möjligt till arbetande människor med det vi publicerar. Det är enda sättet att sprida proletär propaganda på ett konsekvent sätt – för att lära sig lika väl som för att sälja. Ett litet revolutionärt parti är alltid ovetande om trender som långsamt håller på att ändras inom arbetarklassens breda skikt. Det skulle inte kunna vara på något annat sätt. När vi systematiskt strävar efter att nå ut med vårt propagandaarbete, känner vi dessa skiftningar en aning tidigare och får en bättre känsla för dem.

”Att pissa ut i luften” – så kallades denna politiska aktivitet i början av 1950-talet av Cochran-fraktionen som just stod i begrepp att lämna partiet, medan de skyllde sin egen tillbakagång på arbetarklassen. Några av er kommer ihåg Cochraniterna från Cannons bok *Speeches to the Party* [*Tal till partiet*]. Vi tog deras uttryck som en hyllning snarare än ett skällsord. Arbetarklassen *är* vår miljö, inte ”vänstern”, inte de ”radikala”. Det *är* där vi koncentrerar försäljningen av *Militant, Perspectiva Mundial* och våra böcker och pamfletter som visar läsarna vägen mot proletariatets revolutionära inriktning. Vi arbetar ständigt för att öka vår räckvidd, för att lära oss mer och för att finna arbetande medmänniskor som är intresserade av att beväpna sig med en konkret analys av klasskampen som den utvecklar sig, tillsammans med lärdomarna från den moderna arbetarrörelsens 150 år av strider.

DEN HÄR KONGRESSEN och våra fackliga fraktioners möten igår, registrerade framsteg för partiet i att genomföra det vi har kallat tredje kampanjen för vändningen. Sedan vi lanserade den kampanjen för fyra år sedan på en konferens i Pittsburgh, har vi upprättat fraktioner där vi måste befinna oss – bland sömmerskorna på konfektionsfabrikerna och på textilfabrikerna för att bygga upp en fraktion inom UNITE, på slakt- och styckavdelningarna på charkföretag som organiseras av UFCW och i kolgruvor organiserade av UMWA. Vi kommer att fortsätta med att hjälpa kamraterna att erövra – och förbättra – de yrkesfärdigheter vi behöver för att kunna få och behålla sådana jobb. Vi kommer att råka ut för uppsägningar. Vi kommer att flytta kamrater. Vi kommer att anstränga oss att komma in på konfektionsfabriker, charkfirmor och gruvor som ännu inte har anställt oss, gruvor som är mogna för facklig organisering, och vi kommer att hitta andra i nya regioner där vi vill bygga upp fraktioner. Men framför allt kan vi nu skörda frukterna av våra fortlöpande ansträngningar genom att börja *använda* våra fraktioner för att genomföra kommunistiskt fackföreningsarbete och sprida propaganda på jobbet och inom arbetarrörelsen. Vi kan koncentrera oss på att bygga politiskt starka partienheter på de orter där vi har upprättat organisationskommittéer, liksom i arbetardistrikt på många orter där vi har existerande avdelningar. Vi kan fortsätta samarbeta med kamraterna i de kommunistiska förbunden i andra länder för att fördjupa konvergensen i det här avseendet som har ökat under det gångna året.

Vi kan agera mera effektivt som en kärna av arbetarbolsjeviker som består av kadrer och ledare i en kommunistisk politisk organisation. Avdelningarna och organisationskommittéerna har igen börjat med systematiska försäljningar vid fabriksgrindarna, och man försöker oförväget dra med kamrater som arbetar på dessa arbetsplatser så att vi kan nå flera arbetskamrater med våra tidningar, våra valkandidater och vårt socialistiska valmaterial och med våra böcker och pamfletter. Vi gör framsteg i att nå upp till vår norm att varje fraktionsmedlem säljer tidningar på en annan fabrik eller gruva där andra kamrater arbetar.

Att använda hävstången av vårt politiska vapenförråd

De här framstegen ger oss en grund att stå på för att strukturera om de kamraternas arbete som har fått i uppdrag att arbeta på heltid med att redigera de böcker och pamfletter som utgör vårt politiska vapenförråd och för att organisera oss för att hålla dem i tryck. Vi förenklar strukturen i vår utgivningsverksamhet, för att få den mer i linje med karaktären på de partienheter vi har byggt upp, för att kunna sätta oss i bästa möjliga position att kunna behålla den politiska hävstången som våra böcker ger den kommunistiska rörelsen. Det finns inga viktigare vapen som arbetarklassen producerat än de nerskrivna politiska lärdomar som förtjänades i svett och blod, de allmänna slutsatser som kommer ur arbetarnas och våra allierades strider de senaste 150 åren. Lärdomarna från denna historia är grundvalen för en effektiv proletär politik och en nödvändig förutsättning för att göra framsteg i strategisk förståelse och marxistisk teori. Utan en korrekt och sanningsenlig historia finns varken marxistisk strategi eller teori. Båda kommer att dö ut och ersättas av abstrakta förfalskningar för att rationalisera den radikala småborgerlighetens och arbetarrörelsens opportunistiska missledares liv och leverne – och således deras politiska inriktning. Den politiska nyfikenheten och så småningom hungern efter arbetarklassens historiska erfarenheter kommer att växa bland arbetarna och bönderna liksom ungdomar som dras till deras strider i det här landet och runt om världen. Och ingen annan än den kommunistiska rörelsen är antingen villig att göra jobbet för att se till att dessa lärdomar är tillgängliga i fortsättningen också eller, för att uttrycka det mer exakt, har ens något intresse av att göra det – det vill säga känner att dessa lärdomar är nödvändiga för själva dess existens.

Vår rörelse håller inte bara detta grundläggande kommunistiska vapenförråd i tryck. Vi utökar det hela tiden också. Vi publicerar den politiska analys och inriktning som arbetande människorna behöver *idag* för att bygga en slagkraftig revolutionär rörelse – böcker, pamfletter och tidskrifter, sådana som *USA-politikens ansikte i förändring, Capitalism's World Disorder, Cuba and the Coming American Revolution, Arbetarklassen och lärandets förändring,* olika nummer av *Ny International,* med mera. Och vi förankrar vår politik, bit för bit, i 150 år av strider och lärdomar från de arbetandes klasskamp och revolutionära motstånd. Och när vi gör det fullföljer vi ett åtagande, ett åtagande där vi alla – både medlemmar och supportrar – vinner politisk tillfredsställelse i arbetet att fullfölja det. Men vi kommer bara att kunna upprätthålla våra ansträngningar om vi kan organisera dem i proportion till vår rörelses nuvarande storlek, möjligheter och behov. Det är en förutsättning för att den stödorganisation av supportrar som vi bygger ska få självförtroende att höja ribban och ta sig an nya utmaningar i att producera – och nu även i växande grad distribuera – dessa böcker och pamfletter.

Det är viktigt att vi tar till oss vilken politisk hävstång den kommunistiska rörelsen får genom de ansträngningar vi lägger ner på förorden och introduktionerna vi skriver när vi ger ut nya böcker och nya utgåvor. På en av displayerna längst ner i kongressalen, finns om jag inte tar fel, en kopia på ett brev Mary-Alice [Waters] fick för omkring en vecka sedan från Ramón Labañino Salazar, en av fem kubaner som sitter av långa straff på federala fängelser här i USA. Han dömdes på fabricerade anklagelser om att ha konspirerat för att verka som hemlig agent för främmande makt och blev dömd till livstids fängelse.

Ramón hade fått ett paket med böcker som Mary-Alice skickat honom, bland annat *Playa Girón/Bay of Pigs: Washington's First Military Defeat in the Americas* [*Playa Girón/ Grisbukten: Washingtons första militära nederlag i Amerika*] av Fidel Castro och José Ramón Fernández. Han skrev till Mary-Alice för att berätta hur mycket han hade uppskattat att läsa den, i synnerhet det som han kallade "bokens särskilda förtjänst", något som han – en kubansk revolutionär som redan visste en hel del om USA:s legosoldater och deras nederlag vid invasionen av Grisbukten – "aldrig hade läst om detta ämne i någon annan bok". Vårt förord, sa Ramón, gav honom för första gången en känsla för "vilket omedelbart inflytande den kubanska revolutionen och dess exempel haft på befolkningen i USA, vilket intryck den gjort och hur den skolade den revolutionära vänsterrörelsen och solidaritetsrörelsen med vårt land". Förordet, noterade han, återgav vilken effekt "först striden, sedan legostyrkans nederlag i Grisbukten" hade haft bland ungdomar och andra i USA. Det här, avslutade han, "visar oss än en gång, att våra folk är broderliga och oövervinneliga".

Det är precis ett av syftena vi har när vi skriver förord och inledningar till översättningar av böcker av ledarna för den kubanska revolutionen eller om den revolutionens politiska lärdomar och exempel. Vi lägger till något som kommunister här i landet kan ganska mycket om – klasskampen i USA, dess verkliga historia och hur den hänger ihop med revolutionär politisk utveckling runt om i världen. Vi kan förklara vad revolutionärt sinnade arbetare och ungdomar i det här landet gjorde vid ett visst tillfälle, vad de reagerade på och vilka politiska följder deras handlingar fick. Den noggranna politiska bilden vi tecknar av de motstridiga klasskrafterna i USA är alltid mycket olik – mycket rikare, mera fullständig och motsättningsfylld – jämfört med den bild andra, även revolutionärer, tidigare har fått.

Dessa förord och inledningar är ännu mera nödvändiga här – för arbetarna, bönderna och ungdomen i USA. De understryker den klassmässiga verkligheten att det inte finns något "vi" i USA som innefattar både de arbetande människorna och de besuttna härskarna och deras regering och politiska partier. Vare sig läsaren bor här eller i något annat land är det alltid fantastiskt för dem att upptäcka den sanning som härskarna i USA arbetar så hårt på att dölja för arbetarna här – nämligen att det inte finns något homogent, klasslöst "USA".

Socialist Workers Partys kadrer lever, arbetar och bedriver politiskt arbete bland andra arbetare. Vi förstår de djupgående politiska skiljelinjerna och de djupa sociala skiktningarna inom vår klass. Vi känner till både kampviljan och solidariteten bland arbetarna i det här landet, liksom den låga politiska nivån och frånvaron av varje levande arv från revolutionära klasstrider i masskala. Vi blir mera integrerade i motståndet från arbetare och bönder i den främsta stridslinjen och vi vet vilken öppenhet vi finner bland dem för böcker och tidningar som erbjuder ett revolutionärt perspektiv. Vi förstår hur ungdomar som radikaliseras dras till detta arbetarklassmotstånd och hur detta kan leda dem till den kommunistiska rörelsen, till Young Socialists och till partiet – och öppna dörren för att vinna dem bort från småborgerlig radikalism. Av alla dessa skäl är det alldeles för lätt för oss att ta för givet produktionen, reproduktionen och distributionen över hela världen av den nedtecknade historien för vår klass' kämpande avantgarde och dess antiimperialistiska allierade.

Men vi får inte göra det, varken i vårt politiska arbete här i USA eller i våra relationer med revolutionärer i andra länder. För denna realitet kan bara uppfattas rätt, i all sin rikedom, genom att man deltar i arbetarklassens militanta motstånd och till och med då kan den bara förstås och förklaras i klara klasstermer av kommunister. Att rätta till den falska eller förvrängda bild som så ofta målas upp av olika "vänster"-grupper, är en förutsättning för att igen bygga upp en genuin kommunistisk världsrörelse. Arbetare, bönder och ungdomar runt om i världen måste se USA:s arbetarklass, inte som några som kan hjälpa andra folks revolutioner (i bästa fall), utan som en social kraft som kan och kommer att leda en framgångsrik revolutionär strid för arbetarnas makt – statsmakt – i USA. Det är utgångspunkten när arbetare och bönder i förtruppen i det här landet hämtar politisk styrka från klasstrider runt om i världen, inklusive de som kommunisterna på Kuba är indragna i.

DETTA ÄR INTE UTGÅNGSPUNKTEN för de flesta "vänner" till den kubanska revolutionen i USA, minst sagt. Om de någonsin gav läpparnas bekännelse till ett sådant perspektiv, så har det runnit mycket vatten under broarna sedan de var villiga att på något sätt handla utifrån det. De må "beundra" beslutsamheten hos de kubaner de känner. Men de har inget som helst intresse av att dela villkoren med dem – som Enrique Carreras förklarar i *Making History* [*Att göra historia*] – som går upp varje morgon, kysser sina älskade ajö och gör det som behöver göras, utan att någonsin säkert veta om de kommer hem eller inte den kvällen eller någonsin.

Det är en ofantlig seger att de allra flesta nya böcker vi ger ut idag ofta kommer ut nästan samtidigt på engelska och spanska och ibland, snart, även på franska. Dessutom har vi blivit bättre på att använda det ”universella språket”, arbetarklassens esperanto kan vi kalla det – fotoinlagorna. Bilderna säger en hel del om boken till andra arbetare, oavsett vilket språk de talar och oavsett vilken politisk erfarenhet de kan ha haft. De kan se sig själva och andra som liknar dem i dessa fotografier.

Många av delegaterna och observatörerna på den här kongressen har läst rapporterna i *the Militant* och *Perspectiva Mundial* från resorna kamraterna har gjort till Paraguay, Argentina och Venezuela för att skriva i vår press och samarbeta med militanta arbetare, kvinnor och ungdomar i de länderna. Vi tar inte bara med oss tidningar, tidskrifter och böcker som ger en kommunistisk syn på klasskampen i världen. Böckerna och tidningarna har producerats och sprids av oss, av kadern i ett arbetarparti, som ofta befinner sig mitt i händelsernas centrum, inte i någon litterär rofylldhet. Den kombinationen gör politiskt intryck.

När reportageteamet besökte en ockuperad konfektionsfabrik i Argentina för några veckor sedan till exempel, blev arbetarna naturligtvis glada över att få solidaritet och bli omskrivna i en engelskspråkig veckotidning och en spanskspråkig månadstidning i New York. Och de var glada över att få en del böcker, pamfletter och tidningar som kunde hjälpa dem att placera sin kamp i ett bredare världspolitiskt sammanhang. Men de blev också förvånade och positivt överraskade över att en av dem som erbjöd den här solidariteten och de värdefulla trycksakerna, var konfektionsarbetare från USA, som sydde på en symaskin precis likadan som deras och som kunde berätta om lönerna, den uppdrivna arbetstakten och andra arbetsvillkor som var så välbekanta för dessa argentinska arbetare. Detta är en utvecklingsprocess bland arbetare överallt som börjar se sig som del av en arbetarklass i världen – en som inte bara ser till det "välbekanta" i vår gemensamma exploatering utan också möjligheten av en klass som kämpar politiskt för sin egen och mänsklighetens framtid.

Djärvhet och förenkling

Senare under kongressen kommer vi att diskutera och rösta om en rapport av Mary-Alice som vi kallat "Djärvhet och förenkling". Dessa två utmaningar – både djärvhet och förenkling – är avgörande just nu. För vi måste fortsätta att göra framsteg i produktionen och försäljningen av böcker och pamfletter som arbetare och ungdomar frågar efter allt mer, samtidigt som vi leder en reträtt från de delar av vår utgivningsverksamhet som har blivit för stora, som är teknologiskt omoderna och inte längre står i relation till vår storlek och våra färdigheter och kunskaper, och som därför har blivit ett hinder för att förverkliga våra politiska målsättningar. Tack vare den "digitala revolutionen" inom tryckning och utgivning kan vi nu radikalt förenkla våra apparater, inklusive vår utgivningsapparat, samtidigt som vi organiserar oss för att använda våra böcker och pamfletter med större politisk djärvhet.

På samma konferens för fyra år sedan i Pittsburgh där vi lanserade tredje kampanjen för vändningen, gav Peggy Brundy från styrelsen för det nyligen grundade Reprint Project [Omtryckningsprojektet], den första offentliga presentationen av supportrarna till den kommunistiska rörelsen om deras internationella ansträngningar att organisera sig för att skanna in och formatera våra då drygt 350 titlar och samtidigt förbättra grafiken, fotografierna och omslagen. Fram emot hösten 2000 hade partiets supportrar redan, utöver den ursprungliga digitaliseringen av alla dessa titlar, också tagit på sig arbetet med att korrigera och uppdatera de elektroniska filerna för alla kommande omtryckningar. De började också formatera och korrekturläsa alla *nya* böcker, och dessutom organisera kvalitetskontrollen av grafiken, omslagen och fotografierna på både omtryckningar och nya böcker. Detta internationella arbete gjorde det möjligt för oss att upprätta ett arbetsbesparande digitalt löpande band och kraftigt minska storleken på tryckeriet där böckerna och pamfletterna trycks.

På den här partikongressen noterar vi ytterligare några framsteg i den här riktningen:

• Första veckan i september kommer partiets supportrar i Atlanta att ta på sig den dagliga organiseringen av lagerhållningen och inventeringen av våra böcker, kontrollera våra tillgodohavanden och expediera order, underhålla vår webbsida, övertyga våra kunder att beställa online, paketera och skicka iväg böckerna, skicka och inkassera fakturor och hjälpa kunderna med tekniska problem.

• Med början den här månaden kommer styrelsen för det som på grund av sitt ursprung kallats för Omtrycknings-projektet – även om det redan inbegriper mer än vad namnet anger – att leda supportrarnas arbete med att förbättra reklammaterialet för böckerna och med att organisera det nödvändiga systematiska och långsiktiga arbetet med att få fler bokhandlare och bibliotek som för våra titlar i USA och runt om världen.

• Partiavdelningarna i New York har tagit på sig det veckovisa arbetet med att skicka ut prenumerationerna och buntarna med *Militant* och månadstidningen *Perspec-*

tiva Mundial. Det är ytterliggare ett steg i förenklingen av vår utgivning och det har gjort det möjligt att minska antalet partimedlemmar som arbetar som frivilliga i tryckeriet till åtta från omkring fyrtiofem strax före Pittsburgkonferensen i mitten av 1998.[17]

I ett brev till en supporter som vi tryckte upp till hela vår rörelse 2000, betonade jag den långsiktiga betydelsen av det som de och partimedlemmarna som arbetade med partiets publiceringsverksamhet höll på att åstadkomma:

> Förutom att vi uppnår målsättningen att omvandla varje bok, pamflett och skolningsbulletin som producerats av vår rörelse till digital form, lägger vi grunden till en ännu större erövring. Tillsammans med kamraterna i tryckeriet hjälper supportrarna till att för första gången i historien få till stånd en oersättlig, webbaserad infrastruktur för digital produktion av vår propaganda. Den är så decentraliserad att den moderna revolutionära arbetarrörelsens program och historiska arv kan göras klart utan någon som helst fysisk apparat av "tegel och cement" oavsett vilka

---

17. Utifrån den erfarenheten tog man i början av 2003 ytterligare ett steg i strömlinjeformandet av produktionen av böcker och pamfletter. På grund av framstegen i digital tryckteknik, skulle vad som var på väg att bli ett allt mer ineffektivt offsettryckeri avsett för att producera böcker och pamfletter, inte bli annat än ett onödigt dränerande av partiets kadrer och ekonomiska tillgångar. Sedan dess har volontärerna i projektet börjat organisera produktionen från början till slut inte enbart av omtryckningarna, utan också av nya utgåvor och helt nyredigerade titlar. De samarbetar med flera företag som trycker digitalt i USA och på andra håll. Därför har också volontärerna döpt om sig till Printing Project [Tryckprojektet].

ekonomiska, säkerhetsmässiga eller andra villkor som det kommunistiska partiet ställs inför under kommande årtionden, för att sedan tryckas på ett tryckeri var som helst och närhelst tryckningen kan betalas. Vad skulle inte bolsjevikerna ha gett för något sådant!

Som vi har förklarat många gånger är supporterrörelsen en stödorganisation, inte till någon enskild avdelning utan till hela Socialist Workers Party (eller till något av våra kommunistiska systerförbund i andra länder). Supportrarnas förhållande till partiet är *politiskt*, det grundar sig på att de är överens med och attraheras till vårt internationella program, vår strategi och vår inriktning i klasskampen, liksom partikaderns aktiviteter för att stärka denna proletära inriktning. Som John Benson så koncist och riktigt sammanfattade det för ett par år sedan: ”En supporter ser sin politiska aktivitet genom partiets ögon, inte som en oberoende politisk aktivist. En supporter ser partiet som det väsentliga – som deras verktyg för att göra politik.”

Framgångarna vi noterar på den här kongressen möjliggör nästa steg i förenklingen av vår struktur och omvandlingen av hur vi organiserar vårt arbete, nämligen att flytta de kamrater som arbetar heltid på tidningsredaktionerna och det nationella partikontoret till en centralt belägen lokal på Manhattan, som de kan dela med en partiavdelning i ett arbetardistrikt i New York. Vi kan börja organisera partiets nationella centrum och redaktionerna för *Militant* och *Perspectiva Mundial* i ett högkvarter som är anpassat till vad vi behöver vad gäller storlek och egenskaper. Det blir ett centrum som är uppbyggt runt en lokal för arbetare med veckovisa Militants arbetarforum, en lokal som partiets ”högkvarters” -avdelning i New York har råd med, kan underhålla och *använda* för att främja partibygget. Att de kadrer som fått dessa nationella ansvarigheter i uppdrag fungerar utifrån ett högkvarter som är gemensamt med den avdelning i ett arbetardistrikt som de flesta av dem dessutom är medlemmar i och hjälper till att leda, kommer att innebära ett framsteg både i att bygga upp en proletär organisation i New York och att fullfölja partiets nationella och internationella ansvarigheter. Vi kommer att börja se ut som dem vi är. Det du ser är det du får.[18]

Vi håller på att slutföra en historisk prestation som varje partimedlem, ung socialist och supporter till den kommunistiska rörelsen här och runt om i världen har varit delaktiga i att förverkliga under de fyra åren sedan vi slog in på den här vägen på Pittsburghkonferensen samtidigt med tredje kampanjen för vändningen.

En kader av arbetarbolsjeviker

I slutet på konferensen kommer delegaterna att välja den nationella kommittén, den mest auktoritativa delen av partiledningen. Utifrån denna bild av världen vi är på väg in i och vår rörelses uppgifter, är det på sin plats att säga något om vad vi strävar efter när vi väljer partiledning, eftersom det också är det vi strävar efter för partikadern som helhet.

För lite över en vecka sedan blev jag ombedd att tala på ett möte i St Paul, Minnesota för att hylla Charlie Sheers sextiofem år av kommunistisk politisk aktivitet, en vän och en av grundarna av Socialist Workers Party som dog

---

18. I mars 2003 invigde den kommunistiska rörelsen ett nytt sådant kombinerat högkvarter på 306 W 37th Street, 10:e våningen, i en byggnad full med konfektionsfabriker, mitt i New York Citys konfektionsdistrikt.

förra månaden. På mötet diskuterade vi vad det är som gör någon till kommunist. Hur förklarar vi vad som får en människa att fatta detta livslånga beslut?

Det finns inte något slags "kommunistisk typ". Om vi inser detta faktum blir det mycket lättare att rekrytera. Det finns en underbar mångfald olika "typer", tyvärr alla tillverkade i den borgerliga världen, som hittar vägen till den kommunistiska rörelsen. De som förmår och blir djupt politiska människor är inte stöpta i samma form, än mindre identiska. Det kommunister har gemensamt är inte våra personligheter, vår genetiska bakgrund, våra olika intressen och så vidare. Kommunister känner sig tvärtom mer illa till mods än andra över "sociala ingenjörer" som försöker homogenisera, "förbättra" och strömlinjeforma arbetande människor – om de sen faller i Hillary Clintons borgerligt liberala smak, är av den svenska socialdemokratiska sorten, den stalinistiska huliganälskande typen eller Ashcrofts snutar som "gör det på Jesus' sätt". Vi är dödssvurna fiender till idén om att mänskligheten kan göras perfekt. Vi vet vilka reaktionära följder en sådan inställning får, från Hitlers Tyskland, till Mao Zedongs kulturrevolution, till Pol Pots Kampuchea, till Gerry Healys Workers Revolutionary Party. Den inställningen finns bland medelklassintellektuella och byråkrater och deras underhuggare, inte bland revolutionärt sinnade arbetare. Vi litar inte på folk som för fram sådana idéer, vare sig de är byråkrater, frälsare eller frälsare på väg att bli frälsarbyråkrater.

Vad vi däremot *litar på* är styrkan hos *politiska* människor som arbetar tillsammans, som en organiserad del av den proletära förtruppen utan varken kapital eller tvång som binder oss. Proletära revolutionärer arbetar tillsammans av övertygelse, inte av tvång. När vi gör det upptäcker vi att det är det enda möjliga sättet att bygga upp ett kampparti – ett *politiskt* instrument som förmår stå emot de svåraste påfrestningar, ta sig an nya utmaningar och genomföra sina revolutionära uppgifter. Vi verkar tillsammans utifrån en politisk grund och ömsesidig respekt, inte auktoritet, som är något helt annat. Vi har förtroende för vår klass. Detta förtroende kommer ur erfarenhet – av att vi blir medborgare i tiden, i världen, i historien. ”Vi är arvtagare till världens revolutioner” som Thomas Sankara så väl formulerade det.[19]

Vi ”tror” inte på socialismen. Vi har inga uppenbarelser. Vi försöker inte föra fram briljanta idéer. Vi manar inte fram en ny värld ur våra huvuden. Vi försöker i praktiken främja arbetarklassens marschinriktning som den utvecklas genom den sammansatta och ständiga klasskampen fram mot proletariatets diktatur. I praktiken omvandlar vi villkoren som formar våra liv och blir i vår tur omvandlade genom kampen. Och vi gör allt frivilligt.

NÄR VI FÅR MER erfarenheter i den kommunistiska rörelsen ändrar vi inte vår personlighet, vår ”typ”. Men vi strävar efter att utveckla proletära vanor. Och vi förstår allt bättre den mänskliga solidaritetens centrala roll i arbetarklassens marschriktning. Och hur främmande solidaritet är för det kapitalistiska samhällets sociala relationer – för alla de normer, värden, attityder och fetischer det skapar. Och framför allt förstår vi hur arbetsgivarna

19. Se Sankaras tal i oktober 1984 inför FN:s Generalförsamling, i *Thomas Sankara Speaks: The Burkina Faso Revolution 1983–87* (Tal av Thomas Sankara: Revolutionen i Burkina Faso 1983–87, New York: Pathfinder, 1988), s 124 och i *We Are Heirs of the World's Revolutions* (Vi är arvtagare till världens revolutioner, New York: Pathfinder, 2002), s 45.

är beroende av att ha arbetskraft som saknar förtroende för arbetarklassen och varandra.

Kommunister är inga "determinister" i motsats till vad de flesta av oss får lära sig innan vi går med i rörelsen. "Människorna gör själva sin historia", lärde oss Marx i *Louis Bonapartes 18:de Brumaire,* "men de gör den inte efter eget gottfinnande, inte under omständigheter som de själva valt...."[20] Vi tror att slumpen spelar in, att det sker en ömsesidig påverkan mellan orsaker och tillfälligheter, vi tror till och med på tur (men vi försöker påverka oddsen). Vad är tur? Tur är att vara redo. Det är det den kommunistiska rörelsen organiserar sig för. Vi bygger ett disciplinerat proletärt parti så att vi är politiskt förberedda på att svara på öppningar för skärpt klasskamp och revolutionär aktivitet när de snabbt eller oväntat inträffar. Jim Cannon gillade att säga: om du lever rätt så har du också tur ibland.[21] Var beredd.

Vi påstår inte att vi kan förutsäga vilka irrgångar arbetarklassen kommer att marschera genom. Ingen kan kartlägga *både* inriktningen och tidpunkten; både *vad* och *när.* Vi analyserar noggrant och ärligt klasskampens logik, liksom de konkreta kanalerna som den nuvarande

---

20. Karl Marx, *The Eighteenth Brumaire of Louis Bonaparte,* i Marx och Engels, *Collected Works,* vol. 11, s 103. I svensk översättning *Louis Bonapartes 18:de Brumaire*s (Göteborg: Proletärkultur 1981), s 11.

21. "Om du lever rätt och uppför dig korrekt, så kommer turen åt ditt håll emellanåt", sa Cannon i ett av sina tolv offentliga tal under 1942 om arbetet med att bygga ett kommunistiskt parti i USA. "Och om du har tur – verkligen har tur – så ta vara på den och gör mesta möjliga av den." James P. Cannon, *The History of American Trotskism, 1928–38: Report of a Participant* [Den amerikanska trotskismens historia, 1928–38: skildring av en deltagare, New York: Pathfinder, 1944, 2002], s 178.

kapitalistiska utvecklingen flyter genom och motståndslinjerna bland arbetarna och bönderna mot utsugarnas upptrappade angrepp. Vi organiserar oss och agerar på ett centraliserat sätt utifrån dessa bedömningar, väger dessa fakta och diskuterar dem tillsammans med dessa kämpar.

Charlie Scheer och Helen Scheer, som också var partikader sedan länge och dog några år före Charlie, var livskamrater under femtio år. De var sinsemellan helt olika "typer". Samtidigt var båda två kommunister, arbetare och mycket politiska personer. Om man fick brev från Charlie eller Helen om någonting, var deras brev mycket olika i ton och stil. Men nästan utan undantag, lade båda två till i slutet av brevet en mening med: "Vad läser du?" Och de förväntade sig ett svar. De skulle båda ha varit aktiva deltagare i den socialistiska sommarskolan som vi just har avslutat, och de skulle ha varit entusiastiska förkämpar för att organisera en skola där vi på samma seriösa och systematiska sätt tog oss an Lenins *Imperialismen.*

KOMMUNISTER LEVER I NUET, inte i framtiden. Det gör vi i praktiken liksom "i våra huvuden". För oss är inget mera främmande än idén om en utopi. Verkliga utopister är farliga, i sista hand anti-humana människor. De har en "plan", en "vision", en "blåkopia" för samhället i framtiden som de försöker tvinga på andra. Ser du ljuset? Smack! Ser du ljuset nu? Den moderna revolutionära arbetarrörelsen föddes i själva verket genom att bryta med alla de tidiga småborgerligt utopiska socialistiska rörelserna.

Kommunister, däremot, förstår samtiden; vi förstår den inte som en klump med episoder utan som en del av historien. *Minneapolis Star-Tribune* publicerade en dödsruna över Charlie som sa att han "var övertygad om att i det långa loppet skulle hans åsikter bli de rådande". Men om man kände Charlie visste man att han – som varje kommunist, som varje revolutionär – inte levde sitt liv som han gjorde i tro att hans "åsikter" en dag skulle bli rådande. Tvärtom, visste Charlie, *är* vårt program *rådande varje dag*. Det är vår vägledning till effektiv kommunistisk handling, handlingar som maximerar frukterna av våra gemensamma ansträngningar. Kommunister väver ett nät av klasskampserfarenheter över generationerna så att allt som inträffar i nuet och allt vi gör åt det, grundar sig på historiens lopp.

En annan tidningsartikel om Charlie kommenterade hans stora bibliotek, alla hans många fyllda bokhyllor, och kallade honom en "arbetarintellektuell". Men den skribenten fick också Charlie om bakfoten. (Projicerande kan vara farligt.) Kommunister som Charlie vet att arbetarbolsjeviker är mer kunniga och bättre rustade att göra politiska bedömningar och fatta politiska beslut än så kallade "arbetarintellektuella". Arbetarbolsjeviker internaliserar det de har läst och lärdomarna de fått *tillsammans med andra* i klasskampen. De gillar att läsa och studera *tillsammans* med andra som slåss för gemensamma mål. De läser mer, inte mindre, i takt med att klasskampen och den politiska aktiviteten ökar. De är övertygade om att centraliserad revolutionär handling som kader i ett revolutionärt parti, vars disciplin de gladeligen underkastar sig, öppnar upp en väg till ett meningsfullt liv av arbete. Det är det det betyder att vara politisk.

Att sätta ett revolutionärt exempel

Under månader och år framför oss kommer kommunistiska arbetare och ungdomar alltmer att uppskatta vilken fördel det är, att ett uppsving i vår klass' och våra allierades motstånd – både här och i många andra delar av världen – började innan vi fått de första hårda chockerna från den period av depression och krig vi nu har gått in i. Vi kommer att mera konkret förstå betydelsen av det politiska utrymme som arbetarna skapat åt sig i kamp, och vilka insatser som står på spel när det gäller att använda det utrymmet om det inte ska gå förlorat. Vi kommer att få se fler exempel på hur erfarenheter från en enskild strid – även strider som slutar i dödläge mot klassfienden eller ett tillfälligt bakslag – inte bara löses upp, utan hur enskilda arbetare skaffar sig lärdomar och dyker upp igen lite senare, antingen på samma frontavsnitt eller på ett annat. Att de inte glömmer aktivister, organisationer eller tidningar som de genom sina erfarenheter lärt sig att lita på för deras proletära integritet och för att de stod i frontlinjen för en rättvis strid.

Ett av de viktigaste politiska bidragen vår rörelse gör genom vårt propagandaarbete idag – i *the Militant*, i *Perspectiva Mundial*, i de böcker och pamfletter vi väljer att trycka – är att lyfta fram de storartade exemplen på arbetande som står upp och slåss utan rädsla, som visar förakt för de härskande och är säkra på seger. Vi pekar på de arbetande människorna på Kuba och deras revolutionära ledarskap, och deras mer än fyrtio år långa meritlista att vara redo för vad som än må hota deras oberoende och deras socialistiska revolution. Denna orubbliga revolutionära hållning fångas av Fidel Castros och Osvaldo Dorticós' uttalande i slutet av en kommande Pathfinder-bok, *October 1962: The 'Missile' Crisis as seen from Cuba* [Oktober 1962: 'Missilkrisen' från Kubas utgångspunkt]. När de mot slutet av krisen besvarade ytterligare provokationer från den nya demokratiska regeringen i slutet av november 1962, uttalade sig de två kubanska ledarna för den stora majoriteten kubanska arbetande när de sa: ”Vi har lika lite tilltro till president Kennedys ord som vi är rädda för hans dolda hot.”

Vi gläder oss över palestiniernas kampvilja och förmåga att komma igen. Omslaget till en av Pathfinders pamfletter består av ett foto med beslutsamma unga palestinier mot bakgrund av en slagordsprydd vägg: ”Vi kämpar mot Israel för det ockuperar vårt land!”

Denna beslutsamhet att kämpa, denna frånvaro av kuvad rädsla, detta klasshat mot förtryckarna och utsugarna är det nödvändiga material som föregår varje förnyad internationell revolutionär rörelse. När vi blir en del av strider där de kämpande präglas av denna anda både i USA och runt om i världen, kan vår rörelse samtidigt diskutera ett kommunistiskt politiskt perspektiv som är förankrat i erfarenheterna och lärdomarna från revolutionär kamp under mer än etthundrafemtio år.

Den stalinistiska världsrörelsens oåterkalleliga sönderfall har gjort att hindren inom arbetarrörelsen mot att tala med revolutionärt sinnade arbetare, bönder och ungdomar – och att sprida kommunistisk litteratur till dem – blivit mindre än någonsin sedan slutet på 1920-talet. De kommer att dras till arbetarbolsjeviker av revolutionärt politiskt virke som Charlie Scheer.

Charlie bodde redan på vårdhem när 11 september-attacken ägde rum och hans hälsa var så pass dålig att han inte alltid kunde följa vad som hände. Bill, hans son, satte sig ner med Charlie den dagen och började berätta för honom om attacken på World Trade Center i New York. Charlie verkade lyssna och förstå men han svarade inte. Då tillade Bill att ett annat plan hade krashat mot Pentagon.

Då vände Charlie på huvudet, såg rakt på Bill, log och sa med mycket hög röst så att alla hans medpatienter skulle höra: ”Det var bra, eller hur!”

SAMMANFATTNING AV KONGRESSEN

Det är viktigt att vi är konkreta om var vi befinner oss idag på kapitalismens långa utvecklingskurva i världsskala, liksom när det gäller klasspolitiken i USA. Annars talar vi i formler, i stället för att lägga fram en skarp och klar analys, ett kommunistiskt program. Då kan vi inte förklara exakt vad vi behöver göra nu för att bygga ett proletärt parti i det här landet. Denna dialektik mellan det internationella programmet och den nationella terrängen i kommunisternas marsch mot statsmakten gäller partibygge överallt i världen. Men ingenstans är följderna om vi misslyckas med att agera utifrån klasskampens verklighet mera skadliga för de revolutionära utsikterna och den proletära integriteten än i USA, världsimperialismens starkaste fästning.

I de sista styckena av utkastet till politisk rapport på den här kongressen, ställer vi frågan direkt. Att tänka och handla utifrån en proletärt internationalistisk inriktning, säger vi, är och förblir inte bara ett särskilt ansvar utan också en särskild utmaning för revolutionärer som lever och arbetar i USA:

> Det är inte bara så att [vi] bedriver vårt politiska arbete i det rikaste landet på jorden, utan också i ett land som inte har upplevt krig på sin egen hemmaplan sen 1865. Det är ett land som har upplevt blodiga klasstrider och proletära sociala rörelser men som aldrig har genomlevt en revolutionär situation eller ett arbetaruppror. Det är ett land som har upplevt en folkmordsliknande behandling av den infödda befolkningen och ett organiserat blodigt våld från sådana reaktionära gäng som Ku Klux Klan under flera årtionden, förutom en systematisk brutalitet från polisen, soldater i nationalgardet och arbetsgivarnas gorillor – men som enbart upplevt begränsade strider mellan fascistgäng och arbetarnas och de förtrycktas försvarsstyrkor på gatan och vid strejkvaktskedjorna.[22]

På vägen mot en revolutionär situation kommer arbetarklassen i USA, tillsammans med dess breda politiska avantgarde att gå igenom alla dessa kamperfarenheter. Var och en av dem kommer att vara konkret, inte identisk med något som inträffat på andra håll eller vid andra tidpunkter tidigare i historien. Det kommer att vara unika kombinationer. Vissa delar av klasspolitiken kommer att pressas ihop och smälta samman, andra dras ut. Vissa kommer att påskyndas ”till äkta amerikansk hastighet”, för att använda Trotskijs ord.[23] Men kommunistiska ar-

---

22. Jack Barnes, ”Our Politics Start with the World,” [”Vår politik börjar med världen”] i New International nr 13 (New York, 2004), s 94–95.

23. Trotsky, *Europe and America* (New York: Pathfinder 1971), s 2.

betare i USA kommer att få uppleva alla dessa former av politiska strider innan frågan om den revolutionära kampen för makten ställs.

ARBETARKLASSEN i det här landet kommer att ställas inför de kapitalistiska härskarnas, deras regerings och extrema högerstyrkors försök att krossa arbetarrörelsen. Bonapartistiska regimer – oavsett om de kommit till makten bakom täckmanteln av ett val eller genom en öppen militärkupp – kommer att använda den imperialistiska statens makt och en upptrappad demagogi mot arbetar- och bondeorganisationer. För att kunna upprätthålla ett kapitalistiskt styre kommer bourgeoisiens besuttna familjer att godta metoder som de själva är rädda för och under mera stillsamma perioder försöker undvika. De kommer att främja uppkomsten av fascistiska demagoger och rörelser, inklusive de värsta slagen: nationalsocialistiska organisationer som söker en massbas i den otrygga medelklassen och bland skikt av demoraliserade arbetare genom att kombinera radikal, antikapitalistisk svada med att vädja till de mest reaktionära – och livsfarliga – nationalistiska, rasistiska, antisemitiska och kvinnofientliga fördomar och vidskepligheter.

I *Capitalism's World Disorder* tog vi upp en hel del om vad arbetarklassen lärt sig under det senaste århundradet om fascismen och hur den kan bekämpas, inklusive de olika formerna vi noterade nyss, samt på vilka sätt de kan och kommer att dyka upp i klasskampen i USA. Vi noterar vad Farell Dobbs, en gammal erfaren ledare för SWP, ofta sa: om någon tror att vi inte kommer att få se alla dessa olika uttryck för reaktionen i USA i takt med att klasstriderna trappas upp, ”då tar de grundligt fel och de kommer aldrig att kunna bygga något revolutionärt arbetarparti i det här landet. Vi kommer att få se försök att använda vart och ett av dessa [de härskande klassernas] alternativ" – från den repressiva staten till militärregimer, till radikala antikapitalistiska, fascistiska massrörelsers försök att rädda det kapitalistiska styret.[24]

Detta understryker varför det är så viktigt att kommunistiska arbetare konkret och korrekt försöker bedöma var vi befinner oss i utvecklingen av klasskampen. Jag tar upp detta eftersom en delegat under kongressdiskussionen igår föreslog att vi förutom *Imperialismen som kapitalismens högsta stadium* skulle sätta ett antal av Lenins andra politiska arbeten från samma period i centrum för vinterskolan. Men det skulle få oss på fel spår politiskt. Anledningen till att vi valde det ämnet har ingenting att göra med att det skulle finnas någon likhet mellan de politiska villkor vi just nu står inför och de som Lenin förberedde kadern i bolsjevikpartiet att ta itu med, när han mitt under första världskriget, under första halvåret 1916, skrev *Imperialismen.*

Ungefär samtidigt som Lenin skrev klart *Imperialismen* skrev han att "[å]ren 1914–16 stod revolutionen på dagordningen" – inte bara i Ryssland utan även i Tyskland och på andra håll i Europa. Detta faktum var " göm[t] i krigets innandöme och *växte fram* ur kriget. Det skulle ha *proklamerats* i den revolutionära klassens namn, *dess* program skulle helt och utan fruktan ha framlagts: socialismen kan i krigstid inte nås utan inbördeskrig mot den ärkereaktionära, brottsliga bourgeoisien, som dömer folket till outsägliga lidanden."[25] Bolsjevikerna satte i främsta

---

24. Jack Barnes, *Capitalism's World Disorder: Working-Class Politics at the Millennium* [Kapitalismens världsoordning: Arbetarklasspolitik vid millenniet, New York: Pathfinder, 1999], s 296.

25. Lenin, "The Junius Pamphlet," i *Lenin's Struggle for a Revolutio-*

rummet och i centrum för sin verksamhet perspektivet att vända kriget, som imperialisterna med vapenmakt tvingade arbetarna och bönderna att föra, till ett inbördeskrig för att störta de besuttna klasserna.

Det är viktigt att läsa och diskutera dessa politiska skrifter, givetvis. Det gjorde vi under de intensiva Leninstudierna som vår rörelse organiserade i början av 1980-talet till exempel och det kommer vi att göra i framtiden också. Men Lenin härledde inte sin analys av kapitalismens högsta stadium som han lade fram i *Imperialismen* från den konjunktur som de arbetande genomlevde, hur viktiga han än ansåg att de här politiska frågorna var – och han ansåg *inte något* vara viktigare under den här perioden eftersom det här handlade om revolution eller kontrarevolution.

Det Lenin la fram i *Imperialismen* utgick ifrån en objektiv analys av den kapitalistiska världsekonomins struktur och utveckling under flera årtionden. ”Jag vill hoppas att min broschyr skall bidra till att klargöra den grundläggande ekonomiska fråga, utan vars studium det är omöjligt att förstå och värdesätta det moderna kriget och modern politik”, skrev han i april 1917 i slutet av sitt förord till den första utgåvan, ”nämligen frågan om imperialismens ekonomiska väsen.”[26]

Vad medlemmarna i Socialist Workers Party, Young Socialists och våra kontakter behöver studera just nu är

---

nary International (New York, Pathfinder, 1986), s 589, och i *Rosa Luxemburg Speaks* (New York, Pathfinder, 1970), s 578. På svenska i Lenin *Valda verk i tio band* band 6, s 74.

26. Lenin, *Imperialism, The Highest Stage of Capitalism*, s 3, *Imperialismen som kapitalismens högsta stadium*, s 46.

inte perioden då Lenin skrev *Imperialismen* – en period då partiet han ledde hade strax över tjugotusen medlemmar och var lite över ett år från att ta makten. Det liknar inte alls de villkor vi fungerar under idag, varken i USA eller någon annanstans.

I stället behöver vi utmana oss själva att läsa och studera *Imperialismen* för att kunna förstå och förklara för andra varför Lenins framställning av de inneboende tendenserna i det kapitalistiska världssystemet av utsugning och förtryck, i sina grundläggande drag gäller än idag – *oavsett* de mycket skilda förhållandena, det helt annorlunda stadiet som karaktäriserade världspolitiken 1916–17 jämfört med de inledande åren av tjugohundratalet. Den oerhörda internationella expansionen och utbredningen av marknadssystemet ända sedan *Imperialismen* skrevs, den kontinuerliga omvandlingen av tekniken för produktion och cirkulation av varor, den stalinistiska kontrarevolutionen som förrådde den sovjetiska arbetarstaten och förstörde Kommunistiska internationalen som revolutionärt redskap, fascismens uppgång och ett andra världskrig, segrarna för nationella befrielserörelser över hela Karibien, Afrika, Mellanöstern, Asien och Stilla havet, det revolutionära störtandet av de kapitalistiska ägandeförhållandena i Jugoslavien, Kina, Korea, Vietnam och Kuba, floden över hela världen av amerikanska papperspengar som den första internationella reservvaluta som varken kan lösas in i guld eller silver, samt oräkneliga andra oerhört betydelsefulla utvecklingsdrag. De är allihop påtagliga utryck för det kapitalistiska stadium som *Imperialismen* förklarar, och de förvärrar allihop de spänningar som Lenins analys understryker.

Vi kommer att läsa *Imperialismen* idag av samma anledning som Lenin förklarade i april 1917: ”utan vars studium det är omöjligt att förstå och värdesätta det moderna kriget och modern politik." Imperialismen kommer inte att växa ur sina centrala motsättningar. Det systemet måste antingen störtas eller så kommer det att skapa ett helvete på jorden. Vänj er inte vid det. Vänj er vid att stå upp emot det och bekämpa det.

Härskarna "rider inte på" 11 september

Ett par delegaters inlägg gav en bild av att USA:s härskare fortfarande "rider på 11 september" när de driver på sin krigskampanj och sina angrepp på arbetarnas rättigheter. De slåss under "11 septembers" fana.

Det stämmer inte. Vi lägger fram en annan bedömning för kongressen. Sedan början på 2002 spelar händelserna den 11 september året innan mindre roll för vilka förevändningar de härskande ger för sin politik och sina uttalade mål. De försöker inte förklara sin politik – om de ska skrota ABM-avtalet, förbereder ett angrepp på Irak, sätter upp Norra kommandot ("hemlandsförsvaret"), förkastar Internationella domstolen i Haag eller underminerar lagar till skydd mot godtyckliga häktningar – i första hand eller ens över huvud taget genom att gå tillbaka till anfallen på World Trade Center. Det står allt mindre i fokus för deras "globala krig mot terrorismen". Det har blivit mer av ett återkommande patriotiskt skall – en del känsla, två delar imperialistisk nationalism, alla delar demagogi.

I stället säger de att "vi" – ett "vi" som innefattar den brittiske premiärministern Tony Blair och andra av Washingtons imperialistiska allierade – måste ge oss på "ondskans axelmakter" och hindra "dem" medan "vi" fortfarande kan. När Bush hävdade i sitt tal om tillståndet i nationen till kongressen i slutet av januari 2002, att Irak, Iran och Nordkorea utgör tre punkter längs en "ondskans axel", var det inte en fortsättning på förra höstens 11 september-demagogi. I själva verket markerade talet om ”ondskans axel” ett brott mot att använda 11 september som rationalisering för Washingtons imperialistiska kurs. Varför har Usama bin Ladin bleknat i USA-härskarnas propaganda? Varför har de tonat ned uppmärksamheten på Afghanistan?

För det första har, som vi sa i rapporten, Washington ändrat inriktning, till att *nämna vid namn* och förbereda sig för att ge sig på länder som har visat att de kan bygga upp en militär försvarsförmåga som förmår tillfoga förödande slag som svar på USA-imperialismens attacker: Irak, Iran och Nordkorea. Det är oberoende av om de verkligen är förmögna att göra det idag. Washington begränsar inte rationaliseringarna av sina krigsförberedelser mot Irak till nödvändigheten av att förhindra nya terroristhandlingar. De organiserar ett klassiskt imperialistiskt krig för att öka sitt grepp över regionen – och dess olja – och stärka sin militära styrka i förhållande till sina imperialistiska rivaler.

Härskarna inser att de inte kan vänta på ett ”nytt 11 september” som de inte kan förutsäga. Det skulle kunna bli en lång väntan. Och vi behöver inga konspirationsteorier om att de själva håller på att planera ett. USA:s härskare behöver verkligen något som de inte lyckades uppnå med sitt angrepp mot Afghanistan: en våg av patriotism som rullar av egen kraft närd av blod från soldater från USA *som stupat i strid*. Det är vad de behöver för att kunna ta tillbaka initiativet. För att ta tillbaka kontrollen över den patriotiska mobiliseringen. Det är vad de är ute efter. Och de har illusioner om att de kan fyra av en inledande, snabb salva i Mellanöstern för att bättre förbereda sig för en lång strid i världsskala.

Samtidigt tar USA:s regering steg för att institutionalisera möjligheten att någon gång i framtiden använda

”Alla Washingtons och andra imperialistiska makters militära angrepp har varit ’förebyggande’. Kuba hotade eller invaderade inte USA varken 1961 eller 1962. Vietnam vräkte inga vapen över USA:s städer.”

ÖVERST: Tillfångatagna medlemmar av den USA-organiserade brigaden av legoknektar som invaderade Kuba vid Playa Girón (Grisbukten) i april 1961. Inkräktarna besegrades av den revolutionära armén och milisen på mindre än 72 timmar. **NEDERST:** Bepansrat trupptransportfartyg och arméhelikopter från USA under operationer mot befrielsestyrkorna i Vietnam, 1968.

NEDERST: TIME LIFE/GETTY IMAGES.
TILL HÖGER: GRANMA

”För att öka sina vinster pressar arbetsgivarna ner lönerna och förmånerna, de förlänger arbetstiden och intensifierar arbetet. Denna utökning av arbetstiden och upptrappning av arbetstakten är ’hemligheten’ bakom produktivitetsökningen som arbetsgivarna skryter om.”

ÖVERST: Styckningsanläggning i Plainview, Texas, 2003. Sedan början på 80-talet har ägarna ofta mer än fördubblat hastigheten på banden, skurit ner lönerna och förmånerna och ökat ansträngningarna att bli av med fackföreningarna. **NEDERST:** Omkring 1 000 kolgruvearbetare och deras familjer deltar i protest organiserad av gruvarbetarfacket UMWA i Lexington, Kentucky, den 20 juli 2004 med krav på att Horizon Natural Resources inte ska bryta fackföreningens avtal. Två veckor senare tog företaget bort sjukvårdsförmånerna för 1 000 gruvarbetare och 2 300 pensionärer.

UFCW NEWS SERVICE

ASSOCIATED PRESS

federala styrkor på hemmaplan, under ett centraliserat militärt befäl. Det går hand i hand med upptrappade sonderingar idag för att legalisera möjligheterna att använda ”förebyggande” häktningar utan anklagelser (till och med utan rätt att få träffa en advokat), hemliga domstolar och utökade möjligheter till avlyssning och andra former av spioneri och trakasserier. Även om det finns oenigheter inom den härskande klassen om hur långt och hur snabbt man ska gå fram, och även om de kommer att få retirera på en eller annan fråga längs den här inriktningen, så finns det uppbackning från kongressens båda sidor för att lägga grunden för att låta vilken regering som helst röra sig i den här riktningen, efter eget godtycke.

Det skrivs mycket om Homeland Security Act [Lagen för hemlandets säkerhet] i den borgerliga pressen just nu. Och det som kommer att ankra fast Homeland Security, som vi anmärkte i den inledande rapporten, är Pentagons Norra kommando. Det ska fungera från och med oktober och syftar till att ytterligare legalisera användningen av USA:s militära styrkor mot arbetande människor i USA – i hela Nordamerika! – i extrema fall, med USA:s militär som den styrka som ska sättas in som en sista utväg när man beslutar sig för att man snabbt behöver slå ner civila oroligheter för att hindra ”terrorister” från att dra fördel av ”öppningar”.

Den kapitalistiska utvecklingskurvan

Världskapitalismens underliggande motsättningar som driver på mot depression och krig började inte den 11 september 2001. Några påskyndades av de händelserna, men alla har sina rötter i att den kapitalistiska utvecklingskurvan vände neråt för ett kvarts århundrade sedan, följt av den därmed sammanhängande försvagningen och senare kollapsen för den stalinistiska apparaten i

Sovjetunionen och över hela Öst- och Centraleuropa i början av 1990-talet. Vi har följt dessa trender över hela den här perioden: i *USA-politikens ansikte i förändring*, i ledande artiklar i flera utgåvor av tidskriften *Ny International* – "Vad börskraschen 1987 förebådade", "De första skotten i tredje världskriget", "Imperialismens marsch mot fascism och krig" och "USA-imperialismen har förlorat kalla kriget" – i *Capitalism's World Disorder* och i *Cuba and the Coming American Revolution*.

Det är värdefullt att gå tillbaka till *Capitalism's World Disorder* och läsa om "So Far From God, So Close to Orange County: The Deflationary Drag of Finance Capital" [Så långt från Gud, så nära Orange County: Finanskapitalets deflationistiska tröghet], ett tal på en regional socialistisk konferens i Los Angeles i början av 1995. De första antydningarna till den oväntade och våldsamma kreditåtstramning vi återigen hotas av idag kunde skönjas i slutet av 1994 när den mexikanska peson kollapsade och obligationerna utgivna av kommunstyrelsen i en rik kommun i södra Kalifornien fick förfalla till betalning – något man hellre valde att göra än att höja skatterna. Då sa vi:

> För att ta itu med att avkastningen på investeringar i kapacitetshöjande fabriker och utrustning har stått under press sedan mitten av 70-talet, har kapitalägarna inte bara skurit i kostnaderna. Dessa innehavare av papper har också lånat allt större summor för att köpa och sälja olika slags värdepapper med vinst. De blåste upp en gigantisk skuldballong i Orange County under några år [och slog vad om att räntorna säkert skulle gå ner i början av 90-talet. Detta var en nästan metafysisk "insikt" som bara giriga kommunadministratörer och Merrill Lynchs

> obligationsförsäljare fått av Gud – att sätta sig massivt i skuld utan täckning skulle skyddas av stjärnornas positioner!] Obligationsinnehavarna trodde att de kommit till himlen.... När ballongen som de internationella bankirerna hade blåst upp i Mexiko under 80-talet började sjunka ihop, gick obligationsinnehavarna in och blåste upp den ett tag till. Men ju mer de lokala administratörerna i Orange County lånade för att göra klipp genom att använda offentliga medel att spela med [i maskopi med] obligationsförsäljarna, desto sårbarare blev de....
>
> Nu har kapitalisterna och deras offentliga representanter – inte bara i Mexiko och Orange County – fått en ny varning om de långsiktiga riskerna av okontrollerbar deflation. Under de senaste decennierna har konjunkturuppgångarna vilat på att stora summor fiktivt kapital satts i omlopp – och blåst upp ballonger av skulder och andra pappersvärden. Kapitalisterna får nu betala kalaset för bristen på tillräcklig ekonomisk tillväxt under den perioden för att de skulle kunnat fortsätta med att hela tiden omsätta lånen.[27]

Kapitalisterna kunde försena krisen ett halvt årtionde efter mitten på 1990-talet genom att uppfinna och blåsa upp fler kreditformer och papperstillgångar. Börsen, mätt med Dow Jones Industrial Average och S&P 500-index, mer än tredubblades. Företagslånen mer än fyrdubblades i USA under den femårsperioden – inte för att öka produktionskapaciteten utan ofta för att köpa tillbaka sina egna uppblåsta aktier, blåsa upp dem ytterligare och

---

27. Barnes, *Capitalism's World Disorder*, s 60–61.

sitta på vad som mer och mer blir ett hamstrat förråd av kontanter.[28] Mellan 1995 och 2000 var företagen i USA de största nettoköparna av aktier – ofta de uppblåsta aktierna i just de företag som hade utfärdat dem. Och vi har redan diskuterat explosionen på Wall Street i lånen på spelmarker som kallas derivat.

DÄRFÖR MÅSTE VI nu i det tidiga inledningsskedet av världsdepressionen hålla ögonen på bourgeoisiens framväxande *finansiella* kris. Vi måste hålla ögonen på den växande obalansen i statsfinanserna, ansatserna till valutapanik, hotet om kapitalkontroller, det deflationistiska spöket som lurar bakom varje ökning av räntorna, den allt mer omfattande användningen av ädelmetaller som hårdvaluta och det därav växande trycket på rivaliserande "internationella reservvalutors" relativa styrka. Under den moderna kapitalismens historia och inte minst under den imperialistiska epoken koncentreras de första enorma chockerna som börjar bryta ner tillförsikten till och

---

28. Regeringens siffror visade sjunkande kapitalinvesteringar under hela 2001 och 2002. Även det blygsamma uppsvinget som började i mitten av 2003 riktade in sig på att ersätta utsliten utrustning och på att sänka kostnader för arbetskraften genom att höja arbetstakten och förlänga arbetsdagen, inte genom att öka kapaciteten och produktionen. En artikel i *Business Week* 19 juli 2004 under rubriken "Corporate Coffers Are Stuffed With Dough [Företagens koffertar är fullproppade med pengar]" påpekade att "än så länge åtminstone, håller företagen hellre krutet torrt – i stället för att använda all sin eldkraft genom att pumpa upp kapitalbudgeten, öka anställningstakten, fylla på förråden eller genom att göra större utdelningar". Företagen, sa *Business Week*, sätter in sina kontanter i penningmarknadens fonder och återköp av egna aktier.

med bland skikt hos de härskande, just till de finansiella institutionerna – till bankerna och till marknaderna för valutor, skulder och aktier – inte till fabrikerna, gruvorna och bruken. Förödelsen av produktionen och sysselsättningen följer först efteråt och med fördröjning.

Under trettiotalsdepressionen kraschade börsen i oktober 1929 och fortsatte nedåt – med flera stora och branta uppgångar – fram till att den hade förlorat mer än 85 % av sitt värde mot mitten av 1932. (Mer pengar förlorades säkert av individer som handlade utifrån en näst intill religiös tilltro under "de blåögdas uppgång" 1930 – då girigheten fortfarande trumfade över rädslan – än vad som förlorades under själva kraschen 1929.) Den första bankpaniken och vågen av bankkonkurser slog till i slutet av 1930 och ledde till att tio tusen banker hade stängt 1932 – 40 % av alla de som funnits 1929. Arbetslösheten ökade långsammare, till 8,7 % 1930 enligt regeringens statistik, 16 % 1931, och upp till hela en fjärdedel av arbetskraften 1933. Då hade en utbredd, nästan massomfattande uppgivenhet börjat få grepp om befolkningen, och det återspeglades i uppfattningar om att ekonomin – och själva det kapitalistiska Amerika – aldrig skulle återhämta sig.

Någonstans i mitten av 1970-talet gick vi in i ett neråtgående segment av den kapitalistiska utvecklingskurvan och det är den perioden vi fortfarande lever i idag. Lenin och Trotskij försåg oss med de nödvändiga politiska verktygen för att analysera dessa långsiktiga trender i kapitalismens historia och deras konsekvenser för kommunistisk strategi och partibygge. Bland de mest användbara är deras rapporter och skrifter vid ungefär samma tid som Kommunistiska internationalens tredje och fjärde kongresser 1921–22.[29] Trotskij sammanfattade

29. Dessa rapporter finns i en samling av Leo Trotskijs skrifter i

dessa slutsatser i ett kort brev 1923 som vi publicerade i tidskriften *Ny International* under titeln, ”Den kapitalistiska utvecklingskurvan”.[30]

Till skillnad från kapitalistiska konjunkturcykler och dess upp- och nedgångar med förutsägbara och upprepade mönster, sa Trotskij, finns det inte någon ”stelt lagbunden rytm” i världskapitalismens långsiktiga utveckling. I sitt brev från 1923 drar Trotskij denna slutsats i motsats till vad en sovjetisk akademiker, Nikolaj Kondratiev, kommit fram till. Genom att försöka formalisera något som inte gick att formalisera – modern historias materialistiska dialektik – förborgerligade Kondratiev de arbeten som Lenin och Trotskij hade lagt fram på Kominterns tredje och fjärde kongresser. Han argumenterade att det förutom de kortare handels- och lagercyklerna också fanns regelbundna cykler på omkring femtio år som kunde spåras i den kapitalistiska historien åtminstone från början på den industriella revolutionen under 1700-talets senare hälft.

KONDRATIEVS EMPIRISKA KURVA, sa Trotskij, var en i stort sett riktig skiss över trender som hade inträffat i den kapitalistiska utvecklingen under de senaste 150 åren. Men om man noggrant studerade dess vändpunkter – liksom längden och lutningen på de olika upp- och nedgångarna och de mera flacka delarna – var det up-

---

två volymer *The First Five Years of the Communist International* (New York, Pathfinder, 1972) och i Lenin, *Collected Works*, vol 32 och 33. Stora delar av dessa rapporter finns med i denna utgåva på s 221–303

30. Trotskij , ”Den kapitalistiska utvecklingskurvan” i *Ny International* nr 2 (Stockholm, 1995) s 213–223.

penbart att de påverkades av större händelser inom politiken och klasskampen och inte av enbart ”ekonomiska” faktorer i gängse bemärkelse. Det fanns inget ”automatiskt” eller ”cykliskt” i en *uppgång* i denna längre kurva som vid en viss tidpunkt när det gäller förstörelse av värden och nedskrivningar av lagren under en kapitalistisk lågkonjunktur.

”När det gäller de stora segmenten av den kapitalistiska utvecklingskurvan, ” skrev Trotskij, ”bestäms deras karaktär och utsträckning inte av de kapitalistiska krafternas inre växelspel utan av de yttre faktorer som kanaliserar den kapitalistiska utvecklingen. Kapitalismens erövring av nya länder och kontinenter, upptäckten av nya naturresurser och i kölvattnet på dem sådana viktiga faktorer i överbyggnaden som krig och revolutioner, bestämmer karaktären och växlingen mellan uppåtgående, stagnerande eller nedåtgående epoker i den kapitalistiska utvecklingen.”[31]

Kondratiev använde sig däremot av en värdefull metafor i beskrivningen av denna långsiktiga kurva vars särdrag och dynamik han inte förstod. Han och hans återupptäckare och vulgärtolkare talar idag om den långsamma inledningen på återhämtningen som ”vår”, om snabba uppgångar som ”sommar”, om den stillastående inledningen av en nedgående trend som ”höst” och den mera skarpa nedgången som ”vinter”. Vi har haft höst sedan mitten av 1970-talet och nu har en av kapitalismens sällsynta långa vintrar börjat. Utan några synbara gränser för hur mycket Federal Reserve och finansdepartementet blåser upp varje ballong de kan hitta och med den åtföljande upptrappningen av imperialismens krigskampanj, kommer det att bli en lång het vinter. Viktigare än så: det kommer att bli en vinter som långsamt men säkert och

31. Ibid., s 218.

explosivt föder fram en bredd och ett djup i motståndet som revolutionärt sinnade kämpar i världen i dag aldrig tidigare har upplevt.

Under kapitalismens kvartssekellånga "höst" fortsatte affärscyklerna att pendla, med två långa kapitalistiska uppgångar: en under nästan åtta år efter 1982 i nästan alla de imperialistiska länderna utom Nya Zeeland; och den andra som varade ett helt decennium från 1991 till 2001 – den längsta konjunkturuppgången i USA:s historia, med relativt stabil tillväxt under hela perioden i de flesta andra imperialistiska länderna, med Japan som ett viktigt undantag. Men båda uppgångarna begränsades till en majoritet av de imperialistiska länderna och en minoritet av de ekonomiskt sett relativt utvecklade halvkoloniala länderna. Båda uppgångarna närdes av en våldsam inflation i skulder och pappersvärden, med bara en liten ökning av produktionskapaciteten jämfört med tillväxten efter andra världskriget i USA och senare i Europa och Japan. För att försöka öka sina vinstmarginaler har fler och fler arbetsgivare inte haft något annat att ta till än att öka trycket för att pressa ned lönerna och förmånerna, förlänga arbetstiden och intensifiera arbetet. Denna utökning av arbetstiden och upptrappning av arbetstakten är "hemligheten" bakom den produktivitetsökning som Greenspan överdriver och skryter om för att försäkra kapitalistklassen att något mer håller på att hända än ytterligare en ökning av regeringens massiva skulder och dess motsvarighet på den privata sidan i företagspapper, bostadslån och kreditkortsskulder. Men enligt USA:s regerings egna siffror, inklusive Federal Reserves, har varken den ekonomiska avkastningen eller arbetsproduktiviteten under de två senaste uppsvingen kommit ens i närheten av de siffror som noterades under slutet av 1940- till början av 1970-talet.

Samtidigt är det värt att upprepa vad en delegat från

Washington DC, Sam Manuel, påminde oss om under diskussionen. Det räcker aldrig att bara titta på regeringsstatistik eller ens på hur ett genomsnitt eller ett medeltal i arbetarklassen klarar sig under ett visst antal år. Vi måste hålla ögonen på olika skikt i arbetarklassen och de skilda sociala *följderna* av en sådan "boom". Under de senaste tjugofem åren har inte bara löneskillnaderna inom arbetarklassen *ökat* utan framförallt har löneklyftan vuxit explosionsartat mellan alla arbetare och den bättre ställda medelklassen och de högutbildade, för att inte tala om de förmögnaste rika familjerna (vars astronomiska årliga inkomster inte ens räknas med i regeringsstatistiken, ännu mindre deras ackumulerade förmögenheter). Reallönerna, pensionerna och sjukförsäkringarna, värdet och längden på arbetslöshetsersättningarna, tillgången till och realvärdet på ersättningarna vid arbetsskador, tillgången på bostäder, mat och högskoleutbildning – alla dessa har minskat, ofta en hel del, för de flesta arbetare och arbetande bönder. Nettolönen ökade visserligen för vissa skikt under flera år i slutet av 1990-talet, men även den lättnaden har nu slagit om och den minskar igen.[32]

SÅ LÄNGE den kapitalistiska ekonomin är på uppgång, så länge realräntan är stabil eller på väg neråt, så länge dollarn förblir stark i förhållande till Washingtons imperialistiska rivaler och deras valutor, står detta skuldsatta korthus kvar – och det växer sig allt högre (i dollarvärden!). Men när allt detta börjar förändras – och det har

32. Enligt Goldman Sachs, en investeringsbank på Wall Street, föll den årliga ökningen av timlönerna i USA under slutet av 2003 till "den långsammaste takten som någonsin noterats". Fram till mitten av 2004 sjönk faktiskt reallönen per vecka.

det gjort sedan någon gång i slutet på år 2000 – börjar hela bygget att bli allt mer instabilt. Marx' iakttagelse att "det räntebärande kapitalet alltid [är] källan till alla förvridna former" av kapital åskådliggörs än en gång i allra högsta grad.[33]

Varken vi eller någon annan kan på något sätt riktigt förutse hur lång tid det kommer att ta för dessa jätteballonger – börskurserna, konsumentskulderna, fastighetspriserna, dollarns relativa "värde" – att sjunka ihop. Men eftersom alla kan se att det är på väg, kan det verka naturligt att säga: "Kapitalisterna kommer säkert att göra något för att stoppa det!"

Men det är inte så värdelagen verkar. Det är inte så ett marknadssystem som drivs av konkurrens mellan olika kapital fungerar – inte heller, i den imperialistiska epoken, den allt mer våldsamma konkurrensen mellan allt större och större kapital eller spekulationer med större och större hävstångseffekter. Sedan mitten av 1970-talet har finanskapitalet skjutit fram krisen och försökt dämpa antalet och lättrörligheten i konjunkturcykelns svängningar. Men det har bara kunnat göra detta till priset att blåsa upp skuldballongerna mer och mer och skapa fler olika sorters ballonger, samtidigt som valutans köpkraft urholkas. Detta leder till att när bubblan slutligen spricker, får det ännu mer destruktiva följder för den imperialistiska stabiliteten, dess självförtroende och dess allianser.

Medelklassen skakas om först

Klassmedvetna arbetare har lärt av historien att de mest omedelbara följderna av en kapitalistisk *finanskris* i början av en depressionsperiod kan drabba medelklassen, till att

---

33. Marx, *Capital*, vol. 3, s 596, på svenska i *Kapitalet*, band 3, s 423

börja med mer än de drabbar arbetarklassen.

Det tog lång tid att i USA utveckla det som Marx och Engels kallade ett "ärftligt proletariat", en klass vars medlemmar till sin stora majoritet från en generation till nästa förblir egendomslösa proletärer. Ingen jord, inga verktyg, inget kapital. De av oss som överlever enbart på att för en lön sälja vår förmåga att använda muskler och hjärna för att slita för någon annan – vår arbetskraft. Marx och Engels följde den här utvecklingen noga under andra hälften av artonhundratalet och skrev mycket om den. Fram till dess att slaveriet avskaffades, påpekade de, och så länge man fick jord gratis under USA-kapitalismens expansion västerut, kunde det inte skapas någon ärftlig arbetarklass över hela USA. Och innan denna ärftliga arbetarklass uppkom, fanns det begränsade möjligheter att organisera vare sig ett arbetarklassmotstånd mot den industriägande bourgeoisien på uppgång eller ett klassmedvetet massparti som skulle kunna tala och handla beslutsamt i arbetarnas eller andra utsugna producenters eller bröders och systrars intressen som var underkastade olika slags arbetstvång.

Under stora delar av artonhundratalet var det som skulle bli USA en ofantlig, till stora delar underutvecklad landmassa som bredde ut sig från Atlanten till Stilla havet. Å förmögna jordägares, handelsmäns, kanalutvecklares och senare stora järnvägs- och gruvintressenters vägnar genomdrev USA-regeringen brutala, massiva befolkningsomflyttningar och folkmordsangrepp mot de infödda indianerna.

Men arbetande människor flyttade också i växande antal. När arbets- och levnadsförhållandena i de östra städerna blev alltför svåra, kunde arbetarna "åka västerut, unge man" till ett nytt liv, och det gjorde de också. Arbetarna flydde verkstäderna och fabrikerna för att bli egna småbönder. Efter inbördeskriget i USA drog hundratusentals fördel av Homestead Act [Nybyggarlagen] för att få en liten åkerlapp. Än i dag består drömmen bland många amerikanska arbetare om att spara ihop lite pengar och starta eget. Dessutom drömmer de om att kunna göra något för sina barn så att de kan komma sig upp och in i medelklassen. Men verkligheten för de allra flesta arbetare har för länge sedan blivit ett proletärt tillstånd som är ärftligt.

ARBETARE SAMLAR INGEN nettoförmögenhet under sin livstid. Man kan ofta läsa hänvisningar till det ”faktum” att en majoritet amerikaner är aktieägare. Men sådana försäkringar döljer helt enkelt den hårda klassverkligheten, att allt fler företag överger pensionsfonder där förmånerna är klart definierade och som finansieras av arbetsgivarna – som inte alls är ”garanterade”, vilket miljoner arbetare med sådana ”bestående” pensioner nu håller på att lära sig – och ersätter dem med ”pensionsplaner” där bidragen är definierade men förmånerna helt beror på hur värdet på aktier, obligationer och andelsfonder utvecklas. Även om arbetarna inte har någon kontroll över sådana pensionsplaner, gör det faktum att vi kanske ”äger” en [de kallas 401k i USA] att vi antas vara spelare på börsen. Men dessa pensionsplaner gör oss i själva verket till *offer* på börsen. Faktum är att individer i enbart en tredjedel av hushållen i USA innehar en endaste aktie utöver pensionsfonder och den siffran har sjunkit, inte ökat, under de senaste fem åren. Nästan 85 % av börsvärdet ägs av dem som har de 10 % högsta inkomsterna i USA. Innehav av stats- eller företagsobligationer är än mer förbehållet de förmögna, härskande familjerna och mycket högt avlönade akademiker, som satsar mycket mer av sina förmögenheter i obligationer än i aktier. De härskande familjerna i det sista imperiet betraktar ägandet av en del av avkastningen från det världsomfattande skuldslaveriet som sin parasitära födslorätt.

Vilka små besparingar de flesta arbetare än lyckas skrapa ihop fram emot medelåldern, inklusive fastighetsvärdet på deras hem, så äts de mer än väl upp av den växande skuldsättning och de ruinerande utgifter som högre ålder för med sig. Så när aktie- och obligationsmarknaderna dyker upplever de flesta arbetare liten eller ingen omedelbar effekt på sin levnadsstandard.

Men så är det inte för de miljoner som tillhör medelklassen – till en början. Så länge som den kapitalistiska krisen fortsätter att utvecklas mera häftigt inom bank- och finansväsendet än inom produktionen och arbetsmarknaden, kommer det inte att vara arbetarklassen som först radikaliseras som svar på den utvecklingen. Det kommer att vara det växande antal vars familjer lyckats slippa undan de proletära villkoren under den senaste generationen eller så – för alltid hoppades de – bara för att se sina illusioner om trygghet och stabilitet börja krossas.

Under millenniets få första år känner många i medelklassen som om råttor håller på att gnaga upp dem, utan någon undsättning i sikte. När aktiepriserna började sjunka år 2000 blev de ”rekommenderade” att inte göra någonting utan vänta på att marknaden skulle vända uppåt igen som den hade gjort 1987 och igen 1991. De flesta av dem gjorde precis det – och fick se på medan en ansenlig del av deras besparingar smälte bort, tills det gick upp för dem att ingen visste exakt hur länge det skulle dröja innan aktieprisindex skulle komma upp till sin forna nivå igen, eller om de eller deras arvingar skulle vara solventa då eller ens i livet! Så vad gör de nu? Säljer med stor förlust eller väntar på en soligare dag? Marknaden sjunker. Sen går den upp några dagar eller veckor eller månader eller under ett år. Nytt hopp! Av mer än simpel girighet kommer hoppet tillbaka igen – det närs av förtvivlan och omvandlar rädslan. Fårskocken köper när kurserna går upp och får skoningslöst ullen klippt när de sjunker ännu mer. Varje ny topp är lägre än den föregående, varje ny dal är djupare än den föregående. Men det är fortfarande lång väg nedåt – år in och år ut – till "botten".

Bland växande medelklasskikt liksom bland skikt av bättre ställda arbetare som trodde på myten att de hade lyckats hamna i medelklassen, är den fruktan påtaglig som följer av att man förväntar sig ännu djupare kursfall. I brist på någon som helst oberoende arbetarklassröst som skulle kunna polarisera och dra till sig delar av småbourgeoisien, kommer de som är mest panikslagna inför det som inträffar att bli mer öppna för den radikala högerns appeller om radikalism och våld. Propaganda som bygger på konspirationsteorier kommer att få större gehör. Sjuka föreställningar kommer att spridas som förkunnar raka motsatsen till den klassverklighet som Lenin förklarade i *Imperialismen*. Så kallade populistiska "teorier" kommer att spridas som försöker skilja den "produktiva" arbetar- och företagarklassen från "ockrarna" och "spekulanterna" (enklare och mer försynta termer som snart kommer att ersättas med "judarna"). Och dessa patentlösningar kommer ofta att vara klädda i antiimperialistisk, antikrigs- och till och med antikapitalistisk retorik. Vi kommer mer och mer att höra ekon av sådana uppfattningar bland bönder som slåss mot utmätningar och från vissa arbetskamrater, deras vänner och familjer – arbetande människor som inte har någon förklaring till vad som börjar hända dem och alla runt omkring dem. De ser bara hur det faller ihop som på film i slowmotion.

Kommunistiska arbetare måste vara politiskt förberedda på att besvara ultrahögerns och spirande fascistiska styrkors radikala demagogi. Vi kommer att förklara för de arbetande: Nej! Det krävs ingen konspiration. För minst ett sekel sedan smälte de monopoliserade bankernas, industrins och handelns kapital samman i USA och andra imperialistiska länder, ägda och kontrollerade av en handfull parasitära besuttna härskarfamiljer, finanskapitalets familjer. Namnen på USA:s härskande familjer är ingen hemlighet. De äger dessa monopol: bankerna, börsmäklarfirmorna, försäkringsbolagen, industriföretagen, grossist- och detaljhandlarna, fastighetsförvaltarna, de största tidningarna, tidskrifterna, radio- och TV-stationerna och underhållningsbolagen. Det är de som är aktieägarna. De dominerar marknaderna för aktier, varor och varje slags skuldsättning under solen. De äger de professionella sportklubbarna och finansierar operahusen, de största museerna, biblioteken, stiftelserna och olika think tanks av alla sorters övertygelser. De finansierar de demokratiska och republikanska partierna. De styr de kapitalistiska regeringarna på federal, statlig och lokal nivå. De betjänas och skyddas av domstolarna, polisen och de väpnade styrkorna. Vi kan säga vilka klubbar de tillhör, vilka styrelser de sitter i, vilka universitet de går på och donerar pengar till och vilka skolor deras barn går i. Uppgiften är att leda arbetarklassens avantgarde att störta de härskande och upprätta en regering av arbetare och bönder för att på så sätt sätta solidariteten i centrum i samhället.

Ett kommunistiskt program

Allteftersom den kapitalistiska depressionen fördjupas, kommer en nedgång i produktionen att leda till växande arbetslöshet, kraftigt sjunkande löner, mer och mer brutal arbetsmiljö och ruinerande utbrott av inflation när kapitalisterna spottar ut pengar för att försöka få sin motor att fungera igen.

Arbetarna i förtruppen kommer att bli mer mottagliga för ett kommunistiskt program. När de tvingas gå igenom allt häftigare strider, kommer de att leta efter mer effektiva sätt att kämpa och vinna. De kommer att dras till idéer som förklaras av medkämpar som är kommunister, om hur man kan stärka arbetarklassens och våra allierades solidaritet och kampförmåga, och framför allt våra fackföreningar. Vi kommer att vinna brett gehör för nödvändigheten av att omvandla socialförsäkringssystemet till att omfatta allmän sjukförsäkring, allmän livslång utbildning, allmän arbetsskadeförsäkring och allmänna garanterade ålderspensioner. Dessa, förklarar vi, är inga ”gåvor” till arbetarklassen från arbetsgivarna och deras regering, utan de nya rikedomarna som arbetande människor producerar måste användas för att garantera villkor för de arbetande klasserna för ett – genom hela livet – produktivt liv. Vi kommer att vinna mer framgång i att motarbeta arbetsgivarklassens försök att ställa olika generationer arbetare mot varandra eller söndra och härska utifrån vilket slags jobb man har, eller vilken hudfärg, kön, språk, medborgarskap eller nationellt ursprung.

Stora delar av vårt program verkar vettigt för många arbetande människor när vi förklarar det, men det verkar inte komma ur strider de själva är inbegripna i som är viktiga för deras egna liv. Det har inte verkat angeläget eller praktiskt. Och det blir det inte, så länge illusionerna om det kapitalistiska systemets långsiktiga stabilitet består eller, än viktigare, illusionerna om arbetarna i världen, om vår politiska oförmåga och fortsatta underkastelse. Många uppfattar till en början vårt program som enbart en uppsättning idéer, till och med som en utopisk framtidsbild och inte en marschriktning genom klasstrider mot den organiserade kampen för proletariatets diktatur. De har inte gått igenom tillräckligt många politiska strider under ett proletärt ledarskap för att utveckla förtroende för sin egen och sin klass' förmåga att organisera och förvalta ekonomin och "styra statens skepp".

Vi har alla under många år fått höra liknande saker från många arbetskamrater och släktingar: "Jag kommer att bli omhändertagen av Krigsveteranernas administration." "Jag har pension från järnvägen och den är till och med garanterad av en federal myndighet." "Jag har varit här i tjugo år. Jag kommer att jobba här till pensionen." Under den senaste tioårsperioden eller så har dessa talesätt fått några tillägg: "Jag skulle inte kunna leva på min pension, men nu har vi fått företaget att sätta upp en *401k* [pensionsplan] och jag sätter undan lite mer varje månad." Alla dessa bekväma – och tillfälliga – myter uppmuntras av de klassamarbetande fackliga förtroendemännen, ett småborgerligt skikt med borgerliga värderingar och förhoppningar, och en till syvende och sist huliganliknande självupptagenhet.

Idag är det inte bara arbetsveckan och arbetsåret som förlängs för arbetarklassen (betald semester och helgdagar smälter bort för miljoner arbetare) – utan själva *arbetslivet.*[34] Antalet år den genomsnittliga arbetaren i USA

34. Det genomsnittliga arbetsåret i USA var längre under 2003 än ett halvt sekel tidigare. Den genomsnittliga arbetsveckan inom gruv- och tillverkningsindustrin är över 40 timmar och både det genomsnittliga timantalet och övertiden har ökat brant sedan 1955. Arbetare i produktionen som arbetar övertid har

tillbringar i arbetslivet, som minskade fram till mitten av 1980-talet, har börjat öka igen under de senaste femton åren.[35] Den officiella pensionsåldern för att få full pension enligt socialförsäkringssystemet kommer att höjas stegvis med början 2003 från 65 till 67 år. Och detta är bara början när härskarna trycker på under de kommande åren i sina angrepp på den sociala lönen. Det har ingenting att göra med att överbrygga klyftan mellan generationerna och försäkra sig om utbildning genom hela livet och produktivt samhälleligt arbete för varje mänsklig varelse, som vi diskuterar i *Arbetarklassen och lärandets förändring*. Det handlar i stället om en längre livstid av *exploatering* för att öka arbetsgivarnas profiter. Och med det följer allt fler skador och dödsolyckor på arbetsplatserna. Detta skulle ha hänt även utan taktökningar. Och alla här vet och känner, att det *är* taktökningar, *brutala* taktökningar.

Förra året presenterade vi viktiga delar av vårt program på ett lättillgängligt sätt i *Cuba and the Coming American Revolution*. Vi kan använda den boken effektivt när vi talar socialism med unga människor och arbetare. Några av våra klaraste och mer utförliga presentationer åter-

---

en genomsnittlig arbetsvecka på mer än femtio timmar – nära sextio timmar för gruvarbetare. Enligt USA:s regeringssiffror har andelen arbetare utan betald semester ökat drastiskt från 3 % i början på 1990-talet till 13% 2003 på medelstora och stora arbetsplatser (över 100 anställda) och från 12 till 27 % på de mindre arbetsplatserna.

35. Enligt US Bureau of Labor Statistics [USA:s kontor för arbetsstatistik] har andelen arbetare mellan 65 och 74 år inom arbetskraften ökat från 16,7 % 1990 till 19,1 % under 2000 och den antas öka till 22,1 % fram till 2010. Andelen män i den åldersgruppen i arbetskraften växte från 21,4 % 1990 till 24,4 % 2000 och antas bli 27,7 % under 2010.

finns i de första dokumenten från partiets vändning till industrin i slutet på 1970- och början på 1980-talet, i *USA-politikens ansikte i förändring* och genom hela *Capitalism's World Disorder*. I "Att leda partiet ut i industrin" till exempel – rapporten som lanserade vändningen i februari 1978 – förklarade vi hur långt arbetsgivarklassen hade gått med hjälp av de förtroendevalda i fackföreningarna under "sommaren" efter andra världskriget, en lång uppgång i den kapitalistiska utvecklingskurvan, i riktning mot att undergräva själva grundvalarna för solidariteten inom arbetarklassen.

FLER OCH FLER "'extra' förmåner – pensioner, sjukvård, extra arbetslöshetsförsäkringar – blir alla villkorliga och beroende av den fortsatta profiten för den arbetsgivare du jobbar åt", sa rapporten 1978. "Vi ser det här bli allt vanligare i industrier som kol-, stål- och bilindustrin. Dessa förmåner har inte vunnits for klassen som helhet eller ens en del av klassen." Rapporten fortsatte:

> Dessa extra förmåner är bra under goda tider – för de arbetare som har dem – därför att de innebär ett avsevärt tillägg till allting annat som industriarbetare kan räkna med. Men när åtstramningarna kommer så börjar allt det där att falla samman. Din pensionsfond är hotad. Din sjukförsäkring avskaffas. Det extra arbetslöshetsbidraget tar slut. ...
>
> Det är nu vi får betala för *business unionism*. Detta är priset vi får betala för den klassamarbetande inriktningen att vägra kämpa för klassens verkliga behov – klassens sociala trygghet, en nationell sjukförsäkring, en nationell verklig

arbetslöshetsförsäkring som är tillräckligt hög, för kortare arbetsvecka med bibehållen lön, för skydd mot inflation och för arbetarklassens oberoende politiska kamp. Detta är priset vi får betala för en byråkrati som säger att oberoende social och politisk kamp kommer i andra hand och som säger att det avgörande är arbetsgivarnas löften i avtalen.

Detta är priset för fackföreningsbyråkratins vägran att kämpa för arbetarklassens breda sociala behov och bygga ett politiskt redskap för att kämpa för dem.[36]

Att lära sig tala konkret

När vi talar om villkoren under depressionen som vi håller på att gå in i, kan själva ordet – *depressionen* – lätt bli en tomt begrepp om vi inte är försiktiga, om vi inte är konkreta. Trotskij varnade för sådana faror i brevet från 1923 om den kapitalistiska utvecklingskurvan vi tidigare citerade från. Under en lång period av kapitalistisk stabilitet, sa Trotskij, är det naturligt att reducera de olika politiska företeelserna och ekonomiska trenderna "till en bekant social kategori", eftersom när man gör det blir det möjligt att kommunicera och handla. "Men när en allvarlig förändring av situationen sker", sa han, "avslöjas sådana allmänna förklaringar som fullständigt otillräckliga och förvandlas till tomma banaliteter."[37]

Om ni går tillbaka och tittar på Teamsterböckerna till exempel, kommer ni att lägga märke till att Farrell [Dobbs] alltid talar om avgränsade, konkreta perioder

36. Barnes, *USA-politikens ansikte i förändring: arbetarklasspolitik och fackföreningarna* (Stockholm, Pathfinder, 2005), s 153f.

37. Trotskij, "Den kapitalistiska utvecklingskurvan", i *Ny International* nr 2, s 215.

inom depressionen och deras politiska följder, inte enbart om ”trettiotalsdepressionen”.

Farrell beskriver de fyra åren som följde 1929, när produktionen föll med en tredjedel och arbetslösheten till slut ökade till 25 %. ”Till en början accepterade arbetarna dessa slag mer eller mindre passivt”, säger han. ”De hade blivit lamslagna inför det ekonomiska sammanbrottet och det tog tid för dem att hämta sig från chocken.”[38]

Sen beskriver Farell vad som började hända i arbetarklassen och arbetarrörelsen 1933, när produktionen började en fyraårig uppgång, när den återvann mer än en tredjedel och arbetslösheten föll med nästan hälften till omkring 14 %. Under det året säger han, ”bröt strejker ut här och där i industrin”, och de fortsatte under hela 1934 – när en ny sorts strejker bröt ut i Minneapolis, San Francisco och Toledo – och fortsatte med sittstrejker och andra strider under 1935–37 i bil-, stål- och andra industrier: strejker och organiseringskampanjer som byggde upp CIO, industrifackföreningarna. ”Dessa strejker” skriver Farrell, ”var följden av ett samspel mellan två grundläggande faktorer: arbetarnas beslutsamhet att vinna tillbaka mark de hade förlorat under depressionen och deras växande självförtroende – som späddes på av den partiella ekonomiska återhämtningen under New Deal – att de skulle kunna nå sina mål.”

Slutligen berättar Farrell om effekterna av nästa kapitalistiska nedgång under 1937–38, inklusive att CIO:s strider mattades av och att den demokratiska regeringen inledde en allt mer intensiv kampanj för att gå med i det andra imperialistiska världskriget. ”När den nationella ekonomin började gå ner igen mot mitten av 1937” skriver

38. Farrell Dobbs, *Teamster Politics* (New York, Pathfinder, 1975), s 56.

Farell, "försökte arbetsgivarna använda den förändrade situationen som utgångspunkt för en offensiv mot den organiserade arbetarrörelsen.... De kände sig sporrade i sitt uppsåt eftersom nedgången i produktionen tenderade att delvis ta udden av fackföreningsmedlemmarnas stridsvilja."[39] Under denna tid pressades det högst verkliga politiska momentet mot ett oberoende arbetarparti tillbaka – som hade vunnit terräng bland förtruppsarbetare som var inbegripna i striderna för att bygga upp industrifackföreningar. I stället hade de stalinistiska missledarna i Kommunistpartiet vunnit ökat gehör bland arbetarna för sin folkfrontsinriktning att haka på arbetarrörelsen ännu fastare bakom det demokratiska partiet och den inriktning som företräddes av den stora majoriteten av höjdarna inom i CIO och en stor andel inom AFL.

Vi skulle aldrig få se en revolutionär utveckling någonstans i världen om den ekonomiska verksamheten, det politiska livet och klasskampen alla rörde sig i en rät linje. Om produktionen bara gick ner hela tiden under en depression skulle arbetarklassen till slut bli så utarmad att effektiva klasstrider, ännu mer revolutionär kamp, skulle gå i kvav. Det är de skarpa upp- och nedgångarna, den ökande våldsamheten i svängningarna, löftena och de grusade förhoppningarna som omvandlar arbetarnas medvetande. Det är det som skapar en beslutsamhet att kämpa hos så många. Och som får många andra att se upp till dessa kämpar, fram till dess att det visar sig om de kan eller inte kan hålla vad de lovar.

Våra fem kubanska kamrater

Vi bör inte avsluta denna kongress utan att påminna oss om att vår rörelse har nya förpliktelser att samarbeta poli-

---

39. Ibid., s 141.

tiskt med fem kommunister från Kuba som sitter av straff i federala fängelser runt om i USA. Dessa compañeros vänder sig naturligtvis till Kuba för den grundläggande strategiska inriktningen i sitt arbete och sin världssyn. Men nu är de indragna, hur länge vet vi inte, på en arena av klasskampen som ledningen för den kubanska revolutionen har liten direkt eller ens indirekt erfarenhet av. Det vill säga i själva USA. Även om deras inblandning på den här fronten är ofrivillig, så är de beslutsamma att så länge de är placerade på den fronten, ska de fördjupa sin vetenskapliga förståelse av klasspolitiken här och agera disciplinerat. Och vi välkomnar dem som en brigad med förstärkningar till den revolutionära arbetarrörelsen i det här landet.

Inspärrade i det avhumaniserande fängelsesystemet i USA har dessa fem kamrater, bland sina många olika erfarenheter stött på hur högerinriktade och fascistiska idéer vinner insteg bland skikt av arbetande i USA.[40] De håller just nu på att lära sig varför det inte är riktigt att säga att ett stort antal människor i USA aldrig kan vinnas till en fascistisk rörelse på grund av det här landets demokratiska traditioner. Dessa traditioner är borgerligt-demokratiska traditioner, det får vi aldrig glömma. Och de kommer att strimlas sönder som pappersbitar om arbetarklassen i det här landet misslyckas med att smida

40. Ramón Labañino hade i ett brev till Mary-Alice Waters uttryckt att han var intresserad av att få boken *Behold a Pale Horse* [Skåda en blek häst] av William Cooper, som hade rekommenderats honom av några medfångar. Boken är en ultrahögerinriktad presentation av konspirationsteorier om allt från UFO:s till mordet på president John F. Kennedy. Det innehåller hela texten av den ökända tsarryska antisemitiska förfalskningen, *Sions vises protokoll.* Cooper blev skjuten och dödad av en vicesheriff i Arizona i november 2002.

ett ledarskap som förmår organisera arbetare, bönder och våra allierade i en framgångsrik revolution när den våldsamt stigande klasskampen ställer frågan om vilken klass som ska ha makten.

Våra kubanska compañeros iakttar inte bara utan lär sig också i praktiken vilken plats och tyngd arbetare som är svarta har när det gäller att smida fram arbetarklassens sociala och politiska avantgarde i USA. De lär sig varför att läsa och tillgodogöra sig Malcolm X' tal från hans sista år öppnar vägen mot revolutionär politik och organisering. De lär sig nyttan av *Militant, Perspectiva Mundial* och Pathfinderböcker – inklusive böcker och pamfletter om den kubanska revolutionen – i klasskampen i det här landet.

En djupt politisk kader

För baksidestexten på *Their Trotsky and Ours* [Deras Trotskij och vår], förberedde vi en kort beskrivning av vad boken handlar om. "Historien visar att små revolutionära organisationer inte bara kommer att få gå igenom hårda prov av krig och förtryck" börjar den, "utan också potentiellt omskakande möjligheter som oväntat dyker upp när strejker och sociala strider exploderar."

Det är här som inte bara slumpen, utan beredskapen blir avgörande för att hjälpa till att vända det oväntade till framgång.

"När detta inträffar" fortsätter texten, "rekryterar kommunistiska partier inte bara många nya medlemmar." Och de rekryterar under sådana förhållanden snabbare och i större antal än knappt någon i detta rum kan föreställa sig utifrån våra egna erfarenheter i den revolutionära arbetarrörelsen. Förutom direkt individuell rekrytering kommer, säger vi, de kommunistiska partierna under dessa förhållanden också att konvergera *politiskt* med andra kämpande krafter. De "fusionerar med andra arbetarorganisationer som rör sig i samma riktning och växer till proletära masspartier som tävlar om att leda arbetarna och bönderna att ta makten."

Sen kommer vi till det avsnitt som har den största politiska praktiska betydelsen för kommunistiska arbetare just nu.

Detta förutsätter framför allt att "långt innan dess" har sådana partiers kadrer "absorberat och funnit sig till rätta med ett internationellt kommunistiskt program". Att ett internationellt kommunistiskt perspektiv har blivit en politisk vana, har blivit internaliserad, förefaller ha blivit en reflex.

För det andra utgår det från att sådana partiers revolutionära politiska inriktning bygger på dagliga aktiviteter av en kader som "är proletär i sitt liv och i sitt arbete". Båda är lika viktiga – i *livet* och i *arbetet*. Det är det som vår vändning till industrin och industrifackföreningarna för ett kvarts sekel sedan och våra ansträngningar att stärka den inriktningen sedan dess handlar om. Det är det som gör revolutionär demokratisk centralism möjlig. Det är inte en organisatorisk karikatyr av proletära vanor. Det handlar om att vara där vi måste vara, i vår klass' avantgarde och att vara där på ett strukturerat, disciplinerat sätt.

För det tredje måste kärnorna av kommunistiska partier bestå av dem som "känner djup tillfredsställelse av att göra politiskt arbete". Detta kanske verkar som en liten överdrift. Men det är det inte. Jo, revolutionärer kan och kommer att ha en dålig månad, en dålig tremånadersperiod och till och med ett dåligt år. Det tillhör de mänskliga villkoren under kapitalismen. Den som hävdar att de aldrig haft en dålig period är skrämmande, blundar de aldrig? Ingen av oss vill ha en ängel vid vår sida. Men om en partikader inte känner djup tillfredsställelse av kommunistiskt politiskt arbete i det medellånga eller långa loppet, så kan hon inte leva upp till Kommunistiska förbundets grundläggande regler som Marx och Engels skrev ner dem 1847. Ett av ”villkoren för medlemskap” i de reglerna var ”revolutionär energi och entusiasm i propagandaarbetet.”[41] Det var de ord Marx och Engels valde i ett dokument som ställdes till omröstning för delegaterna på samma kongress som de hade skrivit utkastet till Kommunistiska manifestet för. Att vara medlem betydde att bedriva propagandaarbete med ”*revolutionär energi och entusiasm*”.

Och för det fjärde säger vi att långt före en uppgång i revolutionära strider måste ett kommunistiskt parti ha smitt fram ”ett ledarskap med en skarp känsla för vad som ska göras härnäst”. Vad man ska göra nu. *I dag*. Inte i övermorgon. Och alltid *konkret*.

Det är vad vi förväntar vi oss av ledningen i den kommunistiska rörelsen.

Jag tänkte på den sammanfattningen av vilken sorts rörelse vi bygger när vi förberedde mötet för att fira Charlie Scheers politiska liv och arbete. Jag har talat på fler än ett minnesmöte under det gångna året eller så och många fler innan dess för att hedra kamrater som har avlidit och deras liv och insatser. Vad som slog mig mest när jag tänkte på Charlie och när jag diskuterade hans liv med andra var att alla dessa kamrater – var och en på många sätt utomordentligt olik de andra – alla hade det gemensamt att de var djupt *politiska* människor. Inte enbart människor som var intresserade av politik. Utan människor som organiserade sina liv inom den proletä-

41. ”Rules of the Communist League,” i Marx och Engels, *Collected Works*, vol. 6, s 633.

ra rörelsen och för vilka politik utgjorde den praktiska axeln i deras liv – grunden för glädjen och tillfredsställelsen som de fick av att leva. Detta var källan till deras insatser.

Their Trotsky and Ours handlar om sådana kadrers livslånga arbete.

Håll kursen

Vi har under de senaste dagarna under den här kongressen nått fram till en gemensam förståelse för vilken politisk betydelse det exempel har som kommunister i USA kan erbjuda och verkligen erbjuder andra arbetande människor och revolutionärer. Klasspolitiken vi har erövrat och stegen vi tar genom våra avdelningar, organisationskommittéer och fackliga fraktioner utgör grunden för att vi kan svära inför världen att vi aldrig ska visa fruktan inför ett enda av USA-imperialismens dåd. Härskarnas makt i USA motsvaras bara av deras anspråk. De okontrollerade, oavsiktliga följderna av deras ekonomiska och militära makt kullkastar själva villkoren de vill utnyttja för att stärka och befästa sitt krishärjade system av exploatering och förtryck.

Socialist Workers Partys svar på händelserna 11 september och på de härskandes reaktioner var inte övermod. Inte heller är vår beslutsamhet att stå stadiga inför USA-imperialismens krigskampanj och inför det hårda regn som har börjat falla på längden och tvären över världens marknadssystem. Vad arbetarbolsjeviker gör i USA ger alla arbetare, bönder eller unga människor som vägrar böja knä var som helst i världen ökat självförtroende. Det ger ökat självförtroende till kämpar som i ett nummer av *the Militant* eller *Perspectiva Mundial*, i en Pathfinderbok eller pamflett – eller genom att iaktta avantgardearbetare i en gemensam strid på en fabrik eller i ett bostadsområde – upptäcker att det finns andra som de som gör samma sak.

Vi har ingen överdriven uppfattning om oss själva eller om vad arbetande människor i USA kan och kommer att åstadkomma. Det är helt enkelt ett faktum att eftersom världens sista imperium aldrig kommer att ramla ihop av sin egen dödliga tyngd, så *kommer* det att störtas av en revolutionär kamp av arbetare och bönder i det här landet, skuldra vid skuldra med internationalistiska arbetande människor världen över.

Den djupa tillfredsställelse vi känner av att göra politiskt arbete kommer ur vetskapen från historien och de arbetande klassernas konkreta erfarenheter att ett sådant mål är greppbart och verkligt. Och när den gärningen är genomförd, är den revolutionära energi och iver som kommer att välla fram från de arbetande i världen något vi bara nätt och jämnt kan börja föreställa oss.

Här har vi tagit ytterligare ett steg på den vägen.

Bli medlem i

PATHFINDERS BOKKLUBB

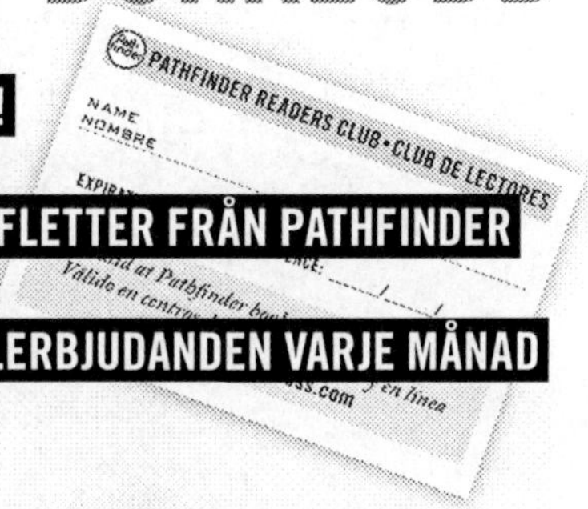

BYGG UPP ETT MARXISTISKT BIBLIOTEK!

15% RABATT PÅ ALLA BÖCKER OCH PAMFLETTER FRÅN PATHFINDER

25% RABATT PÅ SPECIALERBJUDANDEN VARJE MÅNAD

Medlemskort som gäller ett år kostar 80 kr eller US $10. Finns från pathfinderpress.com eller Pathfinder böcker, Bildhuggarvägen 17, 121 44 Stockholm.

Den kapitalistiska utvecklingskurvan

Capitalism's World Disorder

Working-Class Politics at the Millenium

Jack Barnes

Början på det tjugoförsta århundradet, säger författaren, kännetecknas av en havsförändring i arbetarklasspolitiken, "som definieras av att en förtrupp, som bjuder motstånd mot förödmjukelse och isolering, går ut i aktioner, och deras led ökar med varje enskild arbetare eller bonde som försöker nå ut till andra i solidaritet och erbjuder gemensam kamp." 552 sidor

Imperialism, the Highest Stage of Capitalism

V. I. Lenin

Imperialismen ökar inte bara skuldslaveriets och parasitismens roll i kapitalismens sociala förhållanden, skriver Lenin, utan den leder framför allt till att konkurrensen mellan rivaliserande inhemska och utländska kapital blir mer våldsam och explosiv. I takt med att kapitalismens världsoordning växer förblir denna bok från 1916 grundläggande för den kommunistiska rörelsens program och verksamhet. A4-format, 56 sidor. Finns på svenska utgiven av Arbetarkultur och Zenitserien med flera.

Capital

Karl Marx

Marx förklarar det kapitalistiska systemets funktionssätt och hur det producerar de olösliga motsättningar som leder till klasskamp. Han bevisar att kampen för den revolutionära omvandlingen av samhället är oundviklig, kampen för ett samhälle där för första gången de som har makten är den producerande majoriteten: arbetarklassen. Finns även på svenska av Cavefors förlag med flera.

Del 1, 1141 sidor
Del 2, 618 sidor
Del 3, 1086 sidor

Europe and America

Two Speeches on Imperialism

Leon Trotsky

I två tal från mitten av 1920-talet förklarar den ryska bolsjevikledaren Leo Trotskij varför USA:s framväxt som den dominerande ekonomiska och finansiella makten har blivit en avgörande faktor i internationell politik efter andra världskriget. Han beskriver de skärpta konflikterna mellan Washington och dess europeiska rivaler och belyser de revolutionära utsikterna för världens arbetare. 86 sidor

Den kapitalistiska utvecklingskurvan

Leo Trotskij

Vändpunkterna i den kapitalistiska utvecklingens långsiktiga trender, skrev Trotsky i denna artikel från 1923, är produkter av faktorer utanför "ekonomins" område i vanlig bemärkelse. Perioder av uppgång, stagnation och nedgång, förklarade bolsjevikledaren, skapas av stora omvälvningar i politiken och klasskampen, sådana som krig, uppror och revolutioner. I *Ny International* nr 2, 354 sidor

Imperialismens marsch mot fascism och krig

Jack Barnes

"Det kommer fler Hitler och nya Mussolini. Det är oundvikligt. Vad som inte är oundvikligt är att de kommer att segra. Arbetarnas förtrupp kommer att organisera vår klass för att slå tillbaka det förödande pris vi tvingats betala för kapitalismens kris. Mänsklighetens framtid kommer att avgöras i kampen mellan dessa motsatta klasskrafter." I *Ny International* nr 2, 354 sidor

Grundläggande marxistiska verk

Kommunistiska Manifestet

KARL MARX OCH FRIEDRICH ENGELS

Grundningsdokument för den moderna arbetarrörelsen från 1848. Förklarar varför kommunismen härrör, inte ur förutbestämda principer utan från *fakta* och från proletära rörelser som uppkommer ur den konkreta klasskampen. 64 sidor på engelska. Finns utgiven på svenska av olika förlag.

The Origin of the Family, Private Property and the State

FREDERICK ENGELS

INLEDNING AV EVELYN REED

Hur det klassuppdelade samhällets uppkomst gav upphov till förtryckande statliga organ och familjestrukturer som försvarar de härskande skiktens egendom och gör det möjligt för dem att föra vidare sin förmögenhet och sina privilegier. Engels diskuterar vad dessa klassinstitutioner innebär för arbetande människor, från deras ursprungliga form till deras moderna utformning. 272 sidor. Finns på svenska utgiven av Arbetarkultur med flera.

Socialism: Utopian and Scientific

FREDERICK ENGELS

Den moderna socialismen är ingen doktrin, förklarar Engels, utan en arbetarklassrörelse som växer fram ur uppkomsten av en industri i stor skala och dess sociala följder. 86 sidor. Finns även på svenska.

Questions of National Policy and Proletarian Internationalism

V. I. LENIN

Varför av imperialismen förtryckta nationers kamp för självbestämmande är avgörande för proletariatets världsomspännande kamp att erövra och behålla makten. Varför arbetare och bönder i de imperialistiska länderna har ett grundläggande klassintresse av att försvara denna rättighet. 187 sidor

Arbetarklassen & lärandets förändring

Bluffen om utbildningsreformer under kapitalismen

Jack Barnes

”Så länge samhället inte organiseras om så att utbildning blir en mänsklig aktivitet från mycket unga år till det vi dör, kommer det inte att finnas någon utbildning värdig den arbetande, skapande mänskligheten.”
36 sidor

Pathfinder Was Born with the October Revolution

Mary-Alice Waters

Från Marx, Engels, Lenins och Trotskijs skrifter till tal av Malcolm X, Fidel Castro och Che Guevara, till James P. Cannon, Farrell Dobbs och ledarna för den kommunistiska rörelsen i USA idag, syftar Pathfinders böcker till att ”främja förståelsen, tillförsikten och kampviljan hos arbetande människor.”
22 sidor

WWW.PATHFINDERPRESS.COM

Artiklar från Ny International *på farsi*

De första skotten i tredje världskriget: Washingtons angrepp på Irak
Jack Barnes 221 sidor

samt

Imperialismens marsch mot fascism och krig
Jack Barnes 187 sidor

USA-imperialismen har förlorat kalla kriget
Jack Barnes 296 sidor

Utgivna av Talaye Porsoo, Teheran.
Dessa och andra böcker finns tillgängliga genom Pathfinder på www.pathfinderpress.com.

APPENDIX

KRIS, UPPGÅNG OCH REVOLUTION

RAPPORTER FRÅN 1921 AV V.I. LENIN OCH LEO TROTSKIJ

Detta appendix till "Kapitalismens långa heta vinter har börjat" innehåller rapporter av bolsjevikledarna V.I. Lenin och Leo Trotskij som diskuterades och antogs av Kommunistiska internationalens tredje kongress i Moskva 1921. I "I detta nummer" i bokens början förklarar Jack Barnes anledningarna till att redaktörerna för *Ny International* ansåg att det var värdefullt att lägga till dem som ett appendix.

Stora utdrag ur Trotskijs rapport från 1921 finns med här. Hela texten översattes till engelska av John G. Wright och gavs först ut av Pathfinder i slutet av andra världskriget i *The First Five Years of the Communist International*. Den har kontrollerats mot den ursprungliga ryska texten och korrigerats. Den engelska översättningen av Lenins rapport finns i band 32 av hans *Collected Works* och har också kontrollerats mot den ryska och korrigerats. Den svenska texten är översatt från dessa texter på engelska.

Utgivningen av de här två rapporterna från 1921 kompletterar liknande material som nu finns från Pathfinder Press. Det gäller i synnerhet Trotskijs brev från 1923, "Den kapitalistiska utvecklingskurvan", som finns i *Ny International* nr 2. Dessutom finns två av Trotskijs tal från 1924 och 1926 publicerade tillsammans i pamfletten *Europe and America: Two Speeches on Imperialism [Europa och Amerika: Två tal om imperialismen]*.

DEN EKONOMISKA VÄRLDSKRISEN OCH KOMMUNISTERS UPPGIFTER

av Leo Trotskij

23 juni, 1921

1917–1921

MED DET IMPERIALISTISKA kriget har vi inträtt i ett revolutionärt tidsskede, det vill säga i det skede då själva grundvalarna för den kapitalistiska jämvikten har skakats och håller på att störta samman. Kapitalismens jämvikt är en mycket sammansatt företeelse. Kapitalismen skapar denna jämvikt, stör den, återställer den och stör den på nytt, samtidigt som den tänjer gränserna för sitt herravälde. På det ekonomiska området tar sig sådana ständiga störningar och återställanden uttryck i form av kriser och uppgångsperioder. I förhållandet mellan klasserna antar störningarna av jämvikten formen av strejker, lockouter, revolutionär kamp. I förhållandet mellan staterna innebär jämviktsstörningarna krig eller – i svagare form – strafftullar, handelskrig eller blockad. Kapitalismen har alltså en dynamisk jämvikt, som alltid antingen håller på att störas eller återställas. Men denna jämvikt har samtidigt stark motståndskraft: det bästa beviset på det, är det faktum att den kapitalistiska världen ännu inte störtat samman.

Det sista imperialistiska kriget betecknade vi med rätta som ett oerhört slag mot den kapitalistiska världens jämvikt, ännu oöverträffat i historien. I själva verket växte en period av väldiga massrörelser och revolutionära strider fram ur kriget. Ryssland, den kapitalistiska kedjans svagaste länk, var det land som först förlorade jämvikten och först – i februari 1917 – trädde in på revolutionens väg.

VÅR FEBRUARIREVOLUTION vann starkt gensvar bland Englands arbetarmassor. I England var 1917 det år då de största strejkerna ägde rum och det engelska proletariatet lyckades stoppa den försämring av de arbetande massornas livsvillkor som kriget hade förorsakat.[1] I november 1917 grep Rysslands arbetarklass makten. Strejker bredde ut sig över hela den kapitalistiska världen, med början i de neutrala länderna. Japan genomlevde under hösten 1918 en våg av mäktiga ”ris”-upplopp, som enligt vissa siffror drog med sig upp till 25 procent av befolkningen och möttes av grym repression från Mikadoregeringen.[2] I januari 1918 ägde masstrejker rum i Tyskland. I slutet av 1918 utbröt revolutioner i Tyskland och Österrike-Ungern efter den tyska militarismens

---

1. I maj 1917 inledde metallarbetare och andra arbetare i Storbritannien en våg av strejker som protesterade mot höjda matpriser och andra försämrade ekonomiska och sociala förhållanden till följd av kriget. Efter att arbetsgivarna och regeringen misslyckats med att besegra strejkerna genom arresteringar, gjorde de vissa eftergifter för de strejkandes krav. Omkring 872 000 arbetare deltog i strejker i Storbritannien 1917 och mer än 1 100 000 under året därpå.

2. Under sommaren 1918 spred sig uppror mot de skyhöga priserna på ris i Japan. Den kejserliga Mikadoregimen svarade med brutal repression, dödade mer än hundra arbetare och fängslade tusentals. Kejsarens ministär föll i kölvattnet av upproret.

sammanbrott.[3] Den revolutionära rörelsen fortsätter att spridas.

Så inträder 1919, det mest kritiska året för kapitalismen – åtminstone den europeiska kapitalismen. I mars 1919 bildas en sovjetrepublik i Ungern.[4] I januari och

---

3. Ett uppror bland sjömännen i oktober 1918 blev inledningen på en våg av revolutionära aktioner i Tyskland som störtade Hohenzollern-monarkin och ledde till upprättandet av arbetar- och soldatråd. Det socialdemokratiska partiet, som hade stött den tyska imperialistiska regimens krigsansträngningar, trädde in för att bilda regering tillsammans med det centristiska Oberoende socialdemokratiska partiet. Regimen leddes av Friedrich Ebert. Samtidigt som socialdemokraterna formellt erkände arbetar- och soldatråden som grund för regeringsmakten, regerade de i själva verket genom den statsapparat som ärvts ifrån monarkin, och de hade som mål att stabilisera det borgerliga styret. I januari 1919 släppte den nya regeringen lös höger-ledda militära enheter, "Freikorps", mot den kämpande arbetarrörelsen i en terrorvåg då hundratals mördades, inklusive de revolutionära ledarna Rosa Luxemburg och Karl Liebknecht. Därefter ingick socialdemokraterna en öppen allians med de borgerliga partierna och bildade en koalitionsregering.

Arbetaruppror över hela det österrikiska-ungerska imperiet 1918 ledde till monarkins kollaps i november samma år, till upprättandet av oberoende regeringar i Tjeckoslovakien, Ungern och på Balkanhalvön, och till bildandet av en socialdemokratiskt dominerad regim i själva Österrike.

4. Den oerfarna ledningen för kommunistpartiet i den revolutionära regeringen i det nyligen självständiga Ungern fattade det ödesdigra beslutet att gå ihop med reformisterna och centristiska socialdemokratiska organisationer där i ett enda parti. Regeringen försökte ta steg mot att snabbt upprätta kollektiviserade statliga jordbruk och ignorerade strävandena bland fattiga och medelstora bönder efter egen jord att bruka. Dess ultravänsteristiska ledning vägrade att genomföra en genomgripande jordreform som bolsjevikerna hade gjort i Ryssland. När de ställdes inför uppror på landsbygden och öppet sabotage från det nya

mars 1919 bryter våldsamma strider ut i Tyskland mellan de revolutionära arbetarna och den borgerliga republiken. I Frankrike ligger spänningarna i luften under demobiliseringen, men segern och förhoppningar om dess gyllene frukter för fortfarande med sig för stora förväntningar och kampen här kommer inte ens i närheten av uppsvinget i de besegrade länderna. I USA når vid slutet av 1919 strejkerna en mäktig omfattning och drar in järnvägsarbetare, gruvarbetare, stålverksarbetare med flera. [President Woodrow] Wilsons regering inleder våldsamma förföljelser av arbetarklassen.[5]

---

partiets mitten- och högerfalanger, störtades den revolutionära regeringen efter 133 dagar. Tusentals över hela Ungern, inklusive många judar, mördades under den efterföljande kontrarevolutionära vita terrorn.

5. En våg av strejker under 1919 av textilarbetare, koppargruvarbetare, varvsarbetare med flera kulminerade i att 365 000 stålarbetare i tio stater gick i strejk under slutet av september och en halv miljon kolgruvearbetare i början av november. Arbetsgivarna på stålverken organiserade sig för att krossa strejkerna med uppbackning från federala och delstatliga regeringar och de dödade 18 arbetare och skadade ännu fler. Kolgruvearbetarna återvände till arbetet i mitten på november, efter att ha vunnit några av sina lönekrav men misslyckats med att få igenom en minskning av arbetsdagen. Dåligt ledda av funktionärerna i flera av de skråliknande fackföreningarna för stål och grundlurade av funktionärerna för de skråliknande fackföreningarna inom järnvägen, blev stålarbetarnas kamp besegrad i januari 1920.

Under 1919 och 1920 genomförde USA:s regering en våg av razzior. De arresterade tusentals arbetare, anklagade dem för att vara kommunistiska aktivister och deporterade hundratals. Dessa angrepp blev kända som Palmer-razziorna, eftersom de organiserades av USA:s allmänna åklagare A. Mitchell Palmer. Under flera år efter dessa razzior tvingades kommunistiska organisationer till en underjordisk tillvaro.

På våren 1920 har försöket till kontrarevolution i Tyskland genom Kappkuppen mobiliserat arbetarklassen och kastat in den i kampen. De tyska arbetarnas häftiga men oorganiserade rörelse krossas dock även denna gång skoningslöst av Eberts republik, som de tidigare hade räddat.[6] I Frankrike nådde det politiska läget sin mest intensiva höjdpunkt i maj förra året när man proklamerade allmän generalstrejk, som för resten inte alls visade sig vara allmän, utan illa förberedd, och som förråddes av de opportunistiska ledarna, som inte ville ha någon strejk, fast de inte vågade erkänna det.[7]

I AUGUSTI MISSLYCKAS RÖDA arméns frammarsch mot Warszawa – som också var en del av den internationella revolutionära kampen.[8] I september ockuperar de ita-

6. I mars 1920 organiserade arbetare i Tyskland en massiv generalstrejk för att stoppa en kupp ledd av högerpolitikern Wolfgang Kapp. I efterdyningarna av den misslyckade kuppen trappade den socialdemokratiska regimen, som räddats av arbetarnas aktioner, upp sina attacker på arbetarklassen och den revolutionära arbetarrörelsen.

7. I maj 1920 kallade de klassamarbetande funktionärerna i den fackliga landsorganisationen (CGT) i Frankrike, som var rädda för den växande kampviljan i medlemsleden, halvhjärtat till generalstrejk och till rullande solidaritetsstrejker till stöd för strejkande järnvägsarbetare som krävde att sparkade fackföreningsmedlemmar skulle återanställas. Ställda inför arresteringar av fackliga ledare och regeringens hot om att ta till juridiska åtgärder mot CGT, avblåste de fackliga representanterna strejken i slutet av maj, vilket innebar ett demoraliserande bakslag för arbetarrörelsen. Det fackliga medlemsantalet sjönk från 2,5 miljoner i början av 1920 till mindre än 1 miljon på våren 1921.

8. I april 1920 inledde den kapitalistiska regeringen i Polen en

lienska arbetarna fabriker och arbetsplatser, eftersom de tar det socialistiska partiets frasrika revolutionära agitation på allvar. Men, skamligt förrådda av partiet, lider de nederlag över hela linjen och de utsätts därefter för en skoningslös motoffensiv från den enade reaktio-

---

invasion av Sovjetryssland, efter att ha förkastat ett fredsförslag från sovjetregeringen som innebar omfattande territoriella eftergifter för arbetar- och bonderegeringen. Attacken genomfördes under direkt medverkan av franska officerare och militärt stöd från brittiskt och amerikanskt finanskapital. Samtidigt som Röda armén svarade på detta angrepp, gick sovjetregeringen ut med en uppmaning till polska arbetare och bönder att gå med i en gemensam kamp mot det landets godsägare och kapitalister samt dess imperialistiska uppbackare. I juli när sovjetiska trupper gick in i Polen och började marschera mot Warszawa, upprättade polska kommunister en revolutionär kommitté bakom Röda arméns linjer.

Röda arméns framgångar skrämde upp borgerliga härskare över hela Europa. Framgångarna inspirerade till försök till motstånd bland bönder och arbetare i Tyskland som drabbats av konsekvenserna från skuldbördan som tvingats på Tyskland av de imperialistiska segrarna i första världskriget som ”skadestånd” enligt villkoren för Versaillesfördraget. När de brittiska härskarna hotade med militära åtgärder mot Sovjetryssland, bildade arbetare i Storbritannien landsomfattande Councils of Action [Aktionsråd] som hejdade Londons inblandning. Men i slutet av sommaren hade Röda arméns trupper trängts tillbaka av polska armén.

När han bedömde situationen i oktober 1920 sade Lenin: ”Vi saknade styrkan att ta Warszawa och göra slut på de polska jordägarna, vitgardisterna och kapitalisterna, men vår armé visade hela världen att Versaillesfördraget inte är så starkt som det utges för att vara, att hundratals miljoner människor är dömda till att återbetala lån under åtskilliga år framöver … så att franska, brittiska och andra imperialister kan berika sig. Dagen efter att telegrammet sänts [när London skickat en kommuniké till Sovjetregeringen och hotade med att skicka sin flotta för att attackera nen.[9] I december sprider sig en revolutionär masstrejk över Tjeckoslovakien. Slutligen bryter, i början av det här året, revolutionära strider ut i centrala Tyskland där ett stort antal arbetare faller offer och i England flammar den ihärdiga gruvarbetarstrejken upp på nytt,[10] som än

---

Petrograd], hölls massmöten i hela Storbritannien och aktionsråd bildades. Arbetarna förenade sig… . Det är därför som det polska kriget har avslutats på ett sätt som ingen imperialistiskt stat hade räknat med." ("Speech Delivered at a Conference of Chairmen of *Uyezd* [County], *Volost* [Rural District] and Village Executive Committees of Moscow *Gubernia* [Province]" ["Tal hållet vid konferensen för ordförandena i *Uyezd* [grevskap], *Volost* [lantdistrikt] och exekutivkommittéer för byalag i Moskva *Gubernia* [provins]"] i Lenin, *Collected Works,* vol 31, s 318–33.)

I mars 1921 undertecknade de sovjetiska och polska regeringarna ett fredsfördrag – på villkor mer fördelaktiga för arbetar- och bonderepubliken än de som den hade erbjudit Warszawa året innan.

9. I september 1920 ockuperade ungefär 600 000 arbetare över hela Italien fabrikerna som svar på arbetsgivarnas försök till lockout. Vågen av ockupationer sammanföll med en uppgång i kampen bland bönder och lantarbetare samma år. Men i stället för att använda denna förrevolutionära situation för att organisera arbetarna och bönderna att gripa makten trappade den klassamarbetande ledningen i Socialistpartiet och de SP-ledda fackföreningarna i Italien ner kampen och öppnade dörren för brutala repressalier från arbetsgivarnas sida och de fascistiska grupperna ledda av Benito Mussolini som var på uppgång. I kölvattnet av detta nederlag grep Mussolinis rörelse makten år 1922 och krossade arbetarrörelsen i Italien under de kommande åren.

10. 1920 organiserade kolgruvearbetare i Storbritannien en kort strejk som vann högre löner. I mars 1921 meddelade regeringen att den återlämnade gruvorna, som hade varit statliga sedan första världskriget, till dess kapitalistiska ägare. Ägarna föreslog ett avtal som inte bara skar ner på lönerna utan dumpade

idag inte har nått sitt slut, och en generalstrejk bryter ut i Norge.

När vi under den första perioden efter kriget iakttog den revolutionära rörelsen som höll på att utvecklas, tycktes det bland åtskilliga av oss – med tillräcklig historisk motivering – att denna rörelse, som alltjämt steg och stärktes, omedelbart måste sluta med att arbetarklassen skulle ta makten. Men nu har det redan gått nästan tre år sedan kriget. I hela världen utom Ryssland har makten förblivit i borgarklassens händer. Under denna tid stod naturligtvis inte den kapitalistiska världen stilla. Den förändrades. Europa och hela världen genomlevde en för borgarklassen oerhört svår och farlig period, nämligen demobiliseringen efter kriget – demobiliseringen av människor och demobiliseringen av ting, det vill säga av industrin – och perioden av vanvettigt uppsving i handeln efter kriget, följt av krisen, som ännu inte tagit slut.

Och nu ställs för oss i hela sin omfattning dessa frågor: rör sig utvecklingen verkligen fortfarande i riktning mot revolution? Eller måste vi inse att kapitalismen klarat ut svårigheterna som uppstod i och med kriget? Och har den inte redan – eller håller åtminstone på – att återupprätta den kapitalistiska jämvikten på nya grundvalar efter kriget och är nära att lyckas?

---

lönenivåerna för hela industrin och band gruvarbetarnas löner till profiterna hos den arbetsgivare de arbetade för. När gruvarbetarna vägrade anta förslaget inledde kolbolagen en lockout den 1 april. Gruvarbetarna led ett svårt bakslag när de officiella representanterna för järnvägs- och transportarbetarfackföreningarna blåste av en solidaritetsstrejk som var planerad till den 15 april och vände kampen ryggen. Gruvarbetarna tvingades gå tillbaka till arbetet i juli 1921 på villkor som skar ner deras löner nästan till hälften

Borgarklassens vinner självförtroende

Om vi belyser denna fråga politiskt, innan vi analyserar dess ekonomiska grunder, måste vi notera en rad symptom, fakta och uttalanden som bär vittne om att borgarklassen blivit mäktigare och starkare som härskande klass, eller åtminstone känner sig så. 1919 befann sig den europeiska bourgeoisien i ett tillstånd av extrem förvirring. Det var en tid av panik, en tid av verkligt vanvettig skräck för bolsjevismen, som man visserligen hade mycket oklara föreställningar om men som därför framstod så mycket hotfullare och på affischerna på väggarna i Paris framställdes som en man med kniven mellan tänderna och så vidare. I själva verket förkroppsligade detta spöke, bolsjevismen med kniven, för den europeiska bourgeoisien den rädsla de kände för att ställas till svars för sina brott under kriget. I varje fall var bourgeoisien medveten om hur litet det som kriget fört med sig skulle kunna uppfylla de löften, som de hade gett. De visste hur mycket ägodelar och blod som offrats. De fruktade att bli ställda till svars.

År 1919 var utan tvekan det mest kritiska året för borgarklassen. Under 1920 och 1921 kan man iaktta hur dess självförtroende gradvis växer, tillsammans med den otvivelaktiga stabiliseringen av dess statsapparater, som omedelbart efter kriget råkat i nästan fullständig upplösning i många länder – som till exempel i Italien. Borgarklassens återvunna självförtroende tog sig synnerligen krassa uttryck i Italien efter Socialistpartiets fega förräderi i september. Borgarklassen hade föreställt sig att de hade med illasinnade mördare och rövare att göra men det visade sig att det i stället handlade om – fegisar… .

Den objektiva situationen för de socialdemokratiska partierna i förhållande till staten och till de borgerliga partierna har i motsvarande grad förändrats på samma sätt. Socialdemokrater blir överallt utkörda ur regeringen. Om de får vara med i regeringen igen, är det bara tillfälligt och beror på yttre påtryckningar, såsom fallet var i Tyskland. Det Oberoende [socialdemokratiska] partiet [i Tyskland] har gjort en tvär sväng till höger, också under direkt eller indirekt inflytande av den nya situationen, vars betydelse de tenderar att överdriva rejält. De oberoende i alla länder och socialdemokraterna i alla länder, som verkade skilja sig åt så mycket för ett eller ett och ett halvt år sedan, har nu närmat sig varandra med Amsterdams medverkande.[11]

Alltså råder inte minsta tvivel om att borgarklassens självförtroende har stärkts, och lika otvivelaktigt är det faktum att polis- och statsapparaten har konsoliderats efter kriget. Men hur viktigt detta faktum än må vara så avgör det inte frågan på långt när, och våra fiender drar i varje fall alldeles förhastade slutsatser om att vårt program skulle vara bankrutt. Det är sant att vi hoppades att bourgeoisien skulle störtas 1919. Men vi var inte säkra på det och naturligtvis vilade inte vårt handlingsprogram på det datumet. När herr Otto Bauer[12] och andra teoretiker i Andra och

11. Den socialdemokratiskt ledda Internationella Fackföreningsfederationen var känd som Amsterdaminternationalen på grund av att huvudkontoret låg i Amsterdam.

12. Otto Bauer, författaren till ett antal anti-marxistiska arbeten om den nationella frågan, var ledare för Österrikiska socialdemokratiska parti. I slutet av andra världskriget, vid Hapsburg-monarkins fall, blev Bauer utnämnd till utrikesminister i Österrikes kapitalistiska regering varifrån han avgick 1919. Under 1921 var han med och bildade den centristiska ”Två-och-en-halvte” internationalen som var baserad i Wien och förenade sig med Andra internationalen två år senare 1923.

Två-och-en-halfte internationalen säger att våra profetior visade sig vara bankrutta, så skulle man kunna tro, att det handlade om att förutsäga ett himlafenomen. Det är som om vi skulle ha gjort fel i våra matematiska beräkningar om att en solförmörkelse skulle inträffa på den eller den dagen och vi för den skull visade oss vara dåliga astronomer.

Men så det förhåller sig inte alls i verkligheten. Vi förutsade inte en solförmörkelse, det vill säga en händelse som ligger utanför vår vilja och är helt oberoende av våra handlingar. Det var fråga om en historisk händelse, som kan och kommer att ske genom att vi deltar. När vi talade om revolutionen som en följd av världskriget, så innebar det att vi strävade och strävar efter att utnyttja följderna av världskriget för att skynda på revolutionen på alla tänkbara sätt. När nu revolutionen ännu idag inte ägt rum i hela världen eller åtminstone i Europa, så innebär detta inte alls "Kommunistiska internationalens bankrutt", för dess program grundar sig inte på några astronomiska förhållanden. Det inser varje kommunist, som i någon mån tänkt igenom sina ståndpunkter. Men eftersom revolutionen inte följde i krigets glödande spår, är det alldeles självklart att borgarklassen har utnyttjat den vunna fristen för att övervinna krigets ohyggligaste och mest fruktansvärda följder eller åtminstone kamouflera eller täcka över dem.

Har de lyckats? Ja, delvis. I vilken mån? Här börjar vi närma oss den egentligen frågan, om kapitalismen har återvunnit sin jämvikt.

Har jämvikten i världen återvunnits?

Vad innebär den kapitalistiska jämvikten, som den internationella mensjevismen[13] talar om nu med sådan fullständig

---

13. Vid det Ryska socialdemokratiska arbetarpartiets kongress 1903 splittrades rörelsen i två riktningar: bolsjevikerna ("majo-

övertygelse? Socialdemokraterna å sin sida gör inte någon analys av detta jämviktsbegrepp. De analyserar inte dess olika beståndsdelar, inte heller ger de någon klar redogörelse. Kapitalismens jämvikt innefattar flera olika faktorer, företeelser och fakta – en del är grundläggande och andra har betydelse i andra eller tredje hand. Kapitalismen är en världsomfattande företeelse. Den har lyckats sprida sig över hela jordklotet. Det visade sig särskilt tydligt vid tiden för kriget och blockaden, då ett land producerade i överflöd och saknade marknad, medan ett annat var i stort behov av dessa varor men inte fick tillgång till dem. Och idag märks den uppsplittrade världsmarknadens ömsesidiga beroende av sina olika delar här och överallt.

Kapitalismen, på den nivå den nådde före kriget, grundar sig på en internationell arbetsfördelning och ett internationellt varuutbyte. Amerika måste producera en viss mängd säd åt Europa. Frankrike måste producera en viss mängd lyxartiklar åt Amerika. Tyskland måste producera ett visst antal billiga konsumtionsartiklar åt Frankrike. Denna arbetsfördelning är i sin tur inte någonting varaktigt, något givet en gång för alla. Den formas historiskt och den störs alltid av kriser och konkurrens

---

riteten" på ryska), ledd av V.I. Lenin, och mensjevikerna ("minoriteten" på ryska). Under första världskriget tog mensjevikerna avstånd från den internationalistiska inriktningen som Lenin dragit upp, och de motsatte sig arbetarnas och böndernas maktövertagande i oktober 1917 lett av bolsjevikerna. Efter oktoberrevolutionen samarbetade majoriteten av mensjevikernas ledare med Rysslands godsägare och kapitalister och med de imperialistiska regeringarna i hela Europa och USA i inbördeskriget och andra kontrarevolutionära ansträngningar för att störta Sovjetrepubliken. De fick stöd av ledningen för Andra internationalen, som bolsjevikerna därefter refererade till som "den internationella mensjevismen".

– för att inte tala om handelskrigen. Och den återupprättas igen och igen, bara för att störas på nytt. Men i det stora hela vilar världsekonomin på att produktionen av motsvarande förnödenheterna mer eller mindre fördelas mellan de olika länderna. Och denna internationella arbetsfördelning har i grunden rubbats av kriget. Har den återställts eller inte? Det är en aspekt av frågan.

I VARJE ENSKILT LAND FÖRSER jordbruket industrin dels med de viktigaste produkterna som arbetarna behöver, dels med varor för produktionsändamål (råvaror), samtidigt som industrin förser byarna med varor till hushållet, konsumtionsprodukter och produktionsmedel för jordbruket. Här uppstår också vissa ömsesidiga relationer. Slutligen finns inom själva industrin en produktion av produktionsmedel och en produktion av konsumtionsartiklar och mellan dessa de två viktigaste delarna av industrin upprättas också ett ömsesidigt förhållande, som ständigt störs för att byggas upp på nytt på nya grundvalar. Alla dessa ömsesidiga relationer och proportionerna mellan dem rubbades i grunden av kriget, inte minst på grund av just detta faktum att Europas industri och till stor del även Amerikas och Japans industri under kriget inte producerade konsumtionsartiklar och produktionsmedel utan destruktionsmedel. I den mån konsumtionsartiklar även då producerades, så var det i mindre grad åt de producerande arbetarna utan för de som förstörde – soldaterna i de imperialistiska arméerna. Nå, har då denna rubbade harmoniska växelverkan mellan stad och land, mellan de olika grenarna av de olika ländernas industri – har den återupprättats eller inte?

Sedan har vi jämvikten mellan klasserna, som vilar på den ekonomiska jämvikten. Under tiden före kriget rådde ett tillstånd av så kallat väpnat stillestånd i de internationella relationerna. Men inte bara där, utan även mellan bourgeoisien och proletariatet härskade i stort sett ett tillstånd av väpnat stillestånd som upprätthölls av ett system av kollektivavtal, som slutits mellan de centraliserade fackförbunden och det allt mer centraliserade industrikapitalet. Denna jämvikt har också rubbats fullständigt av kriget – och det var detta som ledde till den väldiga strejkrörelsen i hela världen. Så när det gäller det borgerliga samhällets relativa jämvikt mellan klasserna, utan vilken ingen produktion är möjlig, har den återställts eller inte? Och i så fall på vilken grund?

Jämvikten mellan klasserna är nära förknippad med jämvikten i politiken. Under kriget, ja även före kriget – även om vi märkte det mindre då – höll bourgeoisien sin mekanik i jämvikt med hjälp av socialdemokraterna, socialpatrioterna, som var bourgeoisiens viktigaste agenter och som höll kvar arbetarklassen inom den borgerliga jämviktens ramar. Bara så var det möjligt för bourgeoisien att genomföra kriget. Har den på nytt återupprättat sitt politiska systems jämvikt? Och i vilken mån har socialdemokraterna bevarat eller förbrukat sitt inflytande över massorna och hur länge är de i stånd att fortsätta spela sin roll som bourgeoisiens beskyddare?

Sedan kommer frågan om den internationella jämvikten, det vill säga den internationella samexistensen mellan de kapitalistiska staterna, något som skiljer sig från ett återupplivande av den kapitalistiska ekonomin som naturligtvis är omöjligt. Har jämvikten på detta område uppnåtts eller inte? …

Uppsving och kris.

Borgerliga och reformistiska ekonomer, som har ett ideologiskt intresse av att skönmåla kapitalismens svåra tillstånd, säger: Den nuvarande krisen bevisar i och för sig ingenting alls. Tvärtom är den en normal företeelse. Vi fick se ett uppsving för industrin efter kriget, nu har vi en kris; följaktligen lever kapitalismen och frodas.

Det är ju faktiskt så att kapitalismen lever genom kriser och uppgångar, precis som människan lever genom att andas in och andas ut. Först ett uppsving i industrin, så stannar det av, därefter en kris, så börjar krisen avta, det blir förbättring, ett nytt uppsving, uppgången stannar av igen och så vidare.

En kris och en uppgång tillsammans med alla övergångsmoment bildar en cykel, eller en av de stora cirklarna i industrins utveckling. Varje cykel omfattar från åtta till nio eller tio till elva år. Till följd av sina inre motsättningar utvecklas kapitalismen alltså inte längs en rak linje, utan i sicksack, genom upp- och nedgångar. Det är denna omständighet som ger kapitalismens försvarsadvokater skäl att påstå, att eftersom vi nu efter kriget kan se en växling mellan uppgångar och kriser, följer därav att allt står väl till i denna den bästa av alla kapitalistiska världar.

Men i verkligheten är det inte så. Det faktum, att kapitalismen fortsätter sina regelbundna cykliska svängningar efter kriget, betyder bara att kapitalismen inte är död, att vi inte har att göra med ett lik. Så länge kapitalismen inte störtas av den proletära revolutionen, kommer svängningarna att fortsätta, upp och ned. Kriser och uppgångsperioder var karakteristiska för kapitalismen redan vid dess födelse och de kommer att följa den till graven. Men för att kunna bestämma kapitalismens ålder och allmänna tillstånd – för att konstatera om den utvecklas, om den har uppnått sin mognad eller om det går utför med den – måste vi analysera cyklernas karaktär, alldeles som man kan bedöma den mänskliga organismens tillstånd efter om den andas jämnt eller stötvis, djupt eller ytligt, och så vidare.

Kontentan av det hela, kamrater, kan framställas på det här sättet: Låt oss ta kapitalismens utveckling – tillväxten i produktionen av kol, textilvaror, järn, stål, utrikeshandeln etcetera – och rita upp denna utveckling i form av en kurva. Om vi uttrycker ekonomins faktiska utveckling genom upp- och nedgångarna i denna kurva, kommer det att visa sig att denna kurva inte *stiger* i en obruten båge, utan i sicksack, upp och ned – upp och ned, motsvarande uppgångarna och kriserna. På detta sätt kan man i den ekonomiska utvecklingens kurva urskilja två rörelser: den ena och grundläggande som uttrycker kapitalismens allmänna uppgång och en andra rörelse som består av de konstanta periodiska växlingarna som motsvarar de olika cyklerna i industrin.

I januari i år publicerade Londontidningen *Times* en tabell som omfattade en period på 138 år – från de tretton amerikanska koloniernas krig för självständighet till idag. Under den här perioden har det varit sexton cykler, det vill säga sexton kriser och sexton blomstringsperioder… . Om vi analyserar utvecklingskurvan närmare, så ska vi se att den faller in i fem olika segment, fem olika och distinkta perioder. Från 1781 till 1851 var utvecklingen mycket långsam, man kan knappt se någon rörelse. Vi finner att under den perioden växte utrikeshandeln bara från 2 pund till 5 pund per capita. Efter revolutionen 1848, som medförde att den europeiska marknadens område utvidgades, inträder en vändpunkt. Från 1851 till 1873 stiger utvecklingskurvan brant uppåt. Under tjugotvå år växer utrikeshandeln från 5 pund till 21 pund per capita, medan mängden järn under samma period ökar från 4,5kg till 13kg per capita. Sedan följer en depressionsperiod från 1873. Från 1873 fram till omkring 1894 stagnerar den engelska handeln (även om vi tar hänsyn till avkastningen på kapitalet som investerats i utländska företag) – handeln per capita faller från 21 pund till 17,4 pund under loppet av tjugotvå år. Sedan börjar en ny uppgång som varar till 1913 – utrikeshandeln växer från 17 pund till 30 pund per capita. Slutligen börjar den femte perioden 1914 – perioden av den kapitalistiska ekonomin ödeläggelse.

Hur låter sig kurvans grundläggande rörelse förenas med dess cykliska svängningar? Mycket enkelt. I perioder av snabb kapitalistisk utveckling har kriserna en kort och ytlig karaktär, medan perioderna av uppgång varar längre och är mer omfattande. Under kapitalismens nedgångsperioder är kriserna långvariga medan uppgångarna är flyktiga, ytliga och grundade på spekulation. Under perioder av stillastående sker svängningarna kring en och samma nivå.

Detta innebär inte något mindre än att det är nödvändigt att bedöma den kapitalistiska organismens allmänna tillstånd utifrån vilket sätt som den andas på eller hur snabb puls den har.

Uppsvinget efter kriget.

Omedelbart efter kriget uppstod en oklar ekonomisk situation. Men under våren 1919 ägde ett uppsving rum. Börserna fick liv – priserna rusade i höjden som en kvicksilverpelare när man stoppar den i kokande vattnen och spekulationerna frodades i en vanvettig virveldans. Och industrin? I centrala, östra och sydöstra Europa fortsatte depressionen… . I Frankrike inträdde en viss förbättring, huvudsakligen till följd av utplundringen av Tyskland. I England var det delvis stagnation, delvis depression, endast bortsett från handelsflottan, vars tonnage växte i samma grad som den faktiska handeln gick tillbaka. Så på det hela taget hade uppgången i Europa en halvt fingerad och spekulativ karaktär. Den innebar inte utveckling, utan en ytterligare nedgång i ekonomin.

I USA skedde efter kriget en inskränkning i krigsindustrin och en omstrukturering till produktion i fredstid. Det var ett märkbart uppsving inom kol-, olje-, automobil- och skeppsbyggnadsindustrin.

År	Olja i miljoner fat	Bilar, antal	Skeppsbyggnad i tusen ton
1918	356	1 153 000	3 033
1919	378	1 974 000	4 075
1920	442	2 350 000	2 746

Kamrat Varga[14] skriver helt korrekt i sin värdefulla broschyr:

> Det faktum, att uppsvinget efter kriget hade en spekulativ karaktär, uppenbarar sig tydligast i Tysklands exempel. Samtidigt som priserna ökade till det sjudubbla under loppet av arton månader, fortsatte Tysklands industri att gå bakåt... . Dess konjunktur var en konjunktur byggd på lagerrensningar: vad som fanns kvar av varulagren på den inhemska marknaden slumpades bort utomlands till osannolikt billiga priser.

Mest steg priserna i Tyskland, där industrin fortsatte att dala. Minst steg priserna i USA, där industrin fort-

14. Eugen Varga var en ungersk kommunist som hade ingått i arbetar- och bonderegeringen där 1919 och därefter skrev om ekonomiska frågor för Kommunistiska internationalens olika publikationer.

sätter att gå uppåt. Frankrike och England ligger mellan Tyskland och USA.

Hur kan man förklara dessa fakta liksom själva uppsvinget? Först av ekonomiska orsaker: efter kriget återupptogs de internationella förbindelserna om än i väldigt liten skala, och det blev en allmän efterfrågan på varor av alla de slag. För det andra av politiskt-finansiella skäl: de europeiska regeringarna var livrädda för krisen som måste följa efter kriget, och de vidtog alla möjliga och omöjliga åtgärder för att bibehålla det konstlade uppsvinget som kriget skapat under hela demobiliseringen. Regeringarna fortsatte att trycka upp och sätta mer pappersspengar i omlopp, tog nya lån, reglerade profiterna, lönerna och brödpriserna och subventionerade på det sättet de demobiliserade arbetarnas löner genom att ta ur nationens grundläggande kapital. De skapade på det sättet ett konstlat välstånd i landet. Så fortsatte det fiktiva kapitalet att växa under den här tiden, i synnerhet i de länder där industrin fortsatte att gå ner.

Det fiktiva ekonomiska uppsvinget efter kriget fick dock stora politiska följder. Med viss rätt kan man säga att det räddade bourgeoisien. Hade de demobiliserade arbetarna redan från första början drabbats av arbetslöshet och en levnadsstandard som varit lägre än till och med före kriget, så skulle detta kunnat få ödesdigra följder för bourgeoisien. Den engelska professorn Edwin Cannan skrev om det i Manchestertidningen *Guardians* nyårsöversikt: ”Otåligheten hos de män, som återvänder hem från slagfältet är mycket farlig.” Och han förklarade det lyckliga förloppet av den värsta perioden efter kriget – 1919 – alldeles riktigt med det faktum, att regeringen och borgarklassen med gemensamma krafter trängde tillbaka och försenade krisen, genom att med hjälp av en fortsatt förstörelse av Europas grundkapital skapa ett konstlat välstånd. ”Om det ekonomiska läget i januari 1919 varit sådant, som det var 1921”, skriver Cannan, ”hade Väst-Europa kunnat uppslukas av kaos.”

Krigets våldsamma feber förlängdes ytterligare ett och ett halvt år, och krisen inträdde först när de hemvändande massorna av arbetare och bönder redan mer eller mindre stoppats undan i sina små celler.

Den nuvarande krisen

Sedan bourgeoisien avslutat demobiliseringen och hållit stånd mot arbetarmassornas första anstormning, kom de igen från sitt tillstånd av förvirring, oro och till och med panik och lyckades återfå sitt självförtroende. De drabbades av hallucinationer om att vi kommit in i en period av största välstånd, som inte hade något slut. Ansedda engelska politiker och finansmän föreslog att ett internationellt lån på 2 miljarder pund sterling för återuppbyggnadsarbeten skulle läggas upp. Det verkade som om ett guldregn skulle dränka Europa och skapa ett allmänt välstånd. Europas ödeläggelse, förintandet av dess städer och byar förvandlades alltså genom dessa fantastiska lånesiffror till rikedom, fastän de i själva verket bara var en jättelik skugga över eländet. Men verkligheten drev snart borgarklassen ut ur inbillningens värld. Jag nämnde nyss, hur krisen började i Japan (i mars), därpå (i april) bröt ut i USA, därefter spred sig till England, Frankrike och Italien och under andra halvåret utbredde sig över hela världen. Av hela min presentation hittills framgår det alldeles klart, att vi inte har en enstaka nedgång i en cykel inom industrin framför oss, utan en period när vi får sota för förstörelsen och ödeläggelsen under hela kriget och tiden efter kriget.

1913 uppgick alla staters nettoimport till 65–70 miljarder mark i guld. Av denna summa köpte Ryssland för 2,5 miljarder, Österrike-Ungern för 3 miljarder, Balkan för 1 miljard, och Tyskland för 11 miljarder guldmark. Alltså stod centrala och östra Europa för mer än en fjärdedel av världens varuimport. Nu importerar alla dessa länder mindre än en femtedel av sina tidigare importsiffror. Bara den siffran karaktäriserar tillräckligt tydligt Europas nuvarande köpkraft.

Europa har förfallit, dess produktiva apparat har krympt ihop avsevärt jämfört med före kriget. Den ekonomiska tyngdpunkten har bytt fot till Amerikas fördel, inte genom en gradvis utveckling, utan genom Amerikas exploatering av Europas krigsmarknad och Europas utestängande från världshandeln.

Därigenom fick Amerika chansen att uppleva en kortlivad period av enorm blomstring. Men detta fenomen kommer inte att upprepas, eftersom Europa genom sin tillbakagång skapade en helt konstgjord marknad för Amerika som inte kan ersättas av någon annan idag. Efter att ha fyllt denna uppgift, har Europa totalt förlorat sin förmåga att upprepa någonting liknande. Före kriget brukade den europeiska marknaden absorbera mer än hälften, nästan 60 procent av hela exporten från den amerikanska industrin; under krigets lopp blev Europa ännu viktigare för Amerika, eftersom Europas import nästan tredubblades jämfört med tiden före kriget. Men Europa kom ut ur kriget som en mycket utarmad kontinent och är fullständigt berövad möjligheten att köpa varor från Amerika på grund av att de inte har motsvarande värde i form av guld eller andra produkter. Förklaringen till den kris som tog sin början i Japan och Amerika finns i just denna omständighet.

Efter en kort och mycket fördelaktig konjunktur under nästan två års tid, har vi kommit in i en helt äkta kris, vars innebörd för Europa är följande: ”Du är fattig, du måste dra åt svångremmen; du kan inte längre importera de varor du behöver från Amerika." För Amerika betyder samma kris följande: "Du har berikat dig eftersom du befann dig i en position när du kunde suga åt dig Europas rikedomar. Detta varade i fyra-fem-sex år, så länge kriget ännu fortsatte. Men nu har vi nått slutet på detta tillstånd av överflöd."

NÅGRA LÄNDER ÄR TOTALT ruinerade, deras produktionsapparater måste byggas upp på nytt. Inom varje folk måste arbetsfördelningen återställas. De franska och tyska ekonomierna fortsätter än att fungera mekaniskt på grund av uppsvinget före och under kriget. Men Tyskland måste falla tillbaka för att kunna skapa harmoni och ordning i sin ekonomiska apparat: och precis som det var nödvändigt att organisera ekonomin under kriget för att mildra förlusterna av det, precis så måste Tyskland fortsätta samma politik idag, såvida inte revolutionen kommer emellan. Skulle utvecklingen fortsätta längs samma linjer som idag, kommer det att bli nödvändigt att organisera landets ekonomiska liv och först och främst upprätta den nödvändiga proportionen mellan produktionsmedel och konsumtionsmedel. Med andra ord, det nödvändiga och riktiga ömsesidiga förhållandet kommer att skapas genom nya krig och andra överskylande åtgärder, om inte revolutionen bryter ut.

Exakt detsamma gäller också Frankrike och Europa i sin helhet så länge som denna period av tillbakagång i det ekonomiska livet fortsätter, en period då de kapitalistiska länderna tenderar att sjunka ner till nivån hos dem som har lidit mest och har blivit fattigast. Under denna utjämningsprocess kommer Amerika att bli tvunget att glömma att upprätthålla sina största och viktigaste marknader på sin gamla nivå. Och detta innebär att den tidigare nämnda krisen inte är en övergående normal kris för Amerika, utan en början på en utdragen epok av depression.

Låt oss gå tillbaka till vår tabell där de olika perioderna beskrivs: först, epoken av stagnation, som pågick under sjuttio år, följt av uppsvingsperioden mellan 1851 och 1873. Dessa tjugotvå år av turbulent expansion kännetecknades av två kriser och två gynnsamma konjunkturella perioder, och därtill var dessa konjunkturer verkligen gynnsamma, medan kriserna hade en väldigt svag karaktär. Därefter, från 1873 fram till mitten av 1890, sätter stagnationen in igen, eller åtminstone saktar utvecklingen ner avsevärt. Sen blir det expansion utan motstycke än en gång. Allt detta är en anpassningsprocess, en utjämningsprocess. Närhelst kapitalismen i något land stöter på en mättnad av den ena eller andra marknaden, tvingas den att söka andra marknader. Stora historiska händelser – ekonomiska kriser, revolutioner och så vidare – kommer att avgöra om vi kommer att få se stagnation, uppsving eller tillbakagång under sådana perioder. Det är de huvudsakliga kännetecknen i den kapitalistiska utvecklingen.

Vid ett givet ögonblick går kapitalismen in i en period av utdragen och djup depression. Formellt räknat borde denna epok ha infunnit sig – såtillvida man kan spå om det förgångna – så långt tillbaka som 1913 när världsmarknaden, som ett resultat av tjugo års intensiv utveckling, redan hade blivit otillräcklig för utvecklingen av tysk, engelsk och nordamerikansk kapitalism. Dessa jättar i den kapitalistiska utvecklingen räknade helt med det. De sa till sig själva: för att kunna undvika denna depression, som kommer att vara i många år, ska vi skapa en akut krigsfara, krossa vår rival och vinna totalt herravälde över världsmarknaden som blivit för trång. Men kriget pågick alltför länge och drev fram inte bara en akut kris utan en utdragen sådan; den förstörde helt och hållet Europas kapitalistiska ekonomiska apparat och underlättade därmed Amerikas feberaktiga utveckling. Men efter att ha utarmat Europa, ledde kriget i det långa loppet till en stor kris också i Amerika. Än en gång får vi se just den depression som de försökte undvika, men som nu har skärpts många gånger om till följd av Europas utarmning.

Så vilka är då de närmaste ekonomiska framtidsutsikterna?

Det är helt uppenbart, att Amerika måste göra nedskärningar, eftersom den europeiska krigsmarknaden är borta och aldrig kommer tillbaka. Å andra sidan måste Europa likaledes anpassa sig till de mest efterblivna, det vill säga de mest ruinerade regionerna och industrigrenarna. Det blir en ekonomisk utjämning neråt, och följaktligen en långvarig kris: inom enstaka branscher och länder – stagnation; i de övriga – en svag utveckling. De cykliska svängningarna kommer att fortsätta, men i det stora hela kommer den kapitalistiska utvecklingens kurva inte att stiga, utan vända neråt.

Kris, uppsving och revolution

Det ömsesidiga förhållandet mellan ekonomiskt uppsving och kris respektive revolutionens utveckling är av stort intresse för oss, inte bara ur teoretisk utgångspunkt utan framför allt praktiskt. Många av oss påminner sig säkert, att Marx och Engels 1851 – då den ekonomiska uppgången var på sin höjdpunkt – skrev att man nu måste betrakta 1848 års revolution som avslutad eller åtminstone avbruten fram till nästa kris. Engels skrev att om 1847 års kris varit revolutionens moder, så var den ekonomiska uppgången 1849–51 den segerrika kontrarevolutionens[15]. Det skulle dock vara mycket ensidigt och helt felaktigt att tolka dessa uttalanden som om en kris alltid föder revolutionära aktioner medan ett uppsving däremot pacificerar arbetarklassen. 1848 års revolution föddes inte ur krisen. Den gav bara den sista knuffen i den riktningen. Revolutionen växte i huvudsak fram ur motsättningen mellan den kapitalistiska utvecklingens behov och det halvfeodala sociala och statliga systemets fjättrar. Den ofullbordade och halvgångna revolutionen 1848, sopade dock bort resterna av skrånas och livegenskapens regim och utvidgade därigenom ramarna för den kapitalistiska utvecklingen. Under sådana förhållanden och enbart på grund av sådana förhållanden kom uppsvinget 1851 att bli inledningen till hela perioden av kapitalistiskt uppsving, som pågick till 1873.

När man citerar Engels är det väldigt farligt att förbise dessa grundläggande fakta. För det som infann sig precis efter 1850, när Marx och Engels gjorde sina observationer, var inte en normal eller vanlig situation, utan en period

---

15. Trotskij refererar till Friedrich Engels' inledning 1895 till *Klasstriderna i Frankrike, 1848–1850*, som skrevs av Karl Marx 1850. Marx förklarade att "världshandelskrisen 1847 var det egentliga upphovet till februari- och marsrevolutionerna [i Frankrike och Tyskland]," sade Engels, "och att det industriella uppsving som från mitten av 1848 efterhand återinträdde och nådde sin kulmen 1849 och 1850, var den pådrivande kraften bakom den europeiska reaktionen som på nytt började sticka upp huvudet". Marx drog de politiska slutsatserna från denna förändring, sade Engels, och skrev vid den tiden: "En ny revolution är möjlig enbart som följd av en ny kris. men den kommer lika säkert som en sådan". ("Introduction to Karl Marx's *The Class Struggles in France* ["Inledning till Karl Marx' *Klasstriderna i Frankrike*"]), Marx och Engels, *Collected Works*, vol 27, s 507–8, på svenska i *Klasstriderna i Frankrike* (Gidlunds, Helsingfors, 1971), s 38.

av kapitalistisk *Sturm und Drang* som revolutionen 1848 hade berett marken för. Detta är av avgörande betydelse här. Denna era av "storm och trängtan", då uppsvinget och den fördelaktiga konjunkturen var mycket starka medan kriserna bara var ytliga och kortlivade – det var just denna period som slutade med revolutionen. Vad det handlar om här är inte om en förbättring i konjunkturen är möjlig, utan om fluktuationerna i konjunkturen följer en uppåtstigande eller nedåtgående kurva. Detta är den viktigaste aspekten av hela frågan.

KAN VI FÖRVÄNTA oss samma resultat av det ekonomiska uppsvinget 1919–20? Under inga förhållanden. Här är det inte tal om någon utvidgning av den kapitalistiska utvecklingens ramar. Betyder detta att ett nytt uppsving i handeln och industrin är uteslutet i framtiden eller till och med i en mer eller mindre näraliggande framtid? Inte alls! Jag sade nyss, att så länge kapitalismen lever, andas den in och ut. Men i den period som vi har gått in i – i en period då vi får sota för krigets dränering och förödelse, i en period av utjämning *neråt* – kan uppgångarna bara vara av ytlig och övervägande spekulativ karaktär medan kriserna blir mer och mer långvariga och djupa.

Den historiska utvecklingen ledde inte till segerrika proletära diktaturer i Central- och Västeuropa. Men det är den mest skamlösa och samtidigt den mest enfaldiga lögn att, som reformisterna gör, av det försöka dra slutsatsen att den ekonomiska jämvikten för den kapitalistiska världen har blivit återställd i smyg. …

Denna rörelse bakåt kommer naturligtvis inte att fortsätta oavbrutet i ett och samma tempo. Det är helt uteslutet. Det måste komma en andningspaus för den kapitalistiska organismen. Men utifrån det faktum att den kommer att andas in lite frisk luft och att en viss förbättring kommer till stånd, är det fortfarande för tidigt att förutsäga en välståndsperiod. En ny fas kommer in i bilden, när de kommer att försöka eliminera motsättningen mellan överproduktionen av fiktiv rikedom och den underliggande utarmningen. Och därefter kommer de häftiga anfallen i den ekonomiska organismen att fortsätta. Allt detta ger oss, som jag redan har sagt, en bild av en djup ekonomisk depression.

På grund av denna ekonomiska depression kommer bourgeoisien att tvingas att utsätta arbetarklassen för starkare och starkare press. Detta kan man redan se i de nedskärningar av lönerna som inletts i de fullblodiga kapitalistiska länderna: i Amerika och England, och sedan över hela Europa. Detta leder till stora lönestrider. Vår uppgift är att utvidga dem genom att grunda oss på en klar uppfattning av den ekonomiska situationen. Det är ganska uppenbart. Man kan fråga sig om de stora lönestriderna – ett klassiskt exempel är gruvstrejken i England – automatiskt kommer att leda till världsrevolutionen, till det slutgiltiga inbördeskriget och kampen för att erövra den politiska makten. Men det är inte marxistiskt att ställa frågan på det viset. Vi har inga automatiska garantier för utvecklingens gång. Men när krisen ersätts av en övergående konjunkturuppgång, vad kommer det att betyda för vår utveckling? Många kamrater säger att om en förbättring äger rum i den här epoken skulle det vara ödesdigert för revolutionen. Nej, under inga omständigheter. I allmänhet finns det inget automatiskt beroende av en kris för den proletära revolutionen. Det finns bara ett dialektiskt samspel. Det är viktigt att förstå det.

Låt oss titta på förhållandena i Ryssland. Revolutionen 1905 blev besegrad. Arbetarna drabbades av stora uppoffringar. Under 1906 och 1907 ägde de sista revolutionära utbrotten rum och under hösten 1907 bröt en stor världskris ut. Förebudet av den gavs av den Svarta fredagen på Wall Street. Under hela 1907 och 1908 och 1909 rådde den mest fruktansvärda kris också i Ryssland. Den dödade rörelsen helt och hållet, för arbetarna hade lidit så mycket under kampen att denna depression bara kunde demoralisera dem. Vi hade många dispyter över vad som skulle leda till revolutionen: en kris eller en gynnsam konjunktur?

Vid den tiden försvarade många av oss ståndpunkten att den ryska revolutionära rörelsen bara skulle kunna få liv igen genom en gynnsam ekonomisk konjunktur. Och det var det som hände. Under 1910, 1911 och 1912 blev det en förbättring i vår ekonomiska situation och en gynnsam konjunktur som förde med sig att de demoraliserade och försvagade arbetarna som hade förlorat modet samlade sig igen. De insåg igen hur viktiga de var för produktionen och de gick till offensiv, först på det ekonomiska området och sen även på det politiska området.

På randen till kriget hade arbetarklassen blivit så konsoliderad, tack vare denna period av ekonomisk uppgång, att den kunde gå över till ett direktangrepp. Och om vi idag, i en period av oerhörd utmattning av arbetarklassen till följd av krisen och den ständiga kampen, inte skulle lyckas segra, vilket är möjligt, då skulle inte en förändring i konjunkturen och en ökning i levnadsstandarden ha en skadlig inverkan på revolutionen, utan det vore tvärtom mycket fördelaktigt. En sådan förändring skulle endast vara skadlig under förutsättning att konjunkturuppgången markerade inledningen på en lång epok av välstånd. Men en lång period av välstånd skulle innebära att en expansion av marknaden hade uppnåtts, vilket är helt uteslutet. För trots allt omfattar den kapitalistiska ekonomin redan hela världen. Europas förfall och Amerikas överdådiga renässans på den enorma krigsmarknaden bekräftar slutsatsen att välståndet inte kan återställas genom en kapitalistisk utveckling av Kina, Sibirien, Sydamerika och andra länder, där den amerikanska kapitalismen givetvis söker och skapar avsättningsmarknader, men i en omfattning som på intet sätt motsvarar Europa. Av det följer att vi är på randen av en depressionsperiod; det är ovedersägligt.

MED ETT SÅDANT perspektiv skulle ett mildrande av krisen inte innebära ett dödligt slag mot revolutionen, utan det skulle bara möjliggöra för arbetarklassen att få lite andrum som den skulle kunna använda för att organisera om sina led för att därefter återuppta angreppen på en fastare grund. Det är en av möjligheterna. Den andra möjligheten är att krisen går över från akut till kronisk, att den skärpts och består under många år. Inget av detta är uteslutet. Möjligheterna står fortfarande öppna i en sådan situation att arbetarklassen skulle samla sina sista styrkor och, visa av erfarenheten, erövra statsmakten i de viktigaste kapitalistiska länderna. Det enda som är uteslutet är ett automatiskt återvinnande av den kapitalistiska jämvikten på en ny grundval och ett kapitalistiskt uppsving under de närmaste åren. Detta är helt omöjligt under villkoren av modern ekonomisk stagnation… .

Om vi antar – och låt oss göra det för ögonblicket – att arbetarklassen misslyckas med att resa sig i revolutionära strider utan i stället ger borgarklassen möjlighet att under en lång följd av år – låt oss säga två till tre årtionden – styra världens öden, så är det utan tvekan så att en viss ny jämvikt skulle inträda. Europa skulle tvingas lägga i backen på ett våldsamt sätt. Miljoner europeiska arbetare skulle dö av arbetslöshet och undernäring. USA skulle tvingas omorientera sig på världsmarknaden, strukturera om sin industri och *under en längre tid drabbas av nedskärningar.* Därefter, efter att en ny arbetsfördelning så smärtsamt upprättats i världen under femton eller tjugo eller tjugofem år, skulle kanske en ny period av kapitalistiskt uppsving kunna följa.

Men hela denna betraktelse är mycket abstrakt och ensidig. Den framställer det som om proletariatet hade slutat att kämpa. *Men det är uteslutet, om inte annat av det skälet, att klassmotsättningarna just under de senaste åren skärpts till det yttersta…* .

Varje åtgärd som kapitalismen tvingas till för att kunna ta ett steg framåt för att återställa jämvikten – och var och en gör omedelbart den sociala jämvikten allt viktigare – tenderar allt mer att underminera den och driver arbetarklassen ännu starkare att kämpa. Den första uppgiften för att uppnå jämvikt är att ställa produktionsapparaten i ordning, men för att göra det är det oumbärligt att ackumulera kapital. Men för att göra ackumuleringen möjlig är det nödvändigt att höja arbetsproduktiviteten. Hur? Genom en utökad och intensifierad exploatering av arbetarklassen, eftersom nedgången i arbetets produktivitet under de tre åren efter kriget är ett vida känt faktum.

För att återupprätta världsekonomin på kapitalistisk grund, är det oumbärligt att återigen inrätta en världsekvivalent – guldmyntfoten. Utan den kan inte den kapitalistiska ekonomin existera, eftersom det inte kan pågå någon produktion om priserna dansar dödsdans, om de går upp 100 procent under loppet av en månad som i Tyskland på grund av fluktuationerna i den tyska valutan. Då blir en kapitalist inte intresserad av att producera utan han lockas i stället att spekulera. Det frestar honom med mycket större profiter än dem han kan skaffa sig genom att långsamt utveckla industrin. Vad innebär stabiliseringen av valutan? För Frankrike och Tyskland innebär den att de sätter staten i konkurs. Men när man förklarar att staten inställer betalningarna får man en väldig förändring av egendomsrelationerna inom nationen på halsen. Och i de stater som förklarat sig oförmögna att betala har det blivit en kamp om hur de nya nationella tillgångarna ska fördelas, vilket har inneburit att den dagen snabbt närmar sig då klasskampen skärps. Samtidigt innebär detta att man ger upp alla ambitioner på social och politisk jämvikt, vilket sätter igång revolutionära strömningar.

Men att förklara en stat i konkurs gör det inte möjligt att omedelbart ta steget över till att återställa jämvikten. Det måste dessutom följas av att man förlänger arbetsveckan, tar bort åttatimmarsdagen och genomför en mer intensiv utsugning. Det gör det självfallet nödvändigt att övervinna arbetarklassens motstånd. Kort sagt, i teorin och det abstrakta är det möjligt att återupprätta den kapitalistiska jämvikten. Men det händer inte i ett socialt och politiskt vakuum – det kan endast äga rum genom de olika klasserna. Varje steg mot att återupprätta jämvikten i det ekonomiska livet, oavsett hur litet det är, innebär ett slag mot den instabila sociala jämvikten som herrar kapitalister fortfarande lutar sig mot. Och det är viktigare än allt annat.

De sociala motsättningarna förvärras

Den ekonomiska utvecklingen är således ingen automatisk process. Det handlar inte bara om produktionens grundvalar i samhället. På dessa grundvalar lever och arbetar människor, och genom dessa människor fortgår utvecklingen. Så vad har då hänt när det gäller förhållandet mellan människorna eller rättare sagt, mellan klasserna?

Vi har sett hur Tyskland och även andra europeiska

länder har kastats tillbaka tjugo eller trettio år när det gäller deras ekonomiska nivå. Men har de samtidigt också kastats tillbaka till sina dåvarande sociala klassförhållanden? Inte alls. Tysklands klasser, antalet arbetare och deras koncentration och organisering – allt detta tog form före kriget, i synnerhet till följd av de sista två decennierna av ekonomisk uppgång (1894–1913). Och senare blev allt detta ännu mer tillspetsat; under kriget med hjälp av den statliga inblandningen och efter kriget under spekulationsraseriet och kapitalets ytterligare koncentration.

Vi har alltså två utvecklingsprocesser. De nationella tillgångarna och nationalinkomsten sjunker, *men klassernas utveckling fortsätter framåt, den går inte bakåt.* Fler och fler proletariseras, kapitalet koncentreras på allt färre händer, bankerna fusionerar, industriföretagen koncentreras i truster. Därför skärps klasskampen på en grund av krympande nationella tillgångar.

Här har vi pudelns kärna. Ju mindre den materiella grundvalen blir under deras fötter, desto mer våldsamt måste klasserna och grupperna kämpa om sin andel av dessa nationella tillgångar. Den omständigheten får vi inte förlora ur sikte för ett ögonblick. Europa har kastats trettio år tillbaka när det gäller sina nationella tillgångar, men det betyder inte att Europa har blivit trettio år yngre. Nej, när det gäller klassernas utveckling, har det blivit trettio år äldre.

Bönderna

I inledningen av kriget talade och skrev man om hur bönderna i hela Europa berikade sig på kriget. Och staten var verkligen i trängande behov av bröd och kött till armén. För allt detta betalades vanvettiga priser, som fortsatte att stiga, och bönderna stoppade fickorna fulla med papperspengar. Med dessa sedlar som sjönk allt mer i värde betalade bönderna de skulder, som de tidigare dragit på sig när valutans värde var normalt. Det var naturligtvis en mycket fördelaktig affär för dem.

Borgerliga nationalekonomer räknade med att böndernas välstånd skulle garantera kapitalismens stabilitet efter kriget. Men de räknade fel. Bönderna betalade av sina inteckningslån, men jordbruk består verkligen inte bara i att betala av bankskulder. Det består i att sköta jorden, gödsla den, köpa maskiner och bra utsäde, i att göra tekniska förbättringar och så vidare. Detta gjordes inte alls eller så kostade det vansinniga summor. Dessutom saknades arbetskraft, jordbruket förföll och bönderna, som först upplevt en halvt fiktiv uppgång, började ställas på ruinens brant.

Denna process kan vi iaktta i olika hög grad i hela Europa. Men den har också tagit sig drastiska uttryck i Amerika. Särskilt drabbades de amerikanska, kanadensiska, australiska och sydamerikanska bönderna när det visade sig, att det ruinerade Europa inte längre kunde köpa deras säd. Spannmålspriserna sjönk. I hela världen jäser det och pyr av missnöje bland bönderna.

Så upphör bönderna att vara en av stöttepelarna för lag och ordning. Arbetarklassen får möjlighet att rycka med sig åtminstone en del av bönderna i kampen (de lägsta skikten), att neutralisera en annan del (mellanbönderna) och paralysera de största (kulakerna, de välbärgade bönderna).

Det nya medelståndet

Reformisterna fäste stora förhoppningar vid det så kallade medelståndet. Ingenjörer, tekniker, läkare, advokater, bokhållare, kamrerer, privat- och statstjänstemän med flera bildar alla ett halvkonservativt samhällsskikt som står mellan kapital och arbete och som enligt reformisternas uppfattning skulle försona bägge parterna, samtidigt som de skulle leda och dessutom understödja demokratiska regimer.

Denna klass har till och med lidit mer än arbetarklassen under och efter kriget, det vill säga dess levnadsstandard har sjunkit mer än arbetarklassens. Främsta orsaken till det är nedgången i pengarnas köpkraft, värdeminskningen på sedlarna. I alla Europas länder har det lett till ett starkt missnöje bland de lägsta och till och med de mellersta skikten av statstjänstemännen och den tekniska intelligentsian. I Italien till exempel är statstjänstemännen ute i en bitter strejk just nu. Naturligtvis har inte statliga och privata tjänstemän, banktjänstemän och så vidare blivit någon proletär klass, men de har förlorat sin tidigare konservativa läggning. De stödjer inte staten så mycket, utan de ruskar och skakar om dess apparat genom sitt missnöje och sina protester.

De borgerliga intellektuellas missnöje fördjupas ytterligare genom deras samhörighet med den lägre och medelstora handels- och industribourgeoisien. De senare känner sig vanlottade och åsidosatta. Monopolbourgeoisien fortsätter att vältra sig i rikedom trots landets utarmning. Den tillägnar sig en allt större andel av de krympande nationaltillgångarna. Resten av bourgeoisien och det nya medelståndet sjunker ner både i absoluta och relativa tal.

Vad proletariatet angår, så är det sannolikt att trots den försämrade levnadsstandarden är dess gemensamma andel av de krympande nationella tillgångarna nu större än den var före kriget. Monopolkapitalet strävar efter att skära ner på arbetarens andel genom att driva ner den till vad den var före kriget. Men arbetaren utgår inte från statistiska beräkningar, utan från sin sänkta levnadsstandard och strävar efter att höja sin andel av nationalinkomsten. *Alltså: bönderna är missnöjda med ekonomins nedgång, intelligentsian blir allt fattigare och går under, småborgarna och medelklassen utarmas och är missnöjda. Klasskampen skärps.*

De internationella relationerna

De internationella relationerna spelar naturligtvis en väldig roll i den kapitalistiska världens liv. Det fick den uppleva väl så tydligt under världskriget. Och när vi nu ställer oss frågan om det är möjligt eller omöjligt för kapitalet att återupprätta jämvikten i världen, måste vi ta med i beräkningen under vilka internationella relationer detta arbete äger rum. Det är inte svårt att övertyga sig om att de internationella relationerna blivit mycket mer spända och mycket mindre stämmer överens med en "fredlig" utveckling för kapitalet, än vad fallet var före kriget.

Varför bröt kriget ut? För att det blev för trångt för produktivkrafterna inom ramarna för de mäktigaste kapitalistiska länderna. Det imperialistiska kapitalets inre strävanden syftade till att upphäva nationsgränserna och få omfatta hela jordklotet genom att avskaffa alla tullar och andra hinder som hämmar produktivkrafternas utveckling. Där ligger imperialismens ekonomiska grundvalar och orsakerna till kriget. Och vilka blev följderna? Europa är nu rikare på gränser och tullmurar än innan. En hel galax av småstater har bildats. Det forna Österrike-Ungerns imperium genomkorsas nu av ett dussin olika tullgränser. Engelsmannen Keynes har kallat Europa ett dårhus,[16] och ur den ekonomiska utvecklingens synpunkt

---

16. John Maynard Keynes, en framstående brittisk ekonom, var rådgivare åt premiärminister David Lloyd George vid fredskonferensen i Versailles 1919 efter första världskriget. Övertygad om att Tysklands tiotals miljarder mark i krigsskadestånd och andra

utgör verkligen hela denna partikularism med alla enskilda småstater, deras olika tullsystem och så vidare en oerhörd anakronism, ett dåraktigt implantat av medeltid i det tjugonde århundradet. Medan Balkanhalvön barbariseras, balkaniseras Europa.

Relationerna mellan Tyskland och Frankrike har hittills varit omöjliga att förena med utsikterna för någon europeisk jämvikt. Frankrike måste utplundra och våldföra sig på Tyskland för att bevara sin jämvikt mellan klasserna, som inte står i proportion till den franska ekonomins urholkade grund. Tyskland vill inte och kan inte längre utsätta sig för denna utplundring. För tillfället har man visserligen träffat en överenskommelse. Tyskland har förpliktigat sig att årligen betala två miljarder mark i guld och dessutom 26 procent av sin export. Denna överenskommelse är en seger för den engelska politiken, som strävar efter att hindra Frankrike från att ockupera Ruhrområdet[17]. För tillfället befinner sig den största andelen av den europeiska järnmalmen i Frankrikes händer och den största andelen kol i Tysklands. Det viktigaste villkoret för att återupprätta Europas ekonomi är en produktiv förening av den franska malmen med det tyska kolet, men en sådan kombination som är oundgängligen nödvändig för den ekonomiska utvecklingen råkar vara livsfarlig för

---

skuldbördor som segermakterna tvingade på andra länder skulle leda till "en ödeläggelse av Europa", avgick Keynes från sitt uppdrag. Senare samma år skrev han det vitt spridda häftet, *Fredens ekonomiska följder*, som Trotskij hänvisar till här.

17. Enligt Versaillesfördraget kunde Frankrike hota med att ockupera Ruhrområdet, Tysklands viktigaste industriregion, om Tyskland släpade efter med att betala sitt krigsskadestånd. Paris fullföljde det hotet i januari 1923, i samarbete med Belgiens regering.

den engelska kapitalismen. Alla Londons strävanden går därför ut på att förhindra både en militär eller en fredlig förening mellan den franska malmen och det tyska kolet. Men detta leder till att motsättningarna mellan England och Frankrike skärps ytterligare.

FRANKRIKE HAR TILLS VIDARE gått med på en kompromiss, så mycket mer som dess sönderslagna produktionsapparat inte klarar av att ta vara ens på det kol, som Tyskland nu tvingas leverera. Men detta betyder inte alls att frågan om Ruhrområdet lösts en gång för alla. Första lilla missen från Tysklands sida att uppfylla sina åtaganden kommer på nytt att göra frågan om Ruhrområdets öde akut.

Frankrikes växande europeiska och delvis även internationella inflytande under de sista åren kommer inte ur Frankrikes växande styrka, utan ur Englands uppenbara och tilltagande försvagning.

Storbritannien har besegrat Tyskland. Det var huvudfrågan som löstes genom det sista kriget. Och kriget var egentligen inte något världskrig, utan ett europeiskt krig, även om kampen mellan de två mäktigaste europeiska staterna, England och Tyskland, utkämpades med deltagande av och hjälp från hela världen. Tyskland besegrades av England. Men idag är England betydligt svagare på världsmarknaden och över huvud taget i den internationella situationen, än före kriget. USA har vuxit mycket mer på Englands bekostnad, än England på Tysklands.

Amerika slår England framför allt på grund av att det har en mer rationell och modern karaktär på sin industri. En amerikansk arbetares produktivitet är 150 procent större än en engelsks. Med andra ord, tack vare en mer perfekt utrustad industri producerar två amerikanska arbetare lika mycket som fem engelska. Enbart detta faktum, som styrkts av engelska statistiska undersökningar, vittnar om att Englands öde i kampen med Amerika är beseglat; och enbart detta faktum räcker som orsak att kasta in England i ett krig med Amerika, så länge den engelska flottan behåller sitt herravälde till sjöss.

I HELA VÄRLDEN OCH till och med i själva Europa håller det amerikanska kolet på att konkurrera ut det engelska. Englands världshandel har trots allt främst grundats på exporten av kol. Dessutom får oljan nu en avgörande betydelse i industrin och försvaret. Inte nog med att den driver automobiler, traktorer, undervattensbåtar och flygplan, den är till och med att föredra framför kolet för oceanångarna. Upp till 70 procent av världens oljeproduktion sker inom USA:s gränser. I fall av krig skulle alltså all olja vara i händerna på regeringen i Washington. Dessutom har Amerika i sin hand den mexikanska oljan, som utgör 12 procent av världsproduktionen. Visserligen anklagar USA England för att det lagt beslag på nästan 90 procent av alla världens övriga oljekällor utanför Amerikas gränser och att de håller amerikanerna borta från dem, samtidigt som de amerikanska källorna kommer att sina under de närmaste åren. Men alla dessa geologiska och statistiska beräkningar är tämligen tvivelaktiga och godtyckliga. De är gjorda på beställning för att rättfärdiga Amerikas anspråk på oljan i Mexiko, Mesopotamien och så vidare. Men även om faran för att de amerikanska källorna skulle sina vore verklig, så skulle detta bara vara ytterligare en orsak att skynda på kriget mellan USA och England.

En känslig fråga är Europas skuldsättning till Amerika. Hela skulden uppgår till en summa av 18 miljarder dollar. USA har alltid haft möjlighet att skapa väldiga svårigheter på den engelska penningmarknaden genom att ställa krav på att skulden ska betalas. Som bekant hade England till och med föreslagit Amerika att de ska avskriva den engelska skulden och å sin sida lovat att avskriva de europeiska skulderna till England. Eftersom England är skyldigt Amerika betydligt mer än länderna i ententen på kontinenten är skyldiga England, så skulle man dra fördel av den affären. Amerika vägrade. De kapitalistiska yankees hade inte så stor lust att med egna medel finansiera Storbritanniens krigsförberedelser mot USA.

Englands förbund med Japan, som kämpar med Amerika om herraväldet i Asien, har på samma sätt skapat oerhört ansträngda relationer mellan USA och England.

Men mest tillspetsat när man tittar på alla dessa omständigheter, är frågan om flottan. Wilsonregeringen har lagt fram ett omfattande program för att bygga krigsfartyg, efter att ha stött på Englands motstånd i internationella frågor. [President Warren G.] Hardings regering tog över det här programmet från sin företrädare och det förverkligas nu under högtryck. 1924 ska USA:s flotta inte bara vara betydligt starkare än den engelska, utan också överträffa den engelska och den japanska flottan tillsammans – om än inte i tonnage, så åtminstone i slagkraft.

Vad betyder detta ur engelsk synvinkel? Det innebär att före 1924 måste England antingen anta utmaningen och försöka förstöra USA:s militära, marina och ekonomiska makt genom att utnyttja sin nuvarande överlägsenhet, eller också måste England passivt låta sig förvandlas till en makt av andra eller tredje rangen och definitivt avträda dominansen över oceanerna och haven till USA.

Så det senaste blodbadet, som på sitt sätt ”löste” den europeiska frågan, har just därigenom i hela sin betydelse ställt ytterligare en världsomfattande fråga: ska England eller USA behärska världen? Föreberedelserna för det nya världskriget är i full gång. Utgifterna till armén och flottan har vuxit oerhört i jämförelse med tiden före kriget. Den engelska militärbudgeten har vuxit till det tredubbla, den amerikanska tre och en halv gånger.

Motsättningarna mellan England och Amerika förvandlas till en process av automatisk vapenspridning, en automatisk spurt närmare och närmare morgondagens blodiga konflikt. Här har vi verkligen att göra med en automatisk process.

Den 1 januari 1914, det vill säga vid det ögonblick när ”den väpnade freden” stod inför sina skarpaste spänningar, stod omkring sju miljoner soldater under vapen i hela världen. Vid det här årets början var de omkring arton miljoner. Storleken på dessa arméer väger naturligtvis tungt på det utmattade Europa.

Följaktligen har militarismen ökat. Allt detta är ett av de största hindren för ekonomiska framsteg. En av huvudorsakerna till kriget var den väpnade fredens olidliga börda på den europeiska ekonomin. Ett fasansfullt slut föredrogs framför fasa utan slut. Men det visade sig att det inte var något slut alls, att fasan *efter* slutet var ännu mer fasansfull än före det fasansfulla slutet, det vill säga före det senaste kriget.

Den allvarliga krisen som vuxit fram ur att världsmarknaden krympt, skärper kampen mellan de kapitalistiska staterna till det yttersta och berövar de internationella relationerna varje antydan till stabilitet. Inte bara Europa, utan hela världen håller på att bli ett ”dårhus”! Under dessa omständigheter kan det väl knappast bli tal om något återupprättande av den kapitalistiska jämvikten.

Arbetarklassen efter kriget

Från revolutionens utgångspunkt, generellt och allmänt sett, skapar allt detta en väldigt fördelaktig och en samtidigt mycket komplex situation för arbetarklassen. Vad som ligger framför oss är trots allt inte ett kaotiskt, spontant angrepp, som vi kunde se första stadiet av i Europa 1918–19. Det verkade för oss (och det fanns ett visst historiskt berättigande till det) som om detta angrepp skulle kunna växa till allt större vågor under en period när bourgeoisien var desorganiserad, som om medvetandet i arbetarklassens ledande skikt skulle klarna under loppet av den processen och proletariatet därmed skulle kunna gripa makten under loppet av ett till två år. Det var en historisk möjlighet. Men den förverkligades inte.

Historien har – med hjälp av bourgeoisiens goda eller onda vilja, dess list, dess erfarenheter, dess organisering och dess maktinstinkt – gett bourgeoisien ett ganska långt andrum. Inga mirakel har ägt rum. Vad som har förstörts, bränts eller ödelagts har inte kommit till liv igen, men bourgeoisien visade sig helt i stånd att hitta kursen igen under dessa hårda villkor, den återupprättade sin statsapparat och lyckades dra fördel av arbetarklassens svaghet. Från ett revolutionärt perspektiv har situationen blivit mer komplicerad, men den är fortfarande gynnsam. Det är kanske med större säkerhet som vi idag kan säga att på det hela taget är situationen fullt revolutionär. Men revolutionen är inte så foglig, inte heller så tam att den kan ledas i koppel, som vi en gång föreställde oss. Revolutionen har sina egna fluktuationer, sina egna kriser, och sina egna gynnsamma konjunkturer.

Omedelbart efter kriget befann sig borgarklassen i ett tillstånd av största förvirring och panik – arbetarna, i synnerhet de som kom hem från kriget, hade stora anspråk.

Men arbetarklassen som helhet var desorienterad, visste inte så noga hur livet skulle utvecklas efter kriget, var osäkra på vilka krav de skulle ställa och hur och tvekade vilken väg de skulle gå... . Rörelsen fick, som vi redan har sett, ett oerhört stormigt förlopp, men arbetarklassen saknade en fast ledning. Å andra sidan var borgarklassen beredd att göra mycket stora eftergifter. Den fortsatte krigstidens finansiella och ekonomiska inriktning (lån, nytryckningar av sedlar, monopol på brödsäd, stöd till de arbetslösa arbetarmassorna, och så vidare). Med andra ord, den härskande bourgeoisien fortsatte att underminera de ekonomiska grundvalarna och allt mer störa jämvikten inom produktionen och ekonomin för att stötta upp jämvikten mellan klasserna under dess mest kritiska period. Hittills har de mer eller mindre lyckats med detta.

Nu tar bourgeoisien itu med frågan om att återupprätta den ekonomiska jämvikten. Här handlar det inte om tillfälliga eftergifter och mutor för att lugna arbetarklassen, utan om åtgärder av grundläggande natur. Den desorganiserade produktionsapparaten ska återställas. Valutan måste stabiliseras eftersom världsmarknaden är otänkbar utan världsekvivalent och, följaktligen, lika otänkbar utan en allmän ekvivalent är en "balanserad" nationell industri, som en del av världsmarknaden.

Att återställa produktionsapparaten innebär att skära ner produktionen av konsumtionsartiklar och öka produktionen av produktionsmedel. Ackumulationen måste ökas, det vill säga arbetet måste intensifieras och lönen sänkas.

För att återställa valutan måste man, förutom att vägra betala oacceptabla skulder, förbättra handelsbalansen, det vill säga importera mindre och exportera mer. För att åstadkomma detta måste man konsumera mindre och producera mer, det vill säga återigen skära ner på lönerna och öka intensifieringen av arbetet.

VARJE STEG I RIKTNING mot att återupprätta den kapitalistiska ekonomin är förknippat med att öka utsugningsgraden och det kommer därför oundvikligen att stöta på motstånd från arbetarklassen. Med andra ord, varje försök från bourgeoisien att återställa jämvikten i produktionen, fördelningen eller statsfinanserna rubbar oundvikligen den labila jämvikten mellan klasserna. Om bourgeoisien i två års tid efter det sista kriget framför allt lät sig vägledas av sin önskan att blidka proletariatet i sin ekonomiska politik, även till priset av ytterligare ekonomisk ödeläggelse, så har den just nu, i denna period av den värsta krisen hittills, börjat försöken med att förbättra det ekonomiska läget genom ett allt starkare tryck på arbetarklassen.

I England ser vi tydligast hur detta tryck föder motstånd. Och arbetarklassens motstånd rubbar ekonomins stabilitet och förvandlar allt tal om att återupprätta jämvikten till tomma ord.

Det är sant att proletariatets kamp om makten har dragit ut på tiden. Vi fick aldrig ett gigantiskt storanfall, vi fick inte se ständigt stigande vågor, som fortsatte att rulla fram tills det kapitalistiska systemet störtades i den sista flodvågen.

I denna kamp har vi sett både framsteg och bakslag, både anfall och försvar. Vi har inte alltid varit så skickliga på att manövrera mellan klasserna. Det finns två anledningar till att kampen fick en sådan utdragen och ojämn karaktär. Den första är svagheten hos de kommunistiska partierna, som uppstod först efter kriget, som saknade den nödvändiga erfarenheten och den nödvändiga apparaten, som inte hade tillräckligt inflytande och – det viktigaste – inte visste hur man skulle fästa tillräckligt stor uppmärksamhet på de arbetande massorna. I det avseendet har vi åtminstone tagit ett stort steg framåt under de senaste åren. De kommunistiska partierna har stärkts och utvecklats. Den andra anledningen är arbetarklassens heterogena sammansättning, när den kom ut ur kriget.

MINST SKAKADE AV kriget var arbetarrörelsens byråkrati i fackförbunden och partiet och parlamentsledamöterna. Alla länders kapitalistiska stater ägnade mycket omtanke och omsorg åt denna överbyggnad, för de visste så väl att utan den skulle de inte ha en chans att tygla arbetarklassen under åren av blodsutgjutelse. Arbetarbyråkratin fick alla slags privilegier och kom ut ur kriget med samma vanor av trög konservatism som de haft när kriget började, bara något mer komprometterade och mer uppbundna till respektive kapitalistiska stater. De yrkeskunniga arbetarna i den äldre generationen, som är vana vid sin fackförening och sin partiorganisation, har i stort sett, i synnerhet i Tyskland, förblivit arbetarbyråkratins stöttepelare, men deras tröghet är inte på något sätt absolut.

De arbetare som har gått igenom krigets skola – och det är arbetarklassens kärna – har fört in en ny mentalitet i proletariatet, nya vanor och en ny inställning till frågor om kamp, om livet och döden. De är redo att lösa frågorna med våld, men de har lärt sig i kriget att för att det ska bli framgångsrikt, krävs en korrekt taktik och strategi. Dessa arbetare kommer att gå med i kampen, men de vill ha en fast ledning och seriösa förberedelser. Många outvecklade grupper av arbetare, däribland även de kvinnliga arbetarna, som vuxit ofantligt i antal under kriget, har nu, på grund av en skarp förändring i deras medvetande, blivit den mest militanta om dock inte alltid den mest klassmedvetna delen av arbetarklassen. På yttersta vänsterkanten hittar vi slutligen arbetarungdomen, som har vuxit upp under kriget, i dånet av striderna och de revolutionära konvulsionerna, och blivit anvisad en betydelsefull plats i de kommande drabbningarna.

Denna stora, kraftigt förstärkta proletära massa – de äldre arbetarna och nyblivna arbetare, arbetare bakom fronten och arbetare som tillbringat flera år i strider – hela denna miljonhövdade massa går inte genom den revolutionära skolan på samma sätt eller vid samma tid. Det såg vi på nytt under marshändelserna i Tyskland[18], då arbetarna i centrala Tyskland, som var mest outvecklade före kriget, ivrigt stormade fram i kampen utan att stanna upp för att fråga sig om de skulle kunna segra,

18. I mars 1921 kallade Tysklands Kommunistparti, mitt i en defensiv strejk som omfattade tusentals kolgruvearbetare i centrala Tyskland, till uppror i hela landet för att ta makten. Partiets ledning agerade utifrån vad de kallade ”offensivens teori” som också förespråkades av vänsterister i partier som var med i Komintern i Italien och på andra håll i Europa. ”Marsaktionen” blev snabbt isolerad och besegrad av den borgerliga regimen i Tyskland, hundratals arbetarklasskämpar dödades och tusentals fängslades. Kominterns tredje kongress gjorde en utvärdering av aktionen och avslog ”offensivens teori”. I sitt tal till kongressen till försvar av Kommunistiska internationalens taktiker, sade Lenin att det hade varit fel ”att i Tyskland börja tala om den revolutionära offensivens *teori* när den verkliga offensiven inte var förberedd. Ändå var marsoffensiven ett stort steg framåt oavsett de fel dess ledare gjorde… . [D]et är naturligtvis en stor sak … om hundratusentals kämpar mot socialförrädarnas nedriga provokationer och mot bourgeoisien.” (Lenin, *Collected Works*, vol 32, s 473, på svenska i *Valda verk i tio band,* band 10, s 367.)

medan Berlins och Sachsens arbetare hade fått mer erfarenheter av revolutionära strider och blivit försiktigare. Det är uppenbart att stridernas allmänna förlopp efter kriget och i synnerhet kapitalets nuvarande offensiv för samman alla arbetarklassens olika skikt med undantag av den privilegierade arbetararistokratin. De kommunistiska partierna får allt större möjligheter att upprätta en verklig arbetarklassens enhetsfront.

De närmaste framtidsutsikterna och uppgifterna

Revolutionen har tre källor, som är förbundna med varandra. Revolutionens första källa är Europas tillbakagång. Klassjämvikten i Europa vilade framför allt på Englands dominerande ställning på världsmarknaden. Idag är denna dominerande ställning slutgiltigt och oåterkalleligt förlorad. Ur detta kommer oundvikligen de mäktiga revolutionära skakningar, som måste sluta antingen med proletariatets seger eller med Europas fullständiga undergång.

Den revolutionära kampens andra källa är de våldsamma skakningarna i USA:s hela ekonomiska organism: en uppgång utan motstycke som framkallats av kriget i Europa – och därefter en fasansfull kris, på grund av de långvariga följderna av detta krig. Under dessa förhållanden kan det amerikanska proletariatets revolutionära utveckling ske i samma tempo, utan motstycke i historien, som USA:s ekonomiska utveckling under de senaste åren.

Den tredje källan för den revolutionära kampen är koloniernas och framför allt Indiens industrialisering. Grunden för koloniernas befrielsekamp består av bondemassorna. Men böndernas kamp behöver ledning. En sådan ledning har den infödda borgarklassen stått för. Men dess kamp mot det främmande imperialistiska herraväldet kan varken vara konsekvent eller energisk, eftersom den infödda borgarklassen själv är nära förbunden med det främmande kapitalet och till stor del utgör dess agentur. Bara uppkomsten av ett infött proletariat som är stort nog i antal och förmöget att kämpa kan skapa en verklig axel för revolutionen. I jämförelse med landets hela befolkning är naturligtvis det indiska proletariatet litet till antalet. Men de som förstått innebörden i revolutionens utveckling i Ryssland, glömmer inte att proletariatets revolutionära roll i länderna i öster sträcker sig långt utöver dess numeriska styrka. Detta gäller inte bara de helt koloniala länderna som Indien och halvkolonierna som Kina, utan även Japan, där kapitalistiskt förtryck smälter samman med en feodal kasts byråkratiska absolutism.

Både världssituationen och framtidsutsikterna har alltså en djupt revolutionär karaktär.

När borgarklassen efter kriget tog sin tillflykt till att slänga allmosor åt arbetarklassen, förvandlade opportunisterna tjänstvilligt dessa allmosor till reformer (åttatimmarsdag, arbetslöshetsförsäkring och så vidare) och upptäckte – bland alla ruinerna – reformismens tidevarv. Idag har borgarklassen gått över till motoffensiv över hela linjen, och till och med Londontidningen *Times* – en ärkekapitalistisk tidning – talar ångestfullt om kapitalistiska bolsjeviker. Den nuvarande epoken är en epok av kontrareformism.

Den engelska pacifisten Norman Angell kallar kriget en felräkning[19]. Erfarenheterna från det senaste kriget har verkligen visat att beräkningarna ur bokföringssynpunkt var felaktiga. Efter kriget kanske det verkade som om pacifismen höll på att triumfera och Nationernas

19. Sir Norman Angell var brittisk ekonom och journalist.

Förbund var uttrycket för det.[20]

Nu ser vi, att det var pacifismen som räknade fel. Aldrig tidigare har den kapitalistiska mänskligheten förberett sig för nya krig med sådan frenesi. Demokratins illusioner skalas av till och med i ögonen på de mest konservativa skikten i arbetarklassen. Till för inte så länge sedan ställde man mot demokratin endast proletariatets diktatur med dess terror, dess Tjeka[21], och så vidare. Nu skapar man en motsättning mellan demokratin och alla olika former av klasskamp. Lloyd George har rått gruvarbetarna att vända sig till parlamentet och förklarade deras strejk som ett våldförande på nationens vilja.

Under den hohenzollerska regimen upplevde de tyska arbetarna en viss stabilitet och bestämda gränser. Arbetarna visste i allmänhet, vad man fick och vad man inte fick göra. Under Eberts republik riskerar en strejkande arbetare alltid att få halsen avskuren på gatan eller i häktet utan mycket väsen. Det enda Ebertsk "demokrati" har att erbjuda de tyska arbetarna är höga löner i helt värdelösa papperspengar.

De kommunistiska partiernas uppgift består i att

---

20. Etablerandet av Nationernas Förbund, en del av segrarnas uppgörelse i Versailles, presenterades av Washington, London och Paris som ett instrument för världsfreden. Likt dess nuvarande styvbarn, Förenta Nationerna, var det i verkligheten ett redskap som användes av de imperialistiska makterna för att upprätthålla deras världsherravälde – "ett tjuvarnas näste", som Lenin kallade Förbundet.

21. Den All-ryska Extraordinära Kommissionen, känd i Ryssland under akronymen Tjeka, etablerades kort efter segern för den bolsjevikledda arbetar- och bonderegeringen i december 1917, som en revolutionär tribunal och säkerhetsstyrka med syfte att bekämpa kontrarevolution och sabotage. Den leddes av Felix Dzerzhinskij.

förstå den konkreta situationen i sin helhet och ingripa aktivt i arbetarklassens kamp för att utifrån den kampen vinna ett stöd från majoriteten i arbetarklassen. *Om situationen i ett eller annat land skulle bli oerhört tillspetsad, måste vi ställa den avgörande frågan kategoriskt och gå med i striden oavsett i vilket läge händelsernas gång har råkat stöta på oss.*

Men om händelseutvecklingen sker lite lugnare och jämnare då måste vi utnyttja alla möjligheter för *att vinna arbetarklassens majoritet till stöd för oss innan de avgörande händelserna.*

VI HAR ÄNNU INTE RIKTIGT en majoritet av arbetarklassen i världen bakom oss, men en mycket större andel av proletariatet är med oss idag än för ett eller två år sen. Efter att vi faktiskt har analyserat situationen som den ser ut idag, vilket är en av de viktiga uppgifterna för vår kongress och efter att vi sett över situationen i varje enskilt land, måste vi säga till oss själva: kampen kommer kanske att bli lång och vi kommer inte att gå framåt i sådan febril takt som vi skulle vilja. Kampen kommer att vara väldigt hård och kräva många offer. Vi har blivit starkare genom samlad erfarenhet. Vi kommer att veta hur man manövrerar i den här kampen. Vi kommer att veta hur vi ska rita in inte bara en idealisk matematisk linje för våra taktiker, utan också kurvorna på en skiftande situation, som den revolutionära linjen måste skära igenom. Vi kommer att förstå hur man ska manövrera aktivt medan kapitalistklassen faller sönder och vi kommer att kunna mobilisera arbetarnas styrkor för den sociala revolutionen.

Jag tror att våra framgångar såväl som våra nederlag har visat att skillnaden mellan oss och de Oberoende socialdemokraterna inte består i att vi skulle ha sagt att vi skulle göra revolutionen år 1919, medan de fortsatte att insistera på att revolutionen skulle komma mycket senare. Nej, det är inte där skillnaden ligger. Skillnaden ligger i att socialdemokratin och de Oberoende socialdemokraterna stöder bourgeoisien mot revolutionen under alla omständigheter. Medan vi däremot var och är redo att använda varje situation, oberoende av vilka förändringar den kanske går igenom, för den revolutionära offensiven och för att erövra den politiska makten. [*Långa och entusiastiska applåder.*]

I dagens defensiva ekonomiska strider i en situation av kris måste kommunisterna delta aktivt i alla fackföreningar, alla strejker och alla demonstrationer och i alla slags rörelser. De måste alltid i sitt arbete bevara det inre sambandet med varandra och alltid ta täten som arbetarklassens mest beslutsamma och disciplinerade flygel. Allt efter krisens och den politiska situationens skiftande förlopp kan vår ekonomiska defensiv utvidgas, dra in allt nyare skikt av arbetarklassen, av befolkningen och armén av arbetslösa. Och när allt detta på ett visst stadium omvandlar sig till en revolutionär offensiv kamp, måste den sluta med seger. Det är precis det som våra ansträngningar måste vara inriktade på.

Men om krisen skulle avlösas av en förbättring i den ekonomiska konjunkturen? Vad skulle hända då? Skulle det betyda att den revolutionära kampen ställs in på obestämd tid?

Från hela min rapport här, kamrater, framgår det, att ett nytt ekonomiskt uppsving, som varken kan bli långvarigt eller djupgående, inte alls kommer att innebära att den revolutionära utvecklingen bromsas. Uppgången för industrin 1848–51 blev ett bakslag för revolutionen bara för att revolutionen 1848 hade utvidgat ramarna för den kapitalistiska utvecklingen. När det gäller händelserna 1914–21 har de inte utvidgat utan tvärtom verkligen krympt ramarna för världsmarknaden, och därför kommer den kapitalistiska utvecklingskurvan som helhet att sträva nedåt mycket snabbare under den kommande perioden. Under sådana förhållanden kan en tillfällig konjunkturuppgång bara stärka arbetarnas självförtroende och sluta samman deras led inte bara i fabrikerna utan också i kampen. Och den kan ge en impuls inte bara till en ekonomisk motoffensiv från arbetarnas sida, utan också till deras revolutionära kamp om makten.

Situationen blir allt gynnsammare för oss, men den blir också oerhört komplicerad. Vi kommer inte att segra automatiskt. Marken under fiendens fötter är underminerad, men fienden är fortfarande stark, han ser tydligt våra svaga punkter, ändrar taktik och manövrerar och låter sig ständigt ledas av iskall beräkning. Vi – hela Kommunistiska internationalen – har en hel del att lära oss av erfarenheterna från våra strider under de här tre åren, i synnerhet från erfarenheterna av våra misstag och misslyckanden. Inbördeskrig kräver politisk, taktisk och strategisk manövrering, det kräver att man tar hänsyn till säregenheterna i varje enskild situation, till fiendens starka och svaga sidor, det kräver att man förenar entusiasm med iskall beräkning, Det kräver inte bara förmågan att gå till offensiv, utan även beredskap att tillfälligt slå till reträtt för att spara krafter och hämta sig till ett mycket säkrare slag.

Som sagt, världssituationen och framtidsutsikterna är utomordentligt revolutionära. Detta skapar de nödvändiga förutsättningarna för vår seger. Men absolut garanti kan bara vår skickliga taktik och vår fasta organisering ge oss. Att lyfta Kommunistiska internationalen till en högre nivå, att göra den mer effektiv i taktiskt avseende – det är den huvudsakliga uppgiften för den Kommunistiska internationalens tredje kongress.

Delegaterna på Kominterns tredje kongress på välkomstparaden i Moskva 1921. Leo Trotskij, organisatören av Röda armén (i uniform), står i mitten i förgrunden.

"Kapitalismens jämvikt är en mycket sammansatt företeelse," förklarade Trotskij i sin rapport till kongressen. "Kapitalismen skapar denna jämvikt, stör den, återställer den och stör den på nytt, samtidigt som den tänjer gränserna för sitt herravälde. På det ekonomiska området tar sig sådana ständiga störningar och återställanden uttryck i form av kriser och uppgångsperioder. I förhållandet mellan klasserna antar störningarna av jämvikten formen av strejker, lockouter, revolutionär kamp. I förhållandet mellan staterna innebär jämviktsstörningarna krig eller – i svagare form – strafftullar, handelskrig eller blockad."

V.I. Lenin presenterar rapporten om Ryska kommunistpartiets taktik på Kommunistiska internationalens tredje kongress, 5 juli 1921.

"Vår uppgift är att lära oss av och tillämpa Lenins och Trotskijs levande, praktiska exempel på hur marxister tar sig an de ömsesidigt beroende förhållandena mellan de djupgående ekonomiska och finansiella trenderna i den internationella kapitalismen, förändringar i det långsiktiga mönstret för imperialistisk politik och klasskampen i världsskala samt förändringar i arbetarklassens motstånd. Vår skyldighet är att handla i enlighet med detta som ett svar på dagens utvecklingstendenser."

EN MYCKET INSTABIL JÄMVIKT: RAPPORT OM RYSKA KOMMUNISTPARTIETS TAKTIK

av V. I. Lenin

5 juli 1921

KAMRATER, STRÄNGT TAGET har jag inte kunnat förbereda mig riktigt för den här rapporten. Det enda jag har kunnat ta fram till er i form av systematiskt material var en översättning av min pamflett om skatt in natura och teserna om Ryska kommunistpartiets taktik.[22] Till detta vill jag bara lägga några förklaringar och anmärkningar.

Jag tror att för att försvara vårt partis taktik måste vi börja med att se på den *internationella situationen.* Vi har redan haft en detaljerad diskussion om den internationella kapitalismens ekonomiska ställning och kongressen har antagit motsvarande resolutioner i ämnet.[23] I mina

22. Lenins pamflett "Om naturaskatten: Den nya politikens betydelse och förutsättningar", som publicerades i april 1921 och hans "Teser till rapporten om Ryska kommunistpartiets taktik", som han förberedde i juni 1921 inför Kommunistiska internationalens tredje kongress, finns båda i Lenins *Collected Works,* vol 32, s 329–65 respektive s 453–61 och på svenska bl a i Lenins *Valda verk i tio band,* band 10, s 313–351 och s 353–361.

23. Lenin refererar till "Rapport om den ekonomiska världskrisen

teser behandlar jag det här ämnet mycket kortfattat och enbart från politisk synvinkel. Jag tar inte upp den ekonomiska grundvalen, men jag tror att när vi diskuterar vår republiks internationella ställning, måste vi politiskt ta med i beräkningen det faktum att en viss jämvikt nu otvivelaktigt har infunnit sig mellan de styrkor som förde en öppen strid mot varandra med vapen i hand om vilken av de två ledande klasserna som skulle ha herravälde. Det är en jämvikt mellan det borgerliga samhället, den internationella bourgeoisien som helhet och Sovjetryssland. Det är naturligtvis bara en jämvikt i begränsad betydelse. Det är bara när det gäller denna militära strid som jag säger att en viss jämvikt har uppnåtts i den internationella situationen.

Vi måste naturligtvis betona att det bara är en relativ jämvikt och en mycket instabil sådan. Många lättantändliga ämnen har samlats i de kapitalistiska länderna, liksom i de länder som fram till nu har betraktats enbart som objekt och inte subjekt i historien, det vill säga kolonierna och halvkolonierna. Det är därför mycket möjligt att uppror, stora slag och revolutioner kan bryta ut i dessa länder, förr eller senare, även helt oväntat. Under de gångna få åren har vi bevittnat den direkta kampen som den internationella bourgeoisien har fört mot den första proletära republiken. Denna kamp har varit det centrala i världspolitiken och det är där som en förändring har ägt rum. Eftersom den internationella bourgeoisiens försök att strypa vår republik misslyckades, har

och Kommunistiska internationalens nya uppgifter" som presenterades för kongressen av Leo Trotskij. Ett längre utdrag finns med i den här boken.

en jämvikt upprättats, men det är givetvis en mycket instabil jämvikt.

Vi vet naturligtvis mycket väl att den internationella bourgeoisien just nu är mycket starkare än vår republik och att det bara är en unik kombination av omständigheter som hindrar den från att fortsätta kriget mot oss. Under flera veckor nu har vi bevittnat nya försök att påbörja invasionen i Fjärran östern och det råder inte minsta tvivel om att liknande försök kommer att fortsätta.[24] Vårt parti hyser inga som helst tvivel på den punkten. Det viktiga för oss är att slå fast att en instabil jämvikt faktiskt existerar och att vi måste dra fördel av denna frist, samtidigt som vi tar hänsyn till de karaktäristiska aspekterna i den nuvarande situationen, anpassar vår taktik till situationens specifika aspekter och aldrig för ett ögonblick glömmer att nödvändigheten av väpnad strid kan dyka upp igen ganska plötsligt. Vår uppgift är fortfarande att organisera och bygga upp Röda armén. När det gäller frågan om livsmedelsförsörjningen måste vi också fortsätta att först och främst tänka på Röda armén. Vi kan inte anta någon annan linje i den nuvarande internationella situationen när vi fortfarande måste vara förberedda på nya attacker och nya invasionsförsök från den internationella bourgeoisiens sida. Men när det gäller vår praktiska politik har det faktum att det råder en viss jämvikt i den internationella situationen en viss be-

---

24. I april 1921 efter Röda arméns seger över de starkaste kontrarevolutionära arméerna och deras imperialistiska uppbackare, störtade Tokyo den lokala regeringen i staden Vladivostok vid Stilla havet och hotade att återuppta kriget i ryska Fjärran östern. Men eftersom deras lokala marionetter var svaga och USA och de europeiska imperialistiska regeringarna gav dem för lite stöd, drog Tokyo tillbaka sina invasionsstyrkor i oktober 1922.

tydelse, men bara i den meningen att vi måste medge att även om den revolutionära rörelsen har gjort framsteg, så har den internationella revolutionen i år inte utvecklats i en rät linje som vi väntade oss.

När vi inledde den internationella revolutionen gjorde vi det inte för att vi var övertygade om att vi skulle kunna förutsäga hur den skulle utvecklas, utan för att en rad omständigheter tvingade oss att göra det. Vi tänkte: antingen kommer den internationella revolutionen till vår hjälp och i så fall kommer vår seger att bli helt säkrad, eller också kommer vi att få utföra vårt anspråkslösa revolutionära arbete i förvissning om att även om vi skulle lida nederlag skulle vi ha tjänat revolutionens sak och vår erfarenhet skulle vara till nytta för andra revolutioner. Det stod klart för oss att utan den internationella världsrevolutionens stöd skulle det bli omöjligt för den proletära revolutionen att segra. Före och även efter revolutionen tänkte vi: antingen bryter revolutionen ut i andra länder, omedelbart eller åtminstone mycket snart i de mera utvecklade kapitalistiska länderna, eller så går vi under. Trots denna övertygelse gjorde vi allt vi bara kunde för att under alla förhållanden, vad som än skulle hända, bevara det sovjetiska systemet, eftersom vi visste att vi inte bara arbetade för vår egen del utan också för den internationella revolutionen. Det visste vi, vi upprepade denna övertygelse många gånger före oktoberrevolutionen, omedelbart efter den och när vi skrev under Fredsöverenskommelsen i Brest-Litovsk.[25] Och i stort sett var det riktigt.

---

25. Den bolsjevikledda arbetar- och bonderepubliken slöt Fredsöverenskommelsen i Brest-Litovsk med den tyska regeringen i mars 1918, och avslutade det krigstillstånd som rått mellan de

I själva verket utvecklades inte händelserna längs en så rak linje som vi hade väntat oss. I de andra stora, mera utvecklade kapitalistiska länderna har revolutionen än idag inte brutit ut. Det är sant att vi med tillfredsställelse kan säga att revolutionen utvecklas runt om i hela världen och det är enbart tack vare det som den internationella bourgeoisien inte förmår strypa oss, trots det faktum att den militärt och ekonomiskt är hundra gånger starkare än vi. [*Applåder*]

I den andra punkten i teserna går jag igenom hur den här situationen uppkom och de slutsatser vi måste dra.[26]

---

båda länderna sedan augusti 1914. Sovjetrysslands regering gick med på att det imperialistiska Tyskland gjorde stora territoriella erövringar för att kunna avsluta kriget och koncentrera sig på att organisera arbetarna och bönderna att ta itu med försvar, återuppbyggnad och att ta de första stegen i uppbygget av socialismen.

26. I den andra punkten i teserna beskrev Lenin uppställningen av klasskrafterna i världen på följande sätt: ”Den internationella bourgeoisien som har berövats möjligheten att föra ett öppet krig mot Sovjetryssland, förhåller sig avvaktande och lurar på ett tillfälle då omständigheterna tillåter dem att återuppta kriget igen.

Proletariatet i de framskridna kapitalistiska länderna har redan överallt bildat sitt eget avantgarde, de kommunistiska partierna som befinner sig i tillväxt och oavlåtligt går fram mot att vinna majoriteten av proletariatet i alla länder och undergräver inflytandet för de gamla fackföreningsbyråkraterna och arbetarklassens övre skikt i Amerika och Europa som har korrumperats av de imperialistiska privilegierna.

De kapitalistiska ländernas småborgerliga demokrater ... utgör för närvarande kapitalismens viktigaste stöd eftersom de alltjämt har inflytande över majoriteten eller en betydande andel av de industriarbetare, handelsanställda och tjänstemän som är rädda för att i händelse av en revolution förlora sitt relativa småborgerliga välstånd som de imperialistiska privilegierna skapat. Men

Låt mig få tillägga att min definitiva slutsats är följande: den internationella revolutionens utveckling som vi förutsåg fortsätter men inte längs sådan en rät linje som vi hade förväntat oss. Det står klart vid första ögonkastet att efter freden, dålig som den var, visade det sig omöjligt att mana fram revolutionen i andra kapitalistiska länder, även om vi vet att tecknen på revolution var mycket betydande och talrika, i själva verket mycket mera betydande och talrika än vi tänkte då. Pamfletter börjar uppenbara sig som säger oss att under de gångna få åren och månaderna har dessa revolutionära symptom i Europa varit mycket mera allvarliga än vi misstänkte.

Vad måste vi i så fall göra nu? Nu måste vi förbereda oss grundligt för revolutionen och göra en noggrann studie av dess verkliga utveckling i de avancerade kapitalistiska länderna. Detta är den första lärdomen vi måste dra från den internationella situationen. När det gäller vår ryska republik, måste vi dra fördel av detta tillfälliga andrum för att anpassa vår taktik till denna historiens sicksacklinje. Denna jämvikt är politiskt mycket viktig, eftersom vi klart ser att i många västeuropeiska länder där arbetarklassens breda massa och mycket sannolikt befolkningens överväldigande flertal är organiserade, utgörs borgarklassens främsta stöttepelare av de fientliga arbetarklassorganisationer som är anslutna till Andra och Två-och-en-halfte

---

den tilltagande ekonomiska krisen försämrar överallt villkoren för breda skikt av befolkningen och detta tillsammans med den överhängande oundvikligheten av nya imperialistiska krig om kapitalismen består, undergräver ständigt detta stöd.

De arbetande massorna i de koloniala och halvkoloniala länderna som utgör det övervägande flertalet av jordens befolkning [blir] en aktiv faktor i världspolitiken och i det revolutionära krossandet av imperialismen. . . .”

internationalen.[27] Jag tar upp detta i punkt två i teserna och tror att jag här bara behöver beröra två punkter som klargjordes under diskussionen i taktikfrågan.

FÖR DET FÖRSTA, när det gäller att vinna stöd från majoriteten i proletariatet. Ju mera organiserat proletariatet är i ett utvecklat kapitalistiskt land desto mer noggranna kräver historien att vi är när det gäller att förbereda revolutionen och desto mer grundligt måste vi vinna stöd från arbetarklassens flertal. För det andra, kapitalismens främsta stöttepelare i de industriellt utvecklade kapitalistiska länderna är den delen av arbetarklassen som är organiserad inom Andra och Två-och-en-halfte internationalen. Om det inte vore för stödet från denna del av arbetarklassen, dessa kontrarevolutionära enheter inom arbetarklassen, skulle den internationella bourgeoisien vara helt oförmögen att behålla sin ställning. [*Applåd*]

Här skulle jag också vilja betona betydelsen av *rörelsen i kolonierna.* I det avseendet ser vi inom alla de gamla

---

27. I augusti 1914 vid första världskrigets början, när ledningarna för de flesta av de nationella partier som utgjorde Andra eller Socialistiska internationalen patriotiskt slöt upp bakom "sina egna" borgarklassers krigsansträngningar, bröt Lenin och Bolsjevikpartiet i Ryssland med den världsorganisationen. Bolsjevikerna höll fast vid en proletär internationalistisk inriktning som tre år senare kulminerade i de ryska arbetarnas och böndernas maktövertagande och mindre än två år efter det, 1919, ledde till bildandet av Kommunistiska internationalen. 1921 bröt olika centristiska strömningar kortvarigt med Andra internationalen för att bilda det som blev känt som den Två-och-en-halfte internationalen, men de klassamarbetande funktionärerna i de två organisationerna lappade över sina motsättningar och återförenades 1923.

partierna, inom alla de borgerliga och småborgerliga arbetarpartierna som är med i Andra eller Två-och-en-halfte internationalen, rester av de gamla sentimentala uppfattningarna: de envisas med att uttrycka sin djupaste medkänsla med de förtryckta koloniala och halvkoloniala folken. De koloniala ländernas rörelse betraktas fortfarande som en obetydlig nationell och alltigenom fredlig rörelse. Men så är det inte. Den har genomgått en stor förändring sedan början på nittonhundratalet: miljoner och hundratals miljoner, faktiskt den stora majoriteten av befolkningen på jorden håller på att träda fram som oberoende, aktiva och revolutionära faktorer. Det är fullkomligt klart att i de kommande avgörande striderna i världsrevolutionen kommer rörelsen av denna majoritet av jordens befolkning som till en början var inriktad på nationell befrielse, att vända sig mot kapitalismen och imperialismen och, kanske, spela en mycket mer revolutionär roll än vi förväntar oss. Det är viktigt att betona att för första gången i vår international har vi tagit upp frågan om att förbereda oss för denna strid. Naturligtvis finns det många fler svårigheter i denna enorma sfär än i någon annan, men rörelsen går åtminstone framåt. Och trots att de arbetande massorna – bönderna i de koloniala länderna – fortfarande är outvecklade, kommer de att spela en mycket viktig revolutionär roll i världsrevolutionens kommande faser. [*Livligt samtycke.*]

När det gäller vår republiks inre politiska ställning måste jag börja med en närmare undersökning av klassförhållandena. Under de gångna få månaderna har det inträffat en förändring på det här området och vi har fått se bildandet av nya organisationer inom den utsugande klassen som riktas mot oss. Socialismens mål är att avskaffa klasserna. I den utsugande klassens främsta led finner vi de stora jordägarna och industrikapitalisterna.

När det gäller dem är det ganska lätt att tillintetgöra dem; det kan göras klart inom några månader och ibland även inom få veckor eller dagar. Vi i Ryssland har exproprierat våra utsugare, de stora jordägarna lika väl som kapitalisterna. De hade inga egna organisationer under kriget och fungerade bara som bihang till den internationella bourgeoisiens militära styrkor. Nu när vi har slagit tillbaka den internationella kontrarevolutionens angrepp, har den ryska borgarklassen och alla de ryska kontrarevolutionära partierna bildat organisationer utomlands. Antalet ryska emigranter utspridda över jordens länder kan uppskattas till mellan en och en halv till två miljoner. I nästan varje land ger de ut dagstidningar och alla partier, jordägarnas och småborgarnas inklusive socialistrevolutionärerna och mensjevikerna, har talrika band till utländska borgerliga krafter, det vill säga de får tillräckligt med pengar för att kunna ge ut sin egen press. Vi ser hur alla politiska partier som tidigare fanns i Ryssland samarbetar utomlands och vi ser hur den "fria" ryska pressen utomlands, från socialistrevolutionärers och mensjevikers till den mest reaktionära tsartrogna pressen, kämpar för de stora jordägarnas intressen.

TILL EN VISS DEL underlättar detta vår uppgift, eftersom vi enklare kan observera fiendens styrkor, hur organiserade de är och vilka politiska tendenser som finns i deras läger. Å andra sidan hindrar det naturligtvis vårt arbete, eftersom dessa ryska emigranter använder varje medel de förfogar över för att förbereda kampen mot oss. Den här kampen visar igen att som helhet är de härskande klassernas klassinstinkt och klassmedvetenhet ännu överlägsen de förtryckta klassernas, trots det faktum att den ryska revolutionen i det avseendet har åstadkommit mer än någon annan tidigare revolution. Det finns knappast en by i Ryssland där folket, de förtryckta inte har rest sig. Trots det, om vi tittar kallt på organisationssituationen och den politiska klarsynen hos de ryska kontrarevolutionära emigranterna, upptäcker vi att bourgeoisiens klassmedvetenhet fortfarande är överlägsen de utsugnas och de förtrycktas. Dessa människor tar varje möjligt tillfälle och utnyttjar skickligt varje möjlighet att angripa Sovjetryssland på ett eller annat sätt för att slita sönder det. Det skulle vara mycket lärorikt – och jag tror att de utländska kamraterna kommer att göra så – att systematiskt följa de viktigaste förväntningarna, de viktigaste taktiska utspelen och de viktigaste trenderna i denna ryska kontrarevolution. Den opererar framförallt utomlands och det kommer inte att vara särskilt svårt för de utländska kamraterna att ha uppsikt över den. I vissa avseenden borde vi lära oss av denna fiende. Dessa kontrarevolutionära emigranter är mycket välinformerade, är utomordentligt välorganiserade och goda strateger. Och jag tror att en systematisk jämförelse och studie av sättet som de organiserar sig på och drar fördel av varje tillfälle, kan få en mäktig propagandaeffekt på arbetarklassen. Det här är inte allmän teori, det är praktisk politik; här kan vi se vad fienden har lärt sig.

Under de gångna få åren har den ryska bourgeoisien lidit ett fruktansvärt nederlag. Det finns ett gammalt ordspråk om att en slagen armé lär sig en hel del. Den slagna reaktionära armén har lärt sig en hel del och den har lärt sig det grundligt. Den lär sig med stor iver och har verkligen gjort stora framsteg. När vi tog makten i ett blixtangrepp var den ryska bourgeoisien oorganiserad och politiskt underutvecklad. Nu tror jag att dess utveckling är i nivå med den moderna, västeuropeiska utvecklingen. Detta måste vi ta med i beräkningen, vi måste förbättra vår egen organisering och våra metoder och vi kommer att göra vårt yttersta för att genomföra det. Det var relativt enkelt för oss och jag tror att det kommer att bli lika enkelt för andra revolutioner att klara dessa två exploaterande klasser.

MEN UTÖVER DENNA KLASS av exploatörer finns det i nästan alla kapitalistiska länder, kanske med undantag av Storbritannien, en klass av små producenter och småbönder. Revolutionens stora problem nu är hur man kan bekämpa dessa två klasser. För att bli av med dem måste vi anta andra metoder än de vi använde mot de stora jordägarna och kapitalisterna. Vi kunde helt enkelt konfiskera och bannlysa dessa båda klasser och det var vad vi gjorde. Men vi kan inte göra samma sak med de återstående kapitalistiska klasserna, de små producenterna och småborgerligheten som finns i alla länder. I de flesta kapitalistiska länderna utgör dessa klasser en mycket betydande minoritet, omkring 30 till 45 procent av befolkningen. Lägg till dessa de småborgerliga delarna i arbetarklassen och man kommer till och med upp över 50 procent. Dessa kan inte exproprieras eller bannlysas; andra kampmetoder måste användas i deras fall. Från en internationell ståndpunkt, om vi anser att den internationella revolutionen är *en* process, är betydelsen av perioden som vi nu är på väg in i i Ryssland i grund och botten att vi nu måste finna en praktisk lösning på problemet vilken relation proletariatet borde upprätta med den sista kapitalistklassen i Ryssland.

Alla marxister har en riktig och färdig lösning på det problemet i teorin. Men teori och praktik är två olika saker och den praktiska lösningen på problemet kan inte på något sätt reduceras till den teoretiska lösningen. Vi vet utan tvivel att vi har gjort allvarliga misstag. Från en internationell utgångspunkt är det ett tecken på stora framsteg att vi nu försöker avgöra vilken inställning proletariatet ska inta när man tagit makten i förhållande till den sista kapitalistiska klassen – kapitalismens grundval – den lilla privategendomen, de små producenterna. Detta problem står nu framför oss i praktiken. Jag tror att vi löser det. I varje fall kommer försöket vi gör att vara användbart för framtida proletära revolutioner och de kommer att kunna göra bättre tekniska förberedelser för att lösa det.

I MINA TESER försökte jag analysera *problemet med relationerna mellan proletariatet och bönderna.* För första gången i historien finns det en stat med enbart två klasser, proletariatet och bönderna. De senare utgör befolkningens överväldigande majoritet. Och de är förstås mycket outvecklade. Hur kommer relationerna mellan bönderna och proletariatet som har den politiska makten, att få ett praktiskt uttryck när revolutionen utvecklas? Den första formen är allians, en nära allians. Detta är en svår uppgift men åtminstone ekonomiskt och politiskt genomförbar.

Hur närmade vi oss det här problemet i praktiken? Vi slöt en allians med bönderna. Vi tolkar den här alliansen på följande sätt: proletariatet frigör bönderna från borgarklassens utsugning, från dess ledarskap och inflytande och vinner över dem till sin egen sida för att tillsammans besegra exploatörerna.

Mensjevikernas argument lyder som följer: bönderna utgör majoriteten; vi är rena demokrater, därför borde majoriteten avgöra. Men eftersom bönderna inte kan agera på egen hand betyder det här i praktiken varken mer eller mindre än att kapitalismen återupprättas. Slagordet är detsamma: allians med bönderna. När vi säger det menar vi att stärka och konsolidera proletariatet. Vi har försökt förverkliga denna allians mellan proletariatet och bönderna och det första steget var en militär allians. Inbördeskrigets tre år medförde enorma svårigheter men i vissa avseenden underlättade kriget vår uppgift. Det kan låta underligt men det är sant. Kriget var ingenting nytt för bönderna; ett krig mot exploatörerna, mot de stora jordägarna var något de förstod sig på. Böndernas överväldigande majoritet var på vår sida. Trots de enorma avstånden och det faktum att den stora majoriteten av våra bönder varken kan läsa eller skriva, tog de till sig vår propaganda mycket lätt. Detta bevisar att de breda massorna – och det gäller de mest avancerade länderna också – lär sig snabbare från sina egna praktiska erfarenheter än från böcker. I Ryssland var det dessutom lättare för bönderna att lära sig från praktisk erfarenhet på grund av det faktum att landet är så oerhört stort, att olika landsändar gick igenom olika utvecklingsstadier under samma tidsperiod.

I Sibirien och Ukraina kunde kontrarevolutionen vinna en tillfällig seger eftersom bourgeoisien där hade bönderna på sin sida, eftersom bönderna var emot oss. Bönderna sa ofta: ”Vi är bolsjeviker men inte kommunister. Vi är för bolsjevikerna eftersom de drev ut jordägarna men vi är inte kommunister eftersom de motsätter sig privata bönder.” Och under en period kunde kontrarevolutionen vinna i Sibirien och Ukraina eftersom bourgeoisien var framgångsrik i kampen om inflytandet över bönderna.

Men det gick väldigt fort att öppna böndernas ögon. De fick snabbt praktiska erfarenheter och snart sa de: ”Ja, bolsjevikerna är rätt så otrevligt folk, vi tycker inte om dem, men de är ändå bättre än vitgardisterna och den Konstituerande församlingen.” ”Konstituerande församling" är ett skällsord inte bara bland skolade kommunister utan också bland bönderna. De vet av praktisk erfarenhet att den Konstituerande församlingen och vitgardisterna står för samma sak, att den förra oundvikligen följs av de senare.[28] Också mensjevikerna använder sig av en militär allians med bönderna, men de kan inte förstå att bara en militär allians är otillräcklig. Det blir ingen militär allians utan en ekonomisk allians. Det krävs mer än luft för att hålla en människa vid liv; vår allians med bönderna skulle omöjligen ha kunnat hålla någon längre tid utan den ekonomiska grunden som var grundvalen för vår seger i kriget mot borgarklassen. När allt kommer omkring var vår borgarklass förenad med hela den internationella bourgeoisien.

Basen för vår ekonomiska allians med bönderna var

---

28. Efter att massförsamlingar av delegater – eller "sovjeter" på ryska – av arbetare, bönder och soldater genomförde det revolutionära maktövertagandet i oktober 1917, försökte till en början jordägarna och kapitalisterna i Ryssland att återta herraväldet genom att organisera val till en konstituerande församling i mitten av november. När tsarregimen hade störtats i februari samma år, hade den provisoriska regeringen som företrädde klassintressena hos samma utsugande klasser skjutit upp sådana val vid ett flertal tillfällen. Församlingen sammanträdde i januari 1918 och vägrade omedelbart erkänna arbetarnas, böndernas och soldaternas sovjetmakt. Församlingen förkastade också den revolutionära regeringens första åtgärder som exproprierade godsägarna, upprättade arbetarkontroll i fabrikerna, nationaliserade bankerna, utropade rätt till självbestämmande för förtryckta nationer och nationaliteter och beväpnade de arbetande. Som svar på dessa kontrarevolutionära handlingar upplöste Sovjetrepubliken Konstituerande församlingen den 19 januari. (Se Lenins "Draft Decree on the dissolution of the Constituent Assembly" ["Utkast till dekret om upplösningen av den Konstituerande församlingen"] i *Collected Works*, vol 26 s 434–36.)

givetvis mycket enkel och till och med primitiv. Från oss fick bonden all jord och allt stöd mot de stora jordägarna. I gengäld skulle vi få mat. Denna allians var någonting alldeles nytt och grundade sig inte på det vanliga förhållandet mellan varuproducenter och konsumenter. Våra bönder hade en mycket bättre förståelse för det än hjältarna i Andra och Två-och-en-halfte internationalen. De sa till sig själva: ”Dessa bolsjeviker, de är hårda ledare men när allt kommer omkring är de vårt eget folk.” Hur det än var skapade vi på det sättet grunden för en ny ekonomisk allians. Bönderna gav sina produkter till Röda armén och fick hjälp från den med att försvara sina ägodelar. Detta glömmer alltid hjältarna i Andra internationalen bort som, likt Otto Bauer, totalt misslyckas med att förstå den nuvarande situationen. Vi bekänner att den ursprungliga formen för denna allians var mycket enkel och att vi begick väldigt många misstag. Men vi var tvungna att handla så snabbt som möjligt, vi tvingades organisera arméns försörjning till varje pris. Under inbördeskriget var vi avskurna från Rysslands alla sädesdistrikt. Vi befann oss i en hemsk belägenhet och det ser ut som ett mirakel att den ryska befolkningen och arbetarklassen förmådde uthärda ett sådant lidande, sådan nöd och försakelse när man bara drevs av en djup längtan efter seger. [*Livligt samtycke och applåder.*]

NÄR INBÖRDESKRIGET tog slut stod vi däremot inför ett annorlunda problem. Om landet inte hade blivit så ödelagt efter sju års oupphörligt krig, skulle det kanske ha varit möjligt att finna en lättare övergång till den nya formen av allians mellan proletariatet och bönderna. Men förhållandena i landet var dåliga och de förvärrades ytterligare av missväxt, foderbrist osv. Följden blev att böndernas lidande blev outhärdligt. Vi var tvungna att visa för de breda bondemassorna omedelbart att vi var beredda att ändra vår politik, utan att på något sätt avvika från vår revolutionära inriktning, så att de skulle kunna säga: ”Bolsjevikerna vill förbättra våra oacceptabla villkor omedelbart och till varje pris.”

Och så *ändrades vår ekonomiska politik*; skatten in natura ersatte rekvisitionerna. Detta uppfann vi inte på en gång. Ni kan läsa ett antal förslag i bolsjevikpressen under en period av flera månader, men ingen plan som verkligen lovade framgång. Men det är inte viktigt. Det viktiga är att vi ändrade vår ekonomiska politik, vi gav efter enbart av praktiska hänsyn och drivna av nödtvång. En dålig skörd, foderbrist och bränslebrist – alla har de givetvis ett avgörande inflytande på ekonomin i sin helhet och det innefattar bondeekonomin. Om bönderna går i strejk får vi ingen ved; och om vi inte får någon ved kommer fabrikerna att stanna. Så på våren 1921 antog den ekonomiska krisen som följde på den fruktansvärda missväxten och foderbristen gigantiska proportioner. Allt detta var efterdyningarna av tre års inbördeskrig. Vi var tvungna att visa bönderna att vi snabbt kunde och ville ändra vår politik för att omedelbart lätta på deras bördor.

Vi har alltid sagt – och det sades också på Andra kongressen – att revolution kräver uppoffringar. En del kamrater argumenterar på följande sätt i sin propaganda: vi är beredda att organisera en revolution men den får inte vara för kännbar. Om jag inte misstar mig fördes den tesen fram av kamrat Smeral i hans tal på Tjeckoslovakiens Kommunistpartis kongress. Jag läste om det i rapporteringen i Reichenbergtidningen *Vorwärts*. Uppenbarligen finns det en liten vänsteristisk grupp där, således kan källan inte betraktas som helt opartisk. Hur som helst anser jag verkligen att om Smeral faktiskt sade så, hade han fel.

En del kamrater som talade på kongressen efter Smeral sa: ”Jo, vi ska följa Smeral för på det sättet undviker vi inbördeskrig.” [*Skratt.*] Om rapporterna är sanna måste jag säga att sådan agitation varken är kommunistisk eller revolutionär. Naturligtvis innebär varje revolution väldiga uppoffringar för den klass som genomför den. Revolutionen skiljer sig från vanliga strider i det att tio och till och med hundra gånger fler människor deltar i den. Således innebär varje revolution uppoffringar inte bara för individer utan för en hel klass. Proletariatets diktatur i Ryssland har vållat den härskande klassen – proletariatet – uppoffringar, nöd och umbäranden utan motstycke i historien och så kommer det med största sannolikhet att vara i varje annat land.

FRÅGAN INSTÄLLER SIG: Hur ska vi fördela denna börda av umbäranden? Vi är statsmakten. Till en viss grad kan vi fördela umbärandets bördor och påtvinga dem på flera klasser och därigenom förhållandevis underlätta villkoren för ett visst skikt i samhället. Men vilken princip ska vi utgå från? Ska det bli rättvisans eller majoritetens? Nej. Vi måste handla på ett praktiskt sätt. Vi måste fördela bördorna på ett sådant sätt att proletariatets makt består. Det är vår enda princip. I början av revolutionen tvingades arbetarklassen lida otroliga umbäranden. Låt mig få konstatera att vår livsmedelspolitik för varje år har gjort allt större framsteg. Och situationen i sin helhet har otvivelaktigt förbättrats. Men bönderna i Ryssland har säkert vunnit mera på revolutionen än arbetarklassen. Det finns inte minsta tvekan om det. Från teoretisk utgångspunkt visar detta naturligtvis att vår revolution i viss utsträckning var en borgerlig revolution. När Kautsky använde detta som ett argument emot oss, skrattade

vi. Naturligtvis, en revolution som inte exproprierar de stora jordegendomarna, fördriver de stora jordägarna eller fördelar jorden är endast en borgerlig revolution och inte en socialistisk. Men vi var det enda partiet som var i stånd att genomföra den borgerliga revolutionen till slutet och underlätta kampen för en socialistisk revolution. Sovjetmakten och sovjetsystemet är den socialistiska statens institutioner. Vi har redan upprättat de institutionerna men vi har ännu inte löst problemet med de ekonomiska relationerna mellan bönderna och proletariatet. Mycket återstår att göra och utgången av den striden beror på om vi löser detta problem eller inte. Så att fördela umbärandets bördor är ett av de svåraste praktiska problemen. På det hela taget har böndernas villkor förbättrats medan ett förfärligt lidande har blivit arbetarklassens lott, just för att det utövar sin diktatur.

JAG HAR REDAN SAGT att våren 1921 rådde den mest förskräckliga nöd, orsakad av foderbrist och missväxt, bland bönderna som utgör majoriteten av vår befolkning. Det är omöjligt för oss att existera om vi inte har goda relationer med bondemassorna. Således var vår uppgift att bistå med omedelbar hjälp. Arbetarklassens villkor är ytterst svåra, de lider ohyggligt. De som har mer politisk förståelse inser emellertid att vi i arbetarklassens diktaturs intresse måste göra väldiga ansträngningar för att till varje pris bistå bönderna. Arbetarklassens avantgarde har insett detta men i det avantgardet finns det fortfarande människor som inte kan förstå det och som är för trötta för att förstå det. De såg det som ett misstag och började använda ordet ”opportunism”. De sa: ”Bolsjevikerna hjälper bönderna. Bönderna som exploaterar oss får allt de önskar medan arbetarna svälter.” Men är detta opportunism? Vi hjälper bönderna för utan en allians med dem är proletariatets politiska makt en omöjlighet, dess fortsatta existens otänkbar. Det var denna hänsyn till ändamålet och inte frågan om rättvis fördelning som var avgörande för oss. Vi bistår bönderna eftersom det är absolut nödvändigt att göra det för att vi ska kunna behålla den politiska makten. Diktaturens övergripande princip är att behålla alliansen mellan proletariatet och bönderna så att proletariatet kan behålla sin ledande roll och sin politiska makt.

Det enda sätt vi kom på för att uppnå det var skatten in natura, det var det oundvikliga resultatet av den striden. I år kommer vi för första gången att införa den här skatten.[29] Vi har ännu inte försökt tillämpa denna princip i praktiken. Från den militära alliansen måste vi gå över till en ekonomisk allians och teoretiskt sett är den enda grunden för den införandet av skatt in natura. Den erbjuder den enda teoretiska möjligheten att bygga en verkligt solid ekonomisk grund för ett socialistiskt samhälle. Den socialiserade fabriken ger bönderna sina produkter och i utbyte ger bonden sin säd. Detta är det socialistiska samhällets enda möjliga sätt att existera, den enda formen för socialistisk utveckling i ett land där småbönderna utgör en majoritet eller åtminstone en väldigt stor minoritet. Bönderna kommer att betala med en del av sina produkter i skatt och byta resten antingen mot de socialistiska

29. För att föda och kläda soldaterna och arbetarna i städerna under inbördeskriget hade den revolutionära regeringen infört en politik av obligatorisk rekvisition av jordbruksprodukter utöver det bondefamiljerna behövde för eget bruk. Under regeringens Nya ekonomiska politik betalade bönderna en viss skatt med jordbruksprodukter – en skatt in natura, snarare än en penningskatt – och kunde sälja resten av sin avkastning på marknaden eller till regeringen i utbyte mot industrivaror.

fabrikernas produkter eller genom varuutbytet.

Detta för oss till det svåraste problemet. Det säger sig självt att skatt in natura innebär frihet att bedriva handel. Efter att ha betalat sin skatt in natura kommer bonden att ha rätt att fritt handla med resten av sin säd. Denna fria handel medför frihet för kapitalism. Vi säger detta öppet och betonar det. Vi försöker inte på något vis att dölja det. Det skulle bli väldigt obekvämt för oss om vi försökte dölja det. Frihet att bedriva handel betyder frihet för kapitalism men det betyder också en ny form av kapitalism. Det betyder i viss mån att vi återskapar kapitalismen. Det gör vi helt öppet. Det är statskapitalism. Men statskapitalism i ett samhälle där kapitalet har makten och statskapitalism i en arbetarstat är två olika begrepp. I en kapitalistisk stat betyder statskapitalism att den erkänns och kontrolleras av staten till borgarklassens fromma och proletariatets nackdel. I en proletär stat gör man samma sak till arbetarklassens fördel, för att kunna stå upp emot och slåss mot den ännu starka bourgeoisien. Det säger sig också självt att vi måste göra eftergifter till den utländska bourgeoisien, till det utländska kapitalet. Utan att privatisera ett enda dugg ska vi arrendera ut gruvorna, skogarna och oljefälten till utländska kapitalister och i utbyte få fabriksvaror, maskiner och så vidare och på det sättet återställa vår egen industri.

Naturligtvis var vi inte alla på en gång överens om frågan om statskapitalism. Men vi är mycket nöjda med att kunna notera att våra bönder har utvecklats när det gäller det här, att de helt och hållet har insett den historiska betydelsen av kampen vi för just nu. Vanliga bönder från de mest avlägset belägna distrikten har kommit fram till oss och sagt: ”Va! Vi slängde ju ut våra kapitalister, kapitalisterna som talar ryska och nu kommer utländska kapitalister!” Visar inte detta att våra bönder har utvecklats?

Vi behöver inte förklara varför det är nödvändigt för en arbetare som är hemmastadd med ekonomiska frågor. Vi har blivit så utblottade av sju års krig att det kommer att ta många år för oss att återuppbygga vår industri. Vi måste betala för vår underutveckling och svaghet och för läxorna vi lär oss nu och måste lära oss. De som vill lära sig måste betala för undervisningen. Detta måste vi förklara för alla och envar och om vi bevisar det i praktiken kommer den stora majoriteten av bönderna och arbetarna att hålla med oss, eftersom på det sättet kommer deras villkor omedelbart att förbättras och eftersom det kommer att göra det möjligt att återuppbygga vår industri.

VAD TVINGAR OSS att göra detta? Vi är inte ensamma i världen. Vi existerar inom ett system av kapitalistiska stater.... Å ena sidan finns de koloniala länderna, men de kan inte hjälpa oss än. Å andra sidan finns de kapitalistiska länderna men de är våra fiender. Följden blir en viss jämvikt, en mycket dålig jämvikt, det är sant. Trots det måste vi räkna med detta faktum. Vi får inte blunda för detta faktum om vi vill fortsätta att existera. Antingen vinner vi en omedelbar seger över hela bourgeoisien eller så avkrävs vi tribut.

Vi erkänner det helt öppet och försöker inte dölja det faktum att eftergifter inom det statskapitalistiska systemet innebär att betala tribut till kapitalismen. Men vi vinner tid och att vinna tid betyder allt, särskilt under jämviktsperioden när våra kamrater utomlands grundligt förbereder sig för sin revolution. Ju mera grundläggande deras förberedelser är, desto säkrare blir segern. Men under tiden måste vi betala tribut.

Några ord om vår livsmedelspolitik. Utan tvekan var det en dålig och primitiv politik. Men vi kan också peka på några framgångar. I det här sammanhanget vill jag än en gång betona att socialismens enda möjliga ekonomiska grundval är storskalig maskinindustri. Den som glömmer detta är inte kommunist. Vi måste analysera problemet konkret. Vi kan inte framställa problemen på det sättet som teoretikerna i socialismens gamla skola gör. Vi måste framställa dem på ett praktiskt sätt. Vad är modern storskalig industri? Det är *hela Rysslands elektrifiering*. Sverige, Tyskland och Amerika har nästan åstadkommit det fast de fortfarande är borgerliga. En svensk kamrat berättade för mig att i Sverige är en stor andel av industrin och 30 procent av jordbruket elektrifierade. I Tyskland och Amerika där kapitalismen är än mer utvecklad, ser vi samma sak, i större skala. Storskalig maskinindustri innebär varken mer eller mindre än hela landets elektrifiering. Vi har redan utsett en särskild kommitté bestående av landets bästa ekonomer och ingenjörer. Det är sant att nästan alla är fientliga till Sovjetmakten. Alla dessa specialister kommer att gå över till kommunismen men inte genom att gå vår väg, inte genom tjugo års underjordiskt arbete då vi oavbrutet studerade och upprepade om och om igen kommunismens ABC.

NÄSTAN ALLA SOVJETREGERINGENS organ enades om att vi var tvungna att vända oss till experter. De sakkunniga ingenjörerna kommer att stödja oss när vi ger dem praktiska bevis på att det kommer att öka landets produktivkrafter. Det är inte tillräckligt att bevisa det för dem i teorin; vi måste bevisa det för dem i praktiken och vi kommer att vinna över dessa människor till vår sida om vi presenterar problemet på ett annat sätt, inte från en utgångspunkt av teoretisk propaganda för kommunismen. Vi säger: storskalig industri är enda sättet att rädda bönderna undan nöd och svält. Alla håller med om det. Men hur ska det gå till? Att återuppbygga industrin på den gamla grunden kommer att kräva för mycket tid och arbete. Vi måste ge industrin en mera modern utformning, det vill säga vi måste anamma elektrifieringen. Det kommer att ta mycket mindre tid. Vi har redan gjort upp planer för elektrifieringen. Mer än två hundra specialister – nästan samtliga motsatta Sovjetmakten – arbetade med detta med stort intresse, trots att de inte är kommunister. Men med utgångspunkt från teknisk vetenskap, var de tvungna att erkänna att detta var det enda riktiga sättet. Naturligtvis har vi en lång väg framför oss innan planen är genomförd. De försiktiga specialisterna säger att den första serien av arbeten kommer att ta åtminstone tio år. Professor Ballod har uppskattat att det skulle ta tre till fyra år att elektrifiera Tyskland. Men för oss räcker inte ens tio år. I mina teser citerar jag konkreta siffror för att visa er hur lite vi har åstadkommit fram till nu. Siffrorna jag citerar är så blygsamma att det omedelbart står klart att de har mera propagandavärde än vetenskapligt värde. Men vi måste börja med propaganda. De ryska bönderna som slogs i världskriget och levde i Tyskland under flera år, lärde sig hur modernt jordbruk ska skötas för att kunna besegra hungern. Vi måste föra ut omfattande propaganda i den riktningen. I sig själva är inte de här planerna av stort praktiskt värde än, men deras propagandavärde är mycket stort.

Bönderna inser att något nytt måste skapas. De inser att det inte kan göras genom att alla arbetar för sig utan att det krävs statens samlade arbete. Bönderna som var krigsfångar i Tyskland upptäckte den verkliga grunden för ett kulturellt liv. Tolv tusen kilowatt är en mycket blygsam början. Troligen skulle en utlänning som känner till elektrifieringen i Amerika, Tyskland eller Sverige skratta åt detta. Men skratta bäst som skrattar sist. Det är sannerligen en blygsam början. Men bönderna börjar förstå att nytt arbete måste utföras i stor skala och att arbetet redan har påbörjats. Enorma svårigheter måste övervinnas. Vi ska försöka upprätta relationer med de kapitalistiska länderna. Vi får inte ångra att vi tvingas ge kapitalisterna flera hundra miljoner kilo olja på villkor att de hjälper oss elektrifiera vårt land.

Och nu, för att avsluta, några ord om *"ren demokrati"*. Jag läser några avsnitt ur Engels brev till Bebel, den 11 september 1884. Han skrev:

> Vad gäller ren demokrati, ... säger det sig självt att den spelar en mycket mer underordnad roll i Tyskland än i de sedan länge industrialiserade länderna. Men detta kommer inte att hindra den från att i revolutionsögonblicket få en tillfällig betydelse i form av det mest extrema *borgerliga* parti – ett sådant som det skapat åt sig självt i Frankfurt – och bli ett tillfälligt nödankare för den borgerliga och sannerligen, även för den feodala ekonomin.... Det var därför hela den feodala byråkratiska massan fyllde på liberalernas led från mars till september 1848, för att hålla de revolutionära massorna nere.... I vilket fall som helst, den avgörande dagen och dagen efter kommer vår enda motståndare att vara *den kollektiva reaktionen fylkad runt den rena demokratin* och detta tror jag vi aldrig borde förlora ur sikte.[30]

30. Engels syftar på representanterna för borgerlighetens mest radikala skikt som satt i preussiska nationalförsamlingen under revolutionen 1848–49 i Tyskland och utgjorde den front som de besuttna klasserna på landsbygden och i städerna använde för att hålla tillbaka kraven från bönderna, hantverkarna och

Vårt tillvägagångssätt måste skilja sig från teoretikernas. Hela den reaktionära massan, inte enbart den borgerliga men även den feodala grupperar sig runt den ”rena demokratin”. De tyska kamraterna vet bättre än någon annan vad ”ren demokrati” betyder, för Kautsky och de andra ledarna i Andra och Två-och-en-halfte internationalen försvarar denna ”rena demokrati” från de elaka bolsjevikerna. Om vi dömer de ryska socialistrevolutionärerna[31] och mensjevikerna inte efter vad de säger utan efter vad de gör, kommer vi att finna att de inte är annat än representanter för småborgerlig ”ren demokrati”. Under loppet av vår revolution har de gett oss ett klassiskt exempel på vad ”ren demokrati” betyder och igen under den senaste krisen, under Kronstadtupprorets dagar.[32] Det fanns en

---

småägarna samt industriarbetarklassen som började träda fram. Engels brev till Bebel finns bl a i Marx och Engels, *Collected Works*, vol 47, s 231–35.

31. Socialistrevolutionära partiet (SR), som bildades 1901–02, var ett bondebaserat parti som hade stöd från en majoritet av bondedelegaterna i sovjeterna efter februarirevolutionen 1917 i Ryssland som störtade tsarregimen. Partiet splittrades senare det året, när vänsterflygeln stödde oktoberrevolutionen och till att börja med ingick tillsammans med bolsjevikerna i den nya arbetar- och bonderegeringen. Liksom mensjevikerna anslöt sig högern i SR till kapitalisterna och godsherrarna för att ta till vapen mot den sovjetiska republiken. I juli 1918 reste sig också vänstern i SR med vapen mot regeringen i påstådd opposition mot bolsjevikernas undertecknande av freden i Brest-Litovsk.

32. 1921, just när inbördeskriget höll på att ta slut, organiserade anarkisterna en revolt mot sovjetregeringen bland matroserna på flottbasen i Kronstadt nordväst om Petrograd. Den kontrarevolutionära resningen som kuvades av Röda armén, hyllades av mensjevikerna, imperialistiska demagoger och talesmän för Rysslands störtade jordägare och kapitalister.

allvarlig oro bland bönderna och utbredd otillfredsställelse bland arbetarna. De var trötta och slutkörda. Trots allt finns det en gräns för vad människor kan stå ut med. De hade svultit i tre år, men man kan inte svälta i fyra eller fem år. Självklart har hunger ett oerhört inflytande på politisk verksamhet. Hur betedde sig socialistrevolutionärerna och mensjevikerna? De vacklade hela tiden, och därigenom stärktes bourgeoisien.

Att alla de ryska partierna har organiserat sig utomlands avslöjar var vi står någonstans nu. De listigaste ledarna för den ryska storbourgeoisien sa till varandra: ”Vi kan inte omedelbart uppnå seger i Ryssland. Därför måste vårt slagord vara: ’Sovjeter utan bolsjevikerna.’” Milyukov, Konstitutionella demokraternas[33] ledare försvarade sovjetmakten från socialistrevolutionärers attacker. Det här låter verkligen konstigt men sådan är den praktiska dialektiken som vi har studerat på ett särskilt sätt i vår revolution, utifrån den praktiska erfarenheten av våra strider och våra fienders strider. De konstitutionella demokraterna försvarar ”Sovjeter utan bolsjeviker” eftersom de förstår situationen mycket väl och hoppas att en del av befolkningen kommer att nappa på kroken och resa sig. Detta är vad de kloka konstitutionella demokraterna säger. Alla konstitutionella demokrater är inte kloka naturligtvis, men vissa av dem är det och de har lärt sig något av franska revolutionen. Det rådande

33. Konstitutionella demokraterna var bourgeoisiens främsta parti innan oktoberrevolutionen. De fortsatte att verka i exil under en period efteråt som ett organisationscentrum för de kontrarevolutionära arméerna som arbetade på att störta arbetar- och bonderegeringen. Pavel Milyukov var partiets centrala ledare.

slagordet är att bekämpa bolsjevikerna till vilket pris som helst och vad som än inträffar. Hela bourgeoisien hjälper mensjevikerna och socialistrevolutionärerna som nu är hela reaktionens avantgarde. Under våren fick vi smaka på frukterna av detta kontrarevolutionära samarbete.

Därför måste vi fortsätta vår obevekliga strid mot dessa element. Diktaturen befinner sig i ett tillstånd av brinnande krig. Det är just det tillståndet vi befinner oss i. Det förekommer ingen militär invasion för tillfället, men vi är isolerade. Å andra sidan är vi inte fullständigt isolerade eftersom hela den internationella bourgeoisien för tillfället är oförmögen att föra ett öppet krig emot oss, eftersom hela arbetarklassen, även om de flesta inte är kommunister än, är tillräckligt klassmedveten för att förhindra en intervention. Bourgeoisien tvingas ta hänsyn till stämningarna hos massorna även om de inte helt har utvecklats till att omfatta kommunismen. Därför kan bourgeoisien inte inleda en offensiv mot oss nu, även om den aldrig kan uteslutas.

Fram till det slutliga avgörandet kommer det hemska krigstillståndet att bestå. Och vi säger: "När i krig, handla som i krig; vi lovar varken frihet eller demokrati." Till bönderna säger vi helt öppet att de måste välja mellan bourgeoisiens herravälde och bolsjevikernas herravälde – och då kommer vi att göra varje möjlig eftergift inom ramen för att behålla makten och senare ska vi leda dem till socialismen. Allt annat är lurendrejeri och ren demagogi. Vår ståndpunkt är: nu gäller det stora eftergifter och största försiktighet, just därför att en särskild jämvikt råder, just för att vi är svagare än våra fiender tillsammans och för att vår ekonomiska bas är för svag och vi behöver en starkare.

Detta kamrater, är vad jag önskade tala om för er om vår taktik, Ryska kommunistpartiets taktik. [*Långa applåder.*]

Ny International
New International
TIDSKRIFT FÖR MARXISTISK POLITIK OCH TEORI

NY INTERNATIONAL NR 3

USA-imperialismen har förlorat kalla kriget

Jack Barnes

I motsats till de imperialistiska förväntningarna i början av 1990-talet efter sammanbrottet för regimerna i hela Östeuropa och Sovjetunionen som gjorde anspråk på att vara kommunistiska, så har arbetarna och bönderna där inte krossats. Inte heller har kapitalistiska sociala relationer stabiliserats. De arbetande förblir ett omedgörligt hinder för att imperialismen ska kunna göra framsteg, ett hinder som exploatörerna kommer att tvingas ta sig an i kommande klasstrider och krig. 318 s.

NY INTERNATIONAL NR 1

De första skotten i tredje världskriget: Washingtons angrepp på Irak

Jack Barnes

Det blodiga angreppet på Irak 1990–91 varslade om allt mer skärpta konflikter mellan de imperialistiska makterna, om den internationella kapitalismens växande instabilitet och om flera krig. 339 s.

Ryska revolutionens exempel för världen

Lenin's Final Fight

Speeches and Writings, 1922–23

V. I. LENIN

Under det tidiga 20-talet förde Lenin en strid inom kommunistpartiets ledning för att behålla den inriktning som hade gjort det möjligt för arbetarna och bönderna att genomföra den första socialistiska revolutionen och påbörja uppbygget av en kommunistisk världsrörelse. Frågorna som ställdes under denna strid – från ledningens klassammansättning till arbetar- och bondealliansen och kampen mot nationellt förtryck – förblir centrala i världspolitiken idag. 320 sidor

The First Five Years of the Communist International

LEON TROTSKY

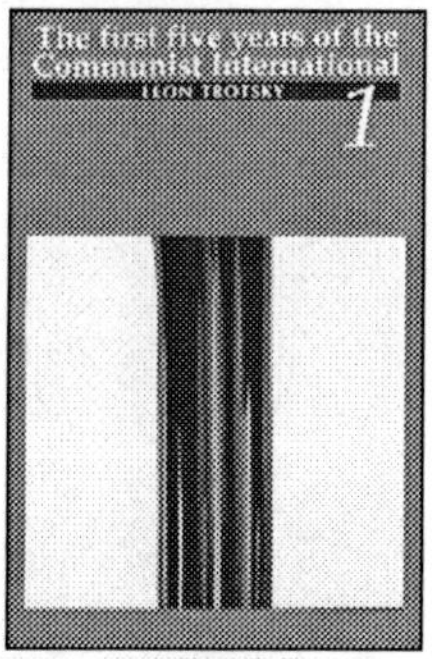

Under sina första fem år försökte Kommunistiska internationalen ledd av V. I. Lenin, Leo Trotskij och andra centrala bolsjevikiska ledare bygga upp en världsrörelse av kommunistiska partier förmögna att leda de arbetande i att störta kapitalistisk utsugning och kolonialt förtryck. Denna samling i två volymer innehåller Trotskijs tal och skrifter från Kominterns första fyra kongresser. Två delar, 432 resp 464 sidor.

The History of the Russian Revolution

LEON TROTSKY

En klassisk skildring av den sociala och politiska dynamiken i den första socialistiska revolutionen av en av dess centrala ledare. "En revolutions historia är först och främst historien om hur massorna tvingar sig in i den sfär där de kan ta makten över sitt eget öde", säger Trotskij. Oavkortad, tre delar i en, 1 340 sidor. Utgiven på svenska av Röda Rummet.

The Revolution Betrayed

What Is the Soviet Union and Where Is It Going?

LEON TROTSKY

1917 genomförde arbetarna och bönderna i Ryssland en av de största revolutionerna i historien. Ändå kunde mindre än tio år senare ett privilegierat socialt skikt vars främsta talesman var Josef Stalin konsolidera en politisk kontrarevolution. Denna studie över den sovjetiska arbetarstaten och revolutionens degenerering belyser rötterna till den sociala och politiska kris som idag skakar det forna Sovjetunionen. 286 sidor. Utgiven på svenska av Röda Rummet.

WWW.PATHFINDERPRESS.COM

INDEX

D

E

F

J

K

L

V

Också från PATHFINDER

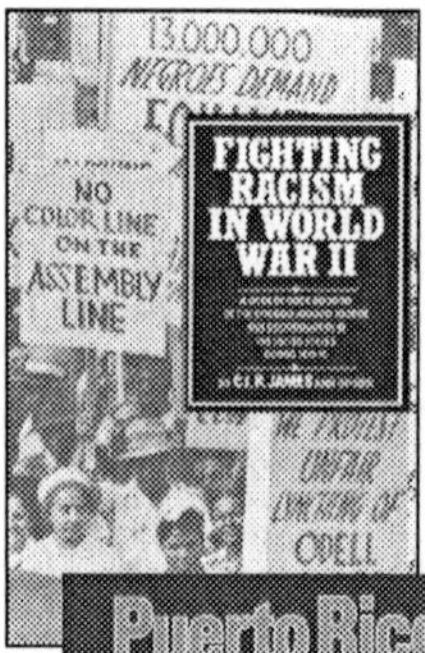

Fighting Racism in World War II

C L R JAMES, GEORGE BREITMAN, EDGAR KEEMER MED FLERA

En berättelse vecka för vecka om kampen mot terrorn från lynchmobbarna och rasistisk diskriminering i USA:s krigsindustrier, de väpnade styrkorna och samhället som helhet från 1939 till 1945 i form av artiklar från veckotidningen *the Militant*. Dessa strider lade en grund för uppkomsten av den stora medborgarrättsrörelsen under de följande två decennierna. 465 sidor

Puerto Rico: Independence Is a Necessity

RAFAEL CANCEL MIRANDA

En av de fem puertoricanska nationalister som hölls fängslade i mer än 25 år av Washington fram till 1979 beskriver i två intervjuer den brutala verkligheten av USA:s koloniala herravälde, kampanjen för att befria puertoricanska politiska fångar och Kubas socialistiska revolution som exempel. 36 sidor

On the Jewish Question

LEON TROTSKY

"Det har aldrig tidigare stått så klart att det judiska folkets frälsning är oupplösligt sammanbundet med störtandet av det kapitalistiska systemet."
– Leo Trotskij, 1940. 44 sidor

America's Revolutionary Heritage

REDIGERAD AV GEORGE NOVACK

En historisk materialistisk analys av folkmordet mot de infödda amerikanerna, den amerikanska revolutionen, inbördeskriget, den industriella kapitalismens uppkomst och den första vågen av kampen för kvinnors rättigheter. 471 sidor

WWW.PATHFINDERPRESS.COM

Mera läsning från PATHFINDER

Out Now!

A Participant's Account of the Movement in the United States against the Vietnam War

FRED HALSTEAD

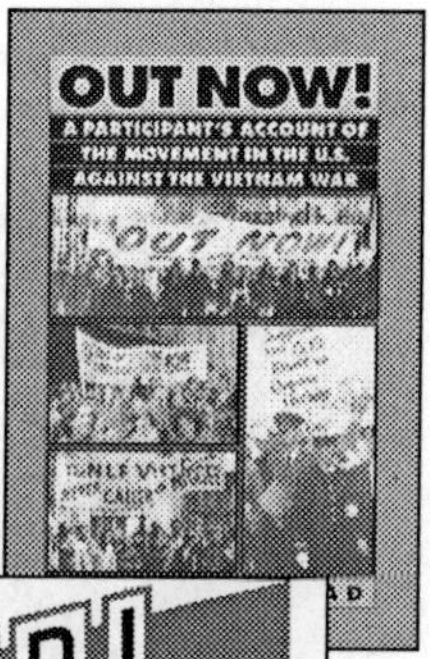

Kampen för en politisk inriktning att organisera arbetande människor, soldater och ungdomar och bidra till att leda det växande motståndet mot Vietnamkriget i världen. Stärkt av kraften i massrörelsen för de svartas medborgerliga rättigheter hemma tillsammans med det okuvliga revolutionära motståndet från de vietnamesiska nationella befrielsekämparna, bidrog antikrigsrörelsen till att tvinga Washington att ta hem sina trupper. Det förändrade klasskampens dynamik i USA. 881 sidor

FBI on Trial

The Victory in the Socialist Workers Party Suit against Government Spying

REDIGERAD AV MARGARET JAYKO

Segern 1987 i den 14 år långa juridiska striden mot FBI, CIA och andra regeringsorganiserade spionorganisationer ”ökar utrymmet för politik, utvidgar användandet av författningen om individens rättigheter i praktiken, ökar tilltron hos arbetande människor att de kan vara politiska och hysa de djupaste uppfattningar i motsättning till regeringen och ändå ha rätt att handla utifrån dem”. – Från inledningen. 331 sidor

Israel and the Arab Revolution

Fundamental Principles of Revolutionary Marxism

GUS HOROWITZ

Kampen för ett demokratiskt sekulärt Palestina och dess plats i att främja arbetares och bönders strider mot imperialistiskt förtryck och kapitalistisk utsugning genom Mellanöstern och hela världen. Resolutioner och rapporter från Socialist Workers Party 1971–72. A4-format, 72 sidor

WWW.PATHFINDERPRESS.COM

DEN KUBANSKA REVOLUTIONEN OCH VÄRLDSPOLITIKEN

Cuba and the Coming American Revolution

JACK BARNES

"Vi kommer att få se en framgångsrik revolution i USA innan vi får se en framgångsrik kontrarevolution på Kuba." Detta uttalande av Fidel Castro 1961 förblir lika sant som när det först uttalades. Det här är en bok om klasskampen i USA, där de som har makten räknar bort arbetarnas och böndernas revolutionära förmåga lika fullständigt som man gjorde med kubanska arbetande människor tidigare. Och man begår samma misstag. Boken handlar om exemplet som Kubas befolkning sätter, att revolutionen inte bara är nödvändig – den är också möjlig. 107 sidor

Che Guevara Talks to Young People

I åtta tal från 1959 till 1964 utmanar den argentinske revolutionären ungdomar på Kuba och i världen att studera, arbeta, att bli disciplinerade. Att ställa sig i spetsen för alla strider, små och stora. Att politisera sina organisationer och sig själva. Att bli en ny sorts människa när de strävar efter att förändra världen tillsammans med arbetande människor i alla länder. Och, med den inriktningen, att njuta av spontaniteten och glädjen över att vara ung. 162 sidor

From the Escambray to the Congo

In the Whirlwind of the Cuban Revolution

VICTOR DREKE

I denna skildring av en som var med beskriver Victor Dreke hur lätt det blev efter den kubanska revolutionen att ta ner repet som skiljde svarta från vita under en danskväll på stadens torg, men också hur enorm striden var att förändra de sociala relationerna bakom alla "rep" som ärvts från kapitalismen och USA-imperialismens dominans. Han återger den kreativa glädje som arbetande människor använt för att försvara sin revolutionära inriktning från Escambray-bergen på Kuba till Afrika och resten av världen. 182 sidor

WWW.PATHFINDERPRESS.COM

Making History

Interviews with four generals of Cuba's Revolutionary Armed Forces

Genom fyra framstående generalers berättelser – Néstor López Cuba, Enrique Carreras, José Ramón Fernández och Harry Villegas – var och en med femtio år av revolutionärt arbete, kan vi se klassdynamiken som har format hela vårt tidevarv. Vi förstår hur Kubas folk har kunnat hålla stånd mot USA under fyrtiofem år samtidigt som de kämpar för att bygga ett nytt samhälle. 193 sidor

Socialismen och människan på Kuba

ERNESTO CHE GUEVARA, FIDEL CASTRO

Guevaras mest kända presentation av de politiska uppgifterna och utmaningarna i att leda övergången från kapitalism till socialism. Innehåller Castros tal 1987 på 20-årsdagen av Guevaras död. 42 sidor

Albadonazo

Inside the Cuban Revolutionary Underground, 1952–58

ARMANDO HART

I denna ögonvittnesskildring av en historisk ledare för den kubanska revolutionen möter vi de män och kvinnor som ledde den underjordiska rörelsen i städerna under kampen mot det brutala USA-stödda tyranniet på 50-talet. Tillsammans med sina kamrater i Rebellarmén störtade de inte bara diktaturen. Deras revolutionära handlingar och exempel spreds över världen och förändrade 1900-talets historia – liksom det efterföljande århundradet. 387 sidor

The Second Declaration of Havana

1962 vägrade arbetarna och bönderna som hade genomfört en socialistisk revolution på Kuba att backa inför snabbt eskalerande militära, ekonomiska och politiska angrepp från USA:s regering. Istället pekade de på vilket exempel den kubanska revolutionen utgjorde för förtryckta och utsugna genom hela Latinamerika. Deras rungande anklagelse mot imperialistisk dominans som lästes upp av Fidel Castro inför ett möte med en miljon deltagare i Havanna, förblir ett manifest för arbetande människors revolutionära kamp överallt. 47 sidor

Kampen för kvinnans frigörelse och socialismen

Cosmetics, Fashions, and the Exploitation of Women

Joseph Hansen, Evelyn Reed, Mary-Alice Waters

Hur storföretagen spelar på kvinnors ställning som andra klassens medborgare och sociala otrygghet för att sälja kosmetika och håva in profiter. Inledningen av Mary-Alice Waters förklarar hur miljoner kvinnors inträde på arbetsmarknaden under och efter andra världskriget förändrade samhället i USA för gott och lade grunden för en ny uppgång i kampen för kvinnans frigörelse. 172 sidor

Feminism and the Marxist Movement

Mary-Alice Waters

Sedan grundandet av den moderna revolutionära arbetarrörelsen för 150 år sedan har marxister stött och förespråkat kampen för kvinnans rättigheter och förklarat de ekonomiska rötterna till klassamhället och kvinnoförtrycket. "Kampen för kvinnans frigörelse", skriver Waters, "lyftes ut ur den personliga sfären av 'orealistisk dröm' och flätades oupplösligen samman med de progressiva krafterna i vår tid"– arbetarklassens kamp om makten. 35 sidor

Marianas in Combat

Teté Puebla and the Mariana Grajales Women's Platoon in Cuba's Revolutionary War

Teté Puebla

Brigadgeneral Teté Peubla, den högst rankade kvinnan i Kubas Revolutionära väpnade styrkor, gick med i kampen för att störta den US-stödda diktatorn Fulgencio Batista 1956, när hon var femton år. Det här är hennes berättelse – från de hemliga aktionerna i städerna, till att tjänstgöra som officer i den segrande rebellarméns första helt kvinnliga enhet – Mariana Grajales kvinnopluton. Under nästan femtio år har kampen för att omvandla kvinnornas ekonomiska och sociala status på Kuba varit oskiljaktig från Kubas socialistiska revolution. 101 sidor

Problems of Women's Liberation

Evelyn Reed

Sex artiklar undersöker de sociala och ekonomiska rötterna till kvinnoförtrycket från förhistorisk tid till den moderna kapitalismen och pekar ut vägen framåt mot frigörelsen. 136 sidor

Women and the Family

Leon Trotsky

Hur den ryska oktoberrevolutionen 1917, den första segrande socialistiska revolutionen, omvandlade kampen för kvinnornas frigörelse. Trotskij förklarar de steg den bolsjevikiska regeringen tog för att utrota analfabetismen, upprätta jämlikhet i det ekonomiska och politiska livet, bygga upp förskolor och offentliga matsalar, garantera rätten till abort och skilsmässa med mera. 96 sidor

Communist Continuity and the Fight for Women's Liberation

Documents of the Socialist Workers Party 1971–86

Redigerad med förord av Mary-Alice Waters

Hur började kvinnoförtrycket? Vilken klass tjänar på det? Vilka sociala krafter har makt att sätta stopp för kvinnors status som andra klassens medborgare? Varför är försvaret av kvinnans rätt att välja abort en angelägen fråga för arbetarrörelsen? Denna serie i tre delar bidrar till att rusta de män och kvinnor politiskt, som förenar sig i kamp idag till försvar av kvinnors rättigheter. Tre delar, A4-format, 226 sidor

www.pathfinderpress.com

REVOLUTIONÄRA LEDARE MED EGNA ORD

MALCOLM X TALKS TO YOUNG PEOPLE

Fyra tal och en intervju till ungdomar i Ghana, Storbritannien och USA under de sista månaderna av Malcolm X′ liv. Denna nya utgåva innehåller hela Malcolm X′ inledning i december 1964 vid ett möte organiserat av en studentförening i Oxford, här i tryck för första gången. Samlingen avslutas med två tal av en ung socialistisk ledare till denna stora revolutionärs minne. 172 sidor

TO SPEAK THE TRUTH

WHY WASHINGTON'S 'COLD WAR' AGAINST CUBA DOESN'T END

Fidel Castro, Ernesto Che Guevara

I historiska tal inför FN och FN-organ talar Castro och Guevara till världens arbetare och förklarar varför regeringen i USA hatar den kubanska revolutionens exempel så mycket och varför Washingtons ansträngningar att krossa den kommer att misslyckas. 240 sidor

MAURICE BISHOP SPEAKS

THE GRENADA REVOLUTION AND ITS OVERTHROW, 1979–83

Revolutionen 1979 på den karibiska ön Grenada var ”viktig för alla strider över hela världen”, sade Maurice Bishop, dess centrala ledare. Ovärderliga lärdomar från den arbetar- och bonderegering som störtades av en stalinistisk kupp 1983 finns i denna samling av Bishops tal och intervjuer. 512 sidor

www.pathfinderpress.com

THOMAS SANKARA SPEAKS

THE BURKINA FASO REVOLUTION, 1983–87

Det imperialistiska herraväldet har lämnat efter sig ett arv av hunger, analfabetism och ekonomisk efterblivenhet i det västafrikanska landet Burkina Faso, precis som i resten av den kontinenten. 1983 upprättade bönderna och arbetarna i det landet en folklig revolutionär regering och började bekämpa orsakerna till sådan förödelse. Thomas Sankara, den främsta ledaren av den kampen förklarar detta exempel för hela Afrika. 338 sidor

ROSA LUXEMBURG SPEAKS

Redigerad av Mary-Alice Waters

Från sitt politiska uppvaknande som gymnasieelev i det av tsaren ockuperade Polen till hon blev mördad 1919 under den tyska revolutionen, handlade och skrev Rosa Luxemburg som en proletär revolutionär. Denna samling av hennes skrifter och tal tar med oss in i de politiska striderna mellan revolution och klassamarbete som fortfarande formar den moderna arbetarrörelsen. 643 sidor

EUGENE V. DEBS SPEAKS

Tal av pionjären och den socialistiske agitatorn och arbetarledaren i USA som fängslades för sitt motstånd mot Washingtons imperialistiska mål i första världskriget. Debs talar om kapitalism och socialism, om invandrarfientlig chauvinism, hur rasism mot svarta försvagar arbetarrörelsen, om Rockefellers massaker på de strejkande gruvarbetarna i Ludlow, Colorado och mycket mer. 328 sidor

SOCIALISM ON TRIAL

James P. Cannon

Socialismens grundläggande idéer som de beskrevs i ett vittnesmål under rättegången 1941 mot ledare för Teamster-facket och Socialist Workers Party som blev falskt anklagade och fängslade under den ökända munkavlelagen "Smith Act" under andra världskriget. Finns även utgiven på svenska av Röda rummet. 219 sidor

NY INTERNATIONAL RUNT OM I VÄRLDEN

Ny International publiceras också på engelska som *New International,* på spanska som *Nueva Internacional* och på franska som *Nouvelle Internationale.* Vissa nummer finns också på isländska med titeln *Nýtt Alþjóðlegt.* Alla distribueras över hela världen av Pathfinder Press.

De kan beställas på
www.pathfinderpress.com
och på följande platser

USA
(och Karibien, Latinamerika och östra Asien)
Pathfinder Books, 306 W. 37th St., 10th Floor,
New York, NY 10018

KANADA
Pathfinder Books, 2238 Dundas St. West, Suite 201,
Toronto, ON M6R 3A9

STORBRITANNIEN
(och Europa, Afrika, Mellanöstern och södra Asien)
Pathfinder Books, First Floor, 120 Bethnal Green Road,
(ingång från Brick Lane) London, E2 6DG

SVERIGE
Pathfinder böcker, Bildhuggarvägen 17, 121 44 Johanneshov

ISLAND
Pathfinder, Skolavordustig 6B, Reykjavík
Postadress: P. Box 0233, IS 121 Reykjavík

AUSTRALIEN
(och sydöstra Asien och Stillahavsområdet)
Pathfinder, Level 1, 3/281-287 Beamish St., Campsie, NSW 2194
Postadress: P.O. Box 164, Campsie, NSW 2194

NYA ZEELAND
Pathfinder, Suite 3, 7 Mason Ave., Otahuhu, Auckland
Postadress: P.O. Box 3025, Auckland